06. 01. 2014

Für Thomas.

Vielen Dank für viele motivierende Gespräche als Unterstützung.

Marcel

D1641204

Schriften zum Umweltenergierecht

herausgegeben von
Prof. Dr. Helmuth Schulze-Fielitz
Thorsten Müller

in Zusammenarbeit mit der
Stiftung Umweltenergierecht

Band 14

Marcel Raschke

Rechtsfragen kommunaler Klimaschutzmaßnahmen

Unter besonderer Berücksichtigung des Bau- und Planungsrechts

Nomos

Die Deutsche Nationalbibliothek verzeichnet diese Publikation in
der Deutschen Nationalbibliografie; detaillierte bibliografische
Daten sind im Internet über http://dnb.d-nb.de abrufbar.

Zugl.: Bielefeld, Univ., Diss., 2013

ISBN 978-3-8487-0733-1

1. Auflage 2014

Vorwort / Danksagung

Herrn Prof. Dr. Andreas Fisahn danke ich für die Betreuung dieser Arbeit und deren zielführender Begutachtung. Herrn Prof. Dr. Christoph Gusy danke ich für die rasche Erstattung des Zweitgutachtens und für wertvolle Hinweise. Bei den Kolleginnen und Kollegen am Lehrstuhl von Prof. Dr. Andreas Fisahn bedanke ich mich für die angenehme und oft humorvolle Zusammenarbeit. Für wertvolle Hilfestellungen und Informationen im Rahmen der alltäglichen Arbeit und bei der Erstellung dieser Arbeit danke ich hier namentlich Frau Margot Matz.

Ebenso danke ich dem Team der Repowering-InfoBörse für Ermunterungen sowie für eine sehr gute Zusammenarbeit bei der Beratung und Information von Kommunen in deren Planungspraxis. Für wertvolle Anmerkungen und motivierende Gespräche, sowie einer gründlichen ersten Korrektur danke ich Herrn Rechtsanwalt Daniel Birkhölzer sehr herzlich. Für die Aufnahme in die Schriftenreihe danke ich Herrn Prof. Dr. Helmuth Schulze-Fielitz und Thorsten Müller von der Stiftung Umweltenergierecht. Letzteren, sowie dem Team der Stiftung Umweltenergierecht danke ich auch für die Möglichkeit weiterer Einblicke in das Rechtsgebiet des Umweltenergierechts.

Der größte Dank gilt meiner Familie, insbesondere meiner Frau Rabea für sehr viel Unterstützung und Motivation. Für Unterstützung im Leben und in meiner Ausbildung danke ich meinen Großeltern und meinen Eltern, denen ich viel zu verdanken habe.

Inhaltsverzeichnis

Abkürzungsverzeichnis

a. A.	andere Ansicht
a. a. O.	am angegebenen Ort
AEUV	Vertrag über die Arbeitsweise der Europäischen Union
a. F.	alte Fassung
AöR	Archiv des Öffentlichen Rechts (Zeitschrift)
BadWürttGO	Gemeindeordnung für Baden-Württemberg
BauGB	Baugesetzbuch
BauNVO	Baunutzungsverordnung
BauR	Baurecht (Zeitschrift)
BGBl.	Bundesgesetzblatt
BImSchG	Gesetz zum Schutz vor schädlichen Umwelteinwirkungen durch Luftverunreinigungen, Geräusche, Erschütterungen und ähnlichen Vorgängen (Kurztitel Bundes-Immissions-schutzgesetz)
BImSchV	Bundes-Immissionsschutzverordnung(en)
BT-Drs.	Bundestags-Drucksache
BVerfG	Bundesverfassungsgericht
BVerwG	Bundesverwaltungsgericht
CH_4	Methan
CO_2	Kohlenstoffdioxid
CuR	Contracting und Recht (Zeitschrift)
DÖV	Die Öffentliche Verwaltung (Zeitschrift)
DVBl	Deutsches Verwaltungsblatt (Zeitschrift)
EAG Bau 2004	Gesetz zur Anpassung des Baugesetzbuchs an EU-Richtlinien (Kurztitel: Europarechtsanpassungsgesetz Bau)
ECCP	European climate change programme – Europäisches Programm zur Klimaänderung
EEG	Gesetz für den Vorrang Erneuerbarer Energien (Kurztitel Erneuerbare-Energien-Gesetz)
EEWärmeG	Gesetz zur Förderung Erneuerbarer Energien im Wärmebereich (Kurztitel Erneuerbare-Energien-Wärmegesetz)
ENEV	Verordnung über energiesparenden Wärmeschutz und energiesparende Anlagentechnik bei Gebäuden (Kurztitel Energieeinsparverordnung)
EuR	Europarecht (Zeitschrift)
EurUP	Zeitschrift für Europäisches Umwelt- und Planungsrecht
FCKW	Fluorchlorkohlenwasserstoffe

11

GG	Grundgesetz für die Bundesrepublik Deutschland (Kurztitel Grundgesetz)
ggf.	gegebenenfalls
HBauO	Hamburgische Bauordnung
HessBauO bzw. HBO	Hessische Bauordnung
HGO	Hessische Gemeindeordnung
h. M.	herrschende Meinung
i. S.	im Sinne
i. S. d.	im Sinne des
i. S. v.	im Sinne von
IPCC	Intergovernmental Panel on Climate Change
IR	InfrastrukturRecht (Zeitung)
JuS	Juristische Schulung (Zeitschrift)
KommJur	Kommunaljurist (Zeitschrift)
KRK	Rahmenübereinkommen der Vereinten Nationen über Klimaveränderungen vom 9.5.1992
LEP	Landesentwicklungsplan (NRW)
LePro	Landesentwicklungsprogramm (NRW)
LKRZ	Zeitschrift für Landes- und Kommunalrecht
LKV	Landes- und Kommunalverwaltung (Zeitschrift)
LPlG	Landesplanungsgesetz
LT-Drs.	Landtags-Drucksache
MBO	Musterbauordnung (NRW)
N_2O	Distickstoffmonoxid (Lachgas)
NGO	non-governmental organization – Nichtregierungs-organisation
NuR	Natur und Recht (Zeitschrift)
NJW	Neue Juristische Wochenschrift (Zeitschrift)
NRW	Nordrhein-Westfalen
NVwZ	Neue Zeitschrift für Verwaltungsrecht
NWVBl.	Nordrhein-Westfälische Verwaltungsblätter (Zeitschrift)
OVG	Oberverwaltungsgericht
REE	Recht der Erneuerbaren Energien (Zeitschrift)
RhPfBauO	Landesbauordnung Rheinland-Pfalz
ROG	Raumordnungsgesetz
SaarlBauO	Landesbauordnung des Saarlandes
sog.	so genannte
SF_6	Schwefelhexafluorid
TEHG	Gesetz über den Handel mit Berechtigungen zur Emission von Treibhausgasen (Kurztitel Treibhausgas-Emissionshandelsgesetz)
u. a.	unter anderem
UPR	Umwelt und Planungsrecht (Zeitschrift)

Urt. v.	Urteil vom
v. a.	vor allem
VBlBW	Verwaltungsblätter für Baden-Württemberg (Zeitschrift)
VGH	Verwaltungsgerichtshof
vgl.	vergleiche
VwGO	Verwaltungsgerichtsordnung (Kurztitel VwGO)
WHO	World Health Organization (Weltgesundheitsorganisation)
WIVerw	Wirtschaft und Verwaltung (Zeitschrift)
WMO	World Meteorological Organization
z. B.	zum Beispiel
ZfBR	Zeitschrift für deutsches und internationales Bau- und Vergaberecht
ZNER	Zeitschrift für neues Energierecht
ZuG 2012	Gesetz über den nationalen Zuteilungsplan für Treibhausgasemissionsberechtigungen in der Zuteilungsperiode 2008 bis 2012 (Kurztitel Zuteilungsgesetz 2012)
ZUR	Zeitschrift für Umweltrecht

Einleitung

„So eine Arbeit wird eigentlich nie fertig,
man muß sie für fertig erklären,
wenn man nach Zeit und Umständen
das mögliche getan hat. "[1]
Goethe, Italienische Reise, 1787

Diese Arbeit soll die rechtlichen Möglichkeiten der Kommunen im Klimaschutz aufzeigen. Ihr Schwerpunkt soll dabei auf dem Planungsrecht liegen. Den Kommunen kommt kraft ihrer verfassungsrechtlichen Stellung in der Bundesrepublik im Mehrebenensystem eine besondere Rolle und gelegentlich auch unterschätzte Rolle zu. Sie sind aber auch ein unverzichtbarer Akteur im Klimaschutz und im Rahmen der Energiewende. Jedoch steht dies in einem gewissen Widerspruch zu ihrer Rolle. Während die Kommunen klassischerweise die Angelegenheiten, die vor Ort wurzeln, regeln sollen, ist der Klimaschutz eine übergeordnete Aufgabe von globaler Bedeutung. Klimaschutz kann nur erfolgreich sein, wenn kumulativ auf vielen Ebenen Einsparungen von Treibhausgasen erfolgen. Der Wissenschaftliche Beirat der Bundesregierung Globale Umweltveränderungen sieht den Klimaschutz als besonders bedeutsam für die Transformation zur Nachhaltigkeit an, er sieht darin eine „conditio sine qua non" für nachhaltige Entwicklung.[2] Zwar könne der Klimaschutz allein den Erhalt der natürlichen Lebensgrundlagen für die Menschheit nicht sichern, aber ohne wirksamen Klimaschutz entfielen absehbar essentielle Entwicklungsmöglichkeiten der Menschheit.

Dies kann durch einen Umbau der Energieversorgung hin zu Erneuerbaren Energien geschehen, aber nicht allein durch ein verändertes Stromangebot, sondern auch durch Energieeinsparung und Energieeffizienz. Es wird aber auch eines veränderten Verbraucherverhaltens bedürfen und damit einhergehender Veränderungen, z. B. in der Nutzung und Ausgestaltung umweltfreundlicher Verkehrssysteme[3] und der Landwirtschaft[4]. Dabei wird es

---

1 *Goethe*, Italienische Reise, 1787.
2 WBGU, Welt im Wandel, Gesellschaftsvertrag für eine Große Transformation, S. 3.
3 Zur Setzung von Anreizen durch eine City-Maut: *Schröder*, Verbesserung des Klimaschutzes durch Einführung einer City-Maut, NVwZ 2012, S. 1438 ff.
4 Hierzu: *Peine*, Landwirtschaft und Klimaschutz, NuR 2012, S. 611 ff.

15

gesetzliche Vorgaben und Anstöße auch in Zukunft von oben geben müssen. Dennoch werden Klimaschutz und Energiewende nicht alleine auf dem Wege eines solchen „Top-down"-Ansatzes gelingen können. Einige Pioniere bei der Realisierung von Projekten zu Erneuerbaren Energien haben vielmehr auch gezeigt, dass es des Handelns vor Ort bedarf, und haben durch viele örtliche Initiativen ein Zeichen gesetzt, dass ein „Bottom-up"-Prozess viel bewirken kann. Ohne den Mut vieler Einzelner vor Ort früh Erneuerbare-Energie-Anlagen zu errichten, später befördert durch das EEG, stünde Deutschland heute nicht dort, wo es steht. Ohne einen Bewusstseinswandel bei jedem Einzelnen wird ein Umbau hin zu einer postfossilen und nachhaltigeren Gesellschaft nicht gelingen können. Viele Konflikte, etwa um Standorte von Energieerzeugungsanlagen, werden dabei auch vor Ort ausgetragen werden müssen. Umso mehr gilt es, die Rolle der Kommunen zu betrachten.

Das „Klimaschutzrecht"[5] existiert nicht in Gestalt eines konkreten Gesetzes, sondern stellt sich als Stückwerk dar, als „Querschnittrechtsgebiet". Insoweit bedarf es in dieser Arbeit der einzelnen Betrachtung verschiedener Rechtsnormen.[6] Dabei liegt es in der Natur der Sache, dass nicht jede Regelung, die auch klimaschützend sein kann, betrachtet werden kann. Insoweit spricht die Arbeit bewusst einzelne besonders relevante Fragestellungen an.

---

5 In der Literatur wird zunehmend vom Rechtsgebiet „Klimaschutzrecht" gesprochen, beispielhaft bei *Koch*, Klimaschutzrecht, NVwZ 2011, S. 641 ff., der von „deutlichen Strukturen" (S. 642) spricht. Sein Beitrag differenziert jedoch insbesondere zwischen Energieeffizienzrecht und Förderungsrecht für Erneuerbare Energien; dies lässt jedoch die Schlussfolgerung zu, dass es im Kern nur um das Rechtsgebiet Energierecht geht, das neuen Regelung wegen des Problems Klimawandel unterliegt. Eine dogmatische Begründung dafür, „Klimaschutzrecht" als eigenständiges Rechtsgebiet anzusehen, wird jedoch nicht geliefert. Soweit allerdings nicht von den drei klassischen Rechtsgebieten Öffentliches Recht, Zivilrecht und Strafrecht ausgegangen wird, erscheint es nach hier vertretener Auffassung sinnvoll, für ein Rechtsgebiet mindestens dogmatische Gemeinsamkeiten oder zu Grunde liegende Prinzipien der Normen (z. B. Vorsorgeprinzip im Rechtsgebiet Umweltrecht) zu fordern, die z. B. für die Auslegung herangezogen werden können. Dies wird für das „Klimaschutzrecht" aber noch nicht diskutiert. Allein ein gemeinsames Ziel, das „Klima vor anthropogenen Auswirkungen" zu schützen (*Koch*, S. 642), dürfte nicht genügen.

6 So wohl auch zu verstehen: *Sailer*, Klimaschutzrecht und Umweltenergierecht – Zur Systematisierung beider Rechtsgebiete, NVwZ 2011, S. 718 ff.(721), der von einer Querschnittsmaterie spricht, und ein „Allgemeines Klimaschutzgesetz" einfordert.

Während der Erstellung dieser Arbeit bekam der Klimaschutz starken Aufwind. Die erste Idee zur Erstellung dieser Arbeit entstand Ende des Jahres 2009. Noch war nicht absehbar, dass Klimaschutz- und Energiewende so massiv an Aufwind gewinnen würde. Noch im Jahre 2010 setzte die Bundesregierung eine umstrittene Laufzeitverlängerung für die deutschen Atomkraftwerke durch. Im März 2011 kam es dann zu der Katastrophe von Fukushima. Dies führte zu einem eiligen Umdenken und raschen Regelungen für eine sog. Energiewende.

Wie schnell und verändernd einige Regelungsgegenstände waren, sei an drei Beispielen erläutert.

Während des Beginns an dieser Arbeit stand die Marburger Solarsatzung noch bezüglich ihrer Rechtmäßigkeit in der Kritik und ein Gerichtsverfahren gegen die Aufhebung der Kommunalaufsicht war anhängig. Ein Urteil bestätigte das Vorgehen der Kommunalaufsicht, zeigte aber Lösungen für andere Satzungsregelungen auf. Inzwischen plante der hessische Gesetzgeber aber die Streichung der Ermächtigungsgrundlage. Von der alten Ermächtigungsgrundlage machte die Stadt noch schnell Gebrauch mit der Rechtsauffassung, dass die Satzung dann gültig bliebe. Dies regelte der hessische Gesetzgeber dann wiederum schnell, indem er dieses Vorgehen ausdrücklich gesetzlich untersagte – binnen weniger Monate gab es hier also mehrmals eine veränderte Lage.

Die Auslegung verschiedener Festsetzungsmöglichkeiten nach § 9 Abs. 1 BauGB war umstritten. Infolge von Fukushima entstand das „Gesetz zur Förderung des Klimaschutzes bei der Entwicklung in den Städten und Gemeinden" zur Änderung des BauGB innerhalb einiger weniger Monate.

NRW plante nach der Neuwahl des Landtags 2010 als bevölkerungsreichstes Bundesland ein Klimaschutzgesetz unter der rot-grünen Minderheitsregierung. Kurz vor dessen geplanter Verabschiedung, der auch längere Diskussionszeit vorausging, kam es zur Neuwahl des Landtages 2012. Nach dem Grundsatz der Diskontinuität war der parlamentarische Beratungsstand hinfällig. Es kam zu einem neuen Gesetzesentwurf mit erneuter Beratung und der dafür nötigen Dauer, so dass Ende des Jahres 2012 immer noch kein Gesetz in Kraft getreten war. Erst Anfang des Jahres 2013 gelang eine Verabschiedung des Gesetzes.

Nicht nur diese Beispiele, die das Erstellen der Arbeit erschwert haben, verdeutlichen, dass der Klimaschutz ein dynamisches Rechtsgebiet ist, bei dem grundlegende Regelungen stetig Veränderungen unterliegen und Neuregelungen erfolgen. Umso mehr gilt es, mit gezieltem Blick auf die vielleicht nicht so hektische Kommunalpolitik zu fragen, in welchen Bereichen den Kommunen Möglichkeiten für die Beförderung und Durchsetzung des Klimaschutzes gegeben sind und welche grundlegenden Regeln dabei zu beachten sind. Andererseits sollten Bundes- und Landesgesetzgeber auch bemüht sein, klare Regelungen zu erlassen und Kommunen nicht vor Rechtsexperimente stellen.

Diese Arbeit berücksichtigt den Stand der Literatur und Rechtsprechung bis Anfang des Jahres 2013. Die Urteilsgründe der Rechtsprechung des Bundesverwaltungsgerichtes (BVerwG 4 CN 1.11 – Urt. v. 13.12.2012.) zur Planung von „Konzentrationszonen" für die Windenergie konnten noch Berücksichtigung finden.

Schon jetzt ist absehbar, dass in naher Zukunft auf Grundlage der BauGB und der Herausforderungen der Energiewende viele Arbeiten zu den Thematiken kommunaler Klimaschutz und kommunale Energiepolitik erscheinen werden. Auch der Gesetzgeber wird tätig bleiben. Die Arbeit berücksichtigt das Inkrafttreten des Klimaschutzgesetzes in NRW, ein ähnliches Gesetz in Baden-Württemberg ist absehbar.

Zu hoffen ist, dass dieses zu Rechtssicherheit und ggf. zu weiteren Gestaltungen des Rechtsrahmens beiträgt, dem rechtswissenschaftlichen Diskurs dient und zugleich die Bedeutung des Handels der Kommunen angemessen würdigt. Wenn in der Literatur davon gesprochen wird, dass in den Ländern ein „bedenkliches Desinteresse im Hinblick auf die Gewährleistung einer effektiven Umsetzung klimaschutzrelevanter Vorschriften vorhanden"[7] sei, so sollte dieses zu denken geben. Allerdings ist zu hoffen, dass sich hier etwas geändert hat nach den Vorfällen in Fukushima – darauf lassen zumindest die BauGB-Novelle 2011 und das Proklamieren der Energiewende hoffen.

Für die Kommunen stellen sich verschiedene Fragen. Können die Kommunen beispielsweise in Bebauungsplänen klimaschützende Vorgaben für Neubauten machen? Wie weit dürfen diese gehen? Können Energieformen zwingend vorgeschrieben werden? Kann die Kommune auch Vorgaben für Altbauten machen? Inwieweit ist die Kommune an überörtliche Vorschriften gebunden, z. B. an die Regionalplanung oder an die Vorgaben europäischen Rechts zur Energieeinsparung? Was kann die Kommune selber tun? Welche städtebaulichen Verträge sind denkbar? Diese und damit zusammen-

---

7 *Ziehm*, Vollzugsdefizite im Bereich des Klimaschutzrechts, ZUR 2010, S. 411 ff. (412) unter Bezug auf den Vollzug des EEWärmeG.

hängende Fragen soll diese Arbeit stellen und beantworten. Der Komplexität der Materie ist es geschuldet, dass sich viele Einzelfragen stellen, die aber in ihrer Gesamtbetrachtung ein Bild über die Handlungsmöglichkeiten der Kommunen geben können.

Zunächst soll ein kleiner Überblick darüber erfolgen, was sich hinter den verwendeten Begrifflichkeiten im Zusammenhang mit dem Klimaschutz verbirgt. Dann soll ein Überblick über einige ausgewählte Gesetzesregelungen erfolgen. Sodann wird es um die Rolle der Kommunen gehen, und es schließen sich dann die konkreten Fragen der Handlungsmöglichkeiten und Grenzen in einzelnen Rechtsbereichen des kommunalen Klimaschutzes an.

Kapitel 1 – Grundlagen des Klimaschutzes und die Rolle der Kommunen

A. Klimaschutz

I. Definitionen der Naturwissenschaft

1. Begriff des Klimas

Unter dem Begriff des Klimas wird die Betrachtung der Gesamtheit aller meteorologischen Vorgänge, die für den durchschnittlichen Zustand der Erdatmosphäre an einem Ort verantwortlich sind, innerhalb eines Zeitraums verstanden. Vereinfacht lässt sich zum Begriff des Wetters abgrenzen: Wetter ist der momentane Zustand der Atmosphäre an einem Ort, Klima beschreibt den statistischen Zustand über eine gewisse Zeit.[8] Der „Zwischenstaatliche Ausschuss für Klimaveränderungen", im Englischen Intergovernmental Panel on Climate Change (IPCC), definiert den Begriff des Klimas entsprechend wie folgt:

"Climate in a narrow sense is usually defined as the 'average weather', or more rigorously, as the statistical description in terms of the mean and variability of relevant quantities over a period of time ranging from months to thousands or millions of years."[9] Die Wissenschaft, die die Gesetzmäßigkeiten des Klimas, dessen Eigenschaften, Entwicklung und Erscheinungsbild erforscht, wird als Klimatologie bezeichnet.

2. Begriffe im Zusammenhang mit Klimaschutz

Vorliegend soll dargestellt werden, was sich unter den verschiedenen Begriffen „Klimawandel", „Klimaänderung", „Klimavariabilität" und „globale

---

8 Vgl. Bundesministerium für Bildung und Forschung, Herausforderung Klimawandel, Berlin 2003, S. 9; vgl. auch Winkler, Klimaschutzrecht, Münster 2005, S. 21; vgl. *Latif*, Klima, Frankfurt 2004, S. 3.
9 IPCC Third Assessment Report – Climate Change 2001 -Working Group I – The Scientific Basis, Appendix I – Glossary.

Erwärmung" verbirgt, die im Zusammenhang mit dem Klimaschutz verwendet werden.

a) Begriffsverwendungen

Obgleich im Alltag und in den Medien in der Regel überwiegend der Begriff „Klimawandel" auftaucht, ist naturwissenschaftlich genauer zu differenzieren. Den Begriff „Klimawandel" definiert das IPCC nicht. Stattdessen wird der Begriff der „Klimaänderung" genutzt. Nach der Definition des IPCC ist dies jede Änderung des Klimas im Verlauf der Zeit, sei es auf Grund von natürlichen Schwankungen oder menschlichen Aktivitäten.[10] Als Synonym wird auch der Begriff „Klimavariabilität" benutzt.[11] „Klimawandel", gleichgesetzt mit „Klimaänderung", bezeichnet in diesem naturwissenschaftlichen Sinne folglich die natürliche Änderung des Klimas.

Art. 1 Nr. 2 der Klimarahmenkonvention der Vereinten Nationen definiert den Begriff der Klimaänderungen allerdings als „Änderungen des Klimas, die unmittelbar oder mittelbar auf menschliche Tätigkeiten zurückzuführen sind, welche die Zusammensetzung der Erdatmosphäre verändern, und die zu den über vergleichbare Zeiträume beobachteten natürlichen Klimaschwankungen hinzukommen". Die Konvention unterscheidet folglich zwischen Klimaänderung, verursacht durch die veränderte Zusammensetzung der Atmosphäre auf Grund menschlicher Aktivitäten, und Klimavariabilität auf Grund natürlicher Ursachen, während, wie aufgezeigt, der Begriff Klimawandel i. S. eines naturwissenschaftlichen Verständnisses diese Unterscheidung nicht trifft.

Mit dem Begriff „globale Erwärmung" bezeichnet man den in der Vergangenheit beobachteten kontinuierlichen Anstieg der Durchschnittstemperatur in der erdnahen Atmosphäre bzw. die Prognose weiteren Anstiegs durch menschliche Verursachung.[12]

Die Veränderung ist drastisch und ist gut erkennbar, dies verdeutlichen bereits einige exemplarische Zahlen. Zwischen 1906 und 2005 hat sich die

---

10 IPCC Third Assessment Report – Climate Change 2001 -Working Group I – The Scientific Basis, Appendix I – Glossary.

11 Siehe die Definitionen des Helmholtz-Zentrums für Umweltforschung (UFZ) unter http://www.ufz.de/index.php?de=12245#k, abgerufen zuletzt am 4.10.2012.

12 Vgl. *Rahmstorf/Schellnhuber*, Der Klimawandel, 6. Aufl., München 2006, S. 29 ff.; Umweltbundesamt, Und sie erwärmt sich doch, S. 21.

durchschnittliche Lufttemperatur in Bodennähe um 0,74 °C (±0,18 °C Feh-
lertoleranz) erhöht.[13] Das Jahrzehnt von 2000 bis 2010 war nach der World
Meteorological Organization (WMO) mit Abstand das wärmste je gemes-
sene.[14] Dies lässt den Schluss auf kontinuierliche Erwärmung zu.

b) Treibhauseffekt

Verursacht wird die globale Erwärmung dabei durch „Treibhausgase" bzw.
den sog. „Treibhauseffekt". Der Treibhauseffekt ist grundsätzlich eine natürliche Erscheinung. Dafür, dass es überhaupt Wärme im Bereich der Erdoberfläche gibt, sind die Treibhausgase notwendig.[15] Die Treibhausgase sind
strahlungsbeeinflussende gasförmige Stoffe in der Luft. Sie absorbieren
einen Teil der vom Boden abgegebenen Wärmerückstrahlung, die sonst
schnell durch Abstrahlung in das Weltall entweichen würde. Die Wärmerückstrahlung entsteht durch reflektierte Sonnenstrahlung. Durch die Ab-
sorption sorgen die Treibhausgase in natürlicher Weise für größere Wärme
im Bereich der Erdoberfläche.[16] Dies lässt sich vereinfachend auch als
„Wärmestau" bezeichnen.[17]
    Die Treibhausgase sind an sich in der Erdatmosphäre nur gering konzen-
triert. 99 % der Erdatmosphäre sind Stickstoff und Sauerstoff, die keine
Treibhausgase darstellen.[18] Treibhausgase sind insbesondere Kohlenstoffdioxid (CO_2,), Methan (CH_4), Distickstoffmonoxid (Lachgas, N_2O), Fluor-
kohlenwasserstoffe und Schwefelhexafluorid (SF_6), aber auch Wasserdampf
und Ozon. Wasserdampf trägt am stärksten zum natürlichen Treibhauseffekt
bei, es ist für 2/3 des natürlichen Treibhauseffektes verantwortlich, es folgen
Kohlenstoffdioxid (CO_2) mit ca. 15 %, Ozon mit ca. 10 % und Distickstoffmonoxid (Lachgas, N_2O) und Methan (CH_4) mit jeweils etwa 3 %.[19]
    Der an sich natürliche Treibhauseffekt wird jedoch durch den Menschen
beeinflusst, weil er die erhöhte Freisetzung von Treibhausgasen verursacht,

---

13 IPCC. Klimaänderung 2007, Synthesebericht, deutsche Zusammenfassung, S. 34.
14 WMO statement on the status of the global climate in 2011, S. 4, abgerufen unter
    http://www.wmo.int/pages/prog/wcp/wcdmp/documents/1085_en.pdf zuletzt am
    6.1.2013.
15 Vgl. *Rahmstorf/Schellnhuber*, Der Klimawandel, 6. Aufl., München 2006, S. 31.
16 Vgl. *Latif*, Klima, Frankfurt 2004, S. 9 ff.
17 Vgl. *Rahmstorf/Schellnhuber*, Der Klimawandel, 6. Aufl., München 2006, S. 31.
18 Vgl. *Latif*, Klima, Frankfurt 2004, S. 5 ff.
19 Vgl. *Latif*, Klima, Frankfurt 2004, S. 12.

was Auswirkungen auf den Treibhauseffekt hat. Es wird insoweit vom „anthropogenen Treibhauseffekt" gesprochen, in der Unterscheidung zum „natürlichen Treibhauseffekt".[20]

Von besonderer Bedeutung ist dabei der Ausstoß von CO_2. Es hat am anthropogenen Treibhauseffekt einen Anteil von etwa 60 %, Methan hat einen Anteil von 20 %, FCKW liegen bei etwa 5 %.[21] Dieser anthropogene Treibhauseffekt wird mit dem Begriff „globale Erwärmung" beschrieben. Ungenau wird oft anstelle des Begriffes „globale Erwärmung" der Begriff „Klimawandel" benutzt, um damit die durch Menschen verursachte globale Erwärmung zu beschreiben. In der Naturwissenschaft wird mit dem Begriff „Klimawandel" streng genommen wohl aber eigentlich die natürliche Veränderung des Klimas gemeint, i. S. des naturwissenschaftlichen Begriffes „Klimaänderung", wie er oben erläutert wurde.

3. Begriff des Klimaschutzes

Der Begriff des Klimaschutzes ist als Sammelbegriff für Maßnahmen zu verstehen, die zum Ziel haben, das Klima insoweit zu schützen, dass versucht wird, dem Phänomen der globalen Erwärmung entgegenzuwirken bzw. dieses einzudämmen.[22] Genau genommen ist der Begriff Klimaschutz deshalb nicht richtig. Schließlich wird nicht das Klima geschützt, sondern die Menschen vor dem Phänomen der „globalen Erwärmung".[23]

II. Folgen des prognostizierten Wandels

Wie bereits ausgeführt, ist die Folge der menschgemachten globalen Erwärmung ein Temperaturanstieg im Durchschnitt. Doch was ist die Folge davon? Und kann der Klimawandel noch verhindert werden?

---

20 Vgl. *Latif*, Klima, Frankfurt 2004, S. 13; vgl. *Rahmstorf/Schellnhuber*, Der Klimawandel, 6. Aufl., München 2006, S. 33 ff.; Umweltbundesamt, Und sie erwärmt sich doch, S. 23.

21 Vgl. *Latif*, Klima, Frankfurt 2004, S. 16.

22 Vgl. Bundesministerium für Bildung und Forschung, Forschung für den Klimaschutz und Schutz vor Klimawirkungen, Berlin 2004, S. 7.

23 So auch: *Winkler*, Klimaschutzrecht, Münster 2005, S. 14. anders: *Koch*, Klimaschutzrecht, NVwZ 2011, S. 641 ff. (642) unter Bezugnahme auf *Gärditz*, Schwerpunktbereich – Einführung in das Klimaschutzrecht, JuS 2008, S. 324 ff.

In der Diskussion wird stets vom sog. „Zwei-Grad-Ziel" ausgegangen. Hiernach soll verhindert werden, dass die globale Temperatur im Mittel in diesem Jahrhundert um mehr als zwei Grad ansteigt. Dieses Ziel wurde in der Übereinkunft von Kopenhagen[24] vereinbart, genauer genommen jedoch nur zur Kenntnis genommen.

Damit sollen zumindest schlimmere Folgen des Klimawandels verhindert werden. Infolge höherer Temperaturen käme es zur Zunahme von atmosphärischem Wasserdampf und durch dessen verstärkten Transport zur Zunahme von Niederschlägen über den Landgebieten.[25] Es käme dabei wohl zu verstärktem Niederschlag in hohen Breiten, wo ohnehin der Niederschlag generell höher ist, während andere, bereits jetzt trockenere Gebiete hingegen wohl noch mehr austrocknen würden. Es besteht auch die Gefahr der Zunahme von Hochwasserkatastrophen sowie die Gefahr, dass das Wetter in Europa generell extremer wird – es könnte länger andauernde Trockenperioden geben, aber auch mehr Starkniederschläge.[26]

Der Meeresspiegel wird infolge der Erwärmung ansteigen, dies folgt erstens aus einer Ausdehnung der Wassersäule (erhöhtes Volumen durch erhöhte Temperatur) und zweitens aus dem verstärkten Schmelzen von Eisschilden und Gebirgsgletschern.[27]

Infolge der Veränderungen und Zunahmen von Extremen in Lebensräumen wird ein Massensterben von Tier- und Pflanzenarten befürchtet, dies betrifft insbesondere alpine Pflanzenarten.[28]

Aber auch für den Menschen werden Gefährdungen prognostiziert. Der Klimawandel hat auch erhebliche Auswirkungen auf die Landwirtschaft und könnte auch gesundheitliche Beeinträchtigungen hervorrufen. Insbesondere die schon ärmeren Länder des Südens müssen mit noch stärkeren Problemen bei Ernten rechnen, Hungersnöte könnten die Folge sein.[29]

Die globale Erwärmung bedeutet eine erhöhte Ausbreitungsmöglichkeit durch von Insekten übertragene Krankheiten. Die Insekten verbreiten sich bei höherer Wärme stärker, infolgedessen nehmen auch von ihnen

---

24 Vgl. CP.15 – Copenhagen Accord, § 1 – "[…we shall, recognizing the scientific view that the increase in global temperature should be below 2 degrees celsius…]".
25 Vgl. *Rahmstorf/Schellnhuber*, Der Klimawandel, 6. Aufl., München 2006, S. 37.
26 Vgl. *Latif*, Klima, Frankfurt 2004, S. 13; vgl. *Rahmstorf/Schellnhuber*, Der Klimawandel, 6. Aufl., München 2006, S. 45.
27 Vgl. *Latif*, Klima, Frankfurt 2004, S. 13; vgl. *Rahmstorf/Schellnhuber,* Der Klimawandel, 6. Aufl., München 2006, S. 46 ff.
28 Vgl. *Rahmstorf/Schellnhuber*, Der Klimawandel, 6. Aufl., München 2006, S. 75 ff.
29 Vgl. *Rahmstorf/Schellnhuber*, Der Klimawandel, 6. Aufl., München 2006, S. 78.

übertragene Krankheiten zu. Schon jetzt sterben nach Angaben der Weltge-
sundheitsorganisation (WHO) etwa 150 000 Menschen durch die globale
Erwärmung.[30] Malaria könnte sich in Regionen verbreiten, in denen es bisher für den Erreger zu kühl ist.

Diese Folgen gilt es mit Erreichung des 2-Grad-Zieles zumindest abzu-
mildern. Und selbst, wenn dieses Ziel in Gefahr gerät, ist es jede Anstren-
gung wert, die Erwärmung zumindest so weit wie möglich zu verhindern.

III. Klima bzw. Klimaschutz als Rechtsgut

Der Schutz des Klimas, genauer der Schutz vor den Folgen menschgemach-
ter globaler Erwärmung, ist ein jüngeres Rechtsphänomen wie auch die Kli-
maforschung selbst.

1. Völkerrecht

a) Entwicklung

Der Umweltschutz im Allgemeinen und das Ziel der „Nachhaltigkeit" wurden auf internationaler Ebene bereits seit den 60er Jahren diskutiert. Mit der
Resolution 2398 (XXIII) der Generalversammlung der Vereinten Nationen
vom 3.12.1968 wurde erstmals die weltweite Bedeutung des Umweltschutzes hervorgehoben. Betont wurde hier erstmals, dass dieser eine ständige
Zusammenarbeit der Mitgliedstaaten erfordere. 1983 wurde eine unabhän-
gige „Weltkommission über Umwelt und Entwicklung" (WCED) eingesetzt,
die konkrete Vorschläge erarbeiten sollte, um der zunehmenden Umwelt-
zerstörung zu begegnen. Ihr Abschlussbericht, welcher oft als „Brundtland-
Bericht" bezeichnet wird,[31] ist bekannt dafür, dass er erstmals vom Leitbild
der „nachhaltigen Entwicklung" (sustainable development) ausgeht.

Der „reine Klimaschutz" als Ziel der Mitgliedstaaten der Vereinten Nationen wurde erstmals 1988 ausdrücklich beschlossen. Im Jahre 1988 erlie-

---

30 Vgl. *Rahmstorf/Schellnhuber*, Der Klimawandel, 6. Aufl., München 2006, S. 80;
   WHO World Health Report 2002.
31 Diese Bezeichnung beruht darauf, dass die ehemalige norwegische Ministerpräsi-
   dentin Gro Harlem Brundtland in dieser Kommission den Vorsitz innehatte.

ßen die Vereinten Nationen erstmals eine Resolution[32], in der sie die globale Erwärmung zum „common concern of mankind"[33] erklärten. Schon im Jahre 1979 hatte es aber eine Thematisierung des Klimaschutzes gegeben. Die WMO hatte in Genf bereits eine „Weltklimakonferenz" veranstaltet.[34] Die WMO wies dabei ausdrücklich – wenngleich noch vorsichtig formuliert – darauf hin, dass die menschgemachte Zunahme des Kohlendioxid-Gehaltes in der Atmosphäre die höchste Aufmerksamkeit der internationalen Staatengemeinschaft verdiene, weil hierdurch gravierende Veränderungen des globalen Klimas verursacht werden könnten.[35] Es folgten verschiedene weitere Resolutionen.[36]

Dennoch sollte es dauern, bis die Staaten sich tatsächlich zu konkreterem Handeln verpflichteten. Erstmals 1992 wurde der Klimaschutz durch Verpflichtungen verrechtlicht – durch die „Klimarahmenkonvention".

b) Klimarahmenkonvention

Die „Klimarahmenkonvention (KRK)"[37] legt zwar keine klaren rechtlichen Verpflichtungen zur Reduktion von Treibhausgasen fest, ihre Bedeutung liegt aber darin, dass sie erstmals die drohenden Gefahren des Klimawandels völkerrechtlich anerkennt.[38] Zwar regelt die KRK in Art. 4 Verpflichtungen, diese sind aber „schwammig"[39] formuliert. Zwar wird als Ziel ausgegeben, die Emission von Treibhausgasen auf das Niveau von 1990 zurückzufahren,[40] jedoch finden sich Einschränkungen und Relativierungen dieser Pflicht. So wird allgemein in Art. 4 Abs. 2a) KRK formuliert, dass bei dieser Pflicht „die unterschiedlichen Ausgangspositionen und Ansätze sowie die unterschiedlichen Wirtschaftsstrukturen und Ressourcen der Vertrags-

---

32 A/RES/43/53 v. 6.12.1988.
33 Siehe hierzu: *Schmidt/Kahl*, Umweltrecht, § 8 Rn. 9; S. 304.
34 Vgl. *Winkler*, Klimaschutzrecht, S. 63.
35 http://www.nachhaltigkeit.info/artikel/weltklimakonferenz_genf_1979_689.htm.
36 Ein Überblick findet sich in der Einleitung zur KRK.
37 Rahmenübereinkommen der Vereinten Nationen über Klimaveränderungen vom 9.5.1992.
38 Vgl. *Winkler*, Klimaschutzrecht, S. 63.
39 Vgl. *Winkler*, Klimaschutzrecht, S. 63.
40 Vgl. Art. 4 Abs. 2a) und Art. 4 Abs. 2 b) KRK.

parteien" zu berücksichtigen sind. Diese Verpflichtung wird auf Grund ihrer Formulierung auch nicht als „rechtsverbindliche Pflicht" verstanden.[41]

c) Kyoto-Protokoll

Das Kyoto-Protokoll ist ein am 11. Dezember 1997 beschlossenes Zusatzprotokoll zur Ausgestaltung der KRK. Es legt erstmals völkerrechtlich verbindliche Zielwerte für den Ausstoß von Treibhausgasen fest. In Art. 3 Abs. 1 des Protokolles verpflichten sich bestimmte Vertragsparteien (Industrieländer und osteuropäische Staaten), ihre Treibhausgasemissionen zwischen 2008 und 2012 um durchschnittlich 5 % gegenüber den Emissionen im Jahr 1990 zu reduzieren.

Das Kyoto-Protokoll setzt hierbei in Art. 17 wesentlich auf das ökonomische Instrument des Emissionshandels.[42]

Die zentrale Idee des Emissionshandels ist es, dass der Ausstoß schädlicher Emissionen einen Preis bekommt. So lohnt es sich, Emissionen zu vermeiden. Gleichsam wird ein Markt künstlich festgelegt, es wird bestimmt, wie viel Emissionen verursacht werden dürfen, und jeder Marktteilnehmer bekommt das Recht, eine bestimmte Menge an Emissionen zu verursachen. Will er mehr Emissionen verursachen, muss er hierfür eine Berechtigung auf dem Markt erwerben. Jemand anderes kann seinerseits weniger Emissionen ausstoßen, als es seinen Rechten entspricht, und kann dann seine nicht genutzten Rechte an denjenigen veräußern, der mehr emittieren möchte.

2. Europarecht

a) Emissionshandel

Das Programm, das die EU und ihre Mitgliedstaaten dabei unterstützen soll, ihre im Rahmen des Kyoto-Protokolls gesetzten Emissionsziele zu erreichen, ist das sog. Europäische Programm zur Klimaänderung (European climate change programme, ECCP). Wesentliches Element ist aber wiede-

---

41 Vgl. *Winkler*, Klimaschutzrecht, S. 63 f.
42 Die sog. „flexiblen Instrumente" des Protokolls finden sich in den Art. 6, 12 und 17 des Protokolls.

rum der Emissionshandel. In Deutschland wird es oft als „Europäisches Programms für den Klimaschutz" bezeichnet.

Als Folge des Europäischen Programms für den Klimaschutz wurde 2003 der EU-Emissionshandel beschlossen und trat am 1. Januar 2005 in Kraft. Rechtsgrundlage des Emissionshandels bildet die Emissionshandelsrichtlinie (Richtlinie 2003/87/EG), die am 13. Oktober 2003 in Kraft trat.

b) Sonstiges Klimaschutzrecht

Bereits 2001[43] hat die EU eine Richtlinie zur Erzeugung von Strom durch Erneuerbare Energie beschlossen. 2003 wurde die sog. Biokraftstoffrichtlinie[44] beschlossen. Zuletzt wurde 2009[45] die EU-Richtlinie Erneuerbare Energien beschlossen, die beide Richtlinien ablöst[46] und die Regelungen in einer Richtlinie bündelt.[47]

Umstritten ist bzw. war, auf welche Kompetenznorm der EU die Richtlinie gestützt werden kann. Strittig ist hier, ob die Richtlinie auf die Kompetenznorm für den Umweltschutz (Art. 175 EG) oder die Kompetenznorm für den Binnenmarkt (Art. 95 EG) gestützt werden konnte. Ferner ist umstritten, ob die Zulässigkeit einer Doppelabstützung auf beide Kompetenznormen möglich ist.[48]

Nach Art. 3 Abs. 1 der Richtlinie sollen 2020 20 % des Endenergieverbrauchs in der Europäischen Union aus Erneuerbaren Energien stammen.

---

43 Richtlinie 2001/77/EG des Europäischen Parlaments und des Rates vom 27. September 2001 zur Förderung der Stromerzeugung aus erneuerbaren Energiequellen im Elektrizitätsbinnenmarkt.

44 Richtlinie (RL) 2003/30/EG des Europäischen Parlaments und des Rates vom 8. Mai 2003 zur Förderung der Verwendung von Biokraftstoffen oder anderen erneuerbaren Kraftstoffen im Verkehrssektor.

45 Richtlinie 2009/28/EG des Europäischen Parlaments und des Rates vom 23. April 2009 zur Förderung der Nutzung von Energie aus erneuerbaren Quellen und zur Änderung und anschließenden Aufhebung der Richtlinien 2001/77/EG und 2003/30/EG.

46 Nach Art. 26 Abs. 3 der RL werden die Richtlinie 2001/77/EG und die Richtlinie 2003/30/EG mit Wirkung vom 1. Januar 2012 aufgehoben.

47 Siehe hierzu: *Ringel/Bitsch,* Die Neuordnung des Rechts der Erneuerbaren Energien in Europa, NVwZ 2009, 807 ff.; *Lehnert/Vollprecht,* Neue Impulse von Europa: Die Erneuerbare-Energien-Richtlinie der EU, ZUR 2009, S. 301 ff.

48 *Kahl,* Alte und neue Kompetenzprobleme im EG-Umweltrecht – Die geplante Richtlinie zur Förderung Erneuerbarer Energien, in: NVwZ 2009, S. 266 ff.

Für jeden Mitgliedsstaat wird hierfür ein eigenes Gesamtziel festgelegt. Nach Art. 3 Abs. 3 der Richtlinie muss jeder Mitgliedsstaat ferner gewährleisten, dass sein Anteil an Energie aus erneuerbaren Quellen bei allen Verkehrsträgern im Jahr 2020 mindestens 10 % seines Endenergieverbrauchs im Verkehrssektor entspricht.

Die Richtlinie stellt jedoch nicht nur auf eine veränderte Stromerzeugung ab. Vielmehr geht aus ihr ausdrücklich auch das Ziel verbesserter Energieeffizienz hervor. Im 17. Erwägungsgrund der Richtlinie heißt es ausdrücklich: „Konzepte für Energieeffizienz und Energieeinsparung zählen zu den wirksamsten Methoden, mit denen die Mitgliedstaaten den prozentualen Anteil von Energie aus erneuerbaren Quellen steigern und somit die in dieser Richtlinie festgelegten Gesamtziele für Energie aus erneuerbaren Quellen – sowohl das nationale Gesamtziel, als auch das Ziel für den Verkehrssektor – leichter erreichen können."

3. Nationales Recht

a) Emissionshandel

In Deutschland wurde die Emissionshandelsrichtlinie mit dem Treibhausgas-Emissionshandelsgesetz (TEHG) in deutsches Recht umgesetzt. Darin wird die Deutsche Emissionshandelsstelle des Umweltbundesamtes mit der Ausgabe von Zertifikaten und der Überwachung der Emissionen beauftragt.

b) Klimaschutz als Rechtsgut in weiteren Gesetzen

Trotz der zentralen Bedeutung des Klimaschutzes existiert kein „Klimaschutzgesetz" auf Seiten des Bundes, das Maßnahmen zum Klimaschutz gebündelt regelt. Vielmehr existieren in einzelnen Gesetzen Regelungen, die dem Klimaschutz dienen.[49] Zum Teil wird das Klima explizit erwähnt, überwiegend dienen die Gesetze jedoch anderen Zwecken, und der Klimaschutz ist nur von sekundärer Bedeutung.

Von besonderer Bedeutung sind das Erneuerbare-Energien-Gesetz (EEG) und das Gesetz zur Förderung Erneuerbarer Energien im Wärmebereich

---

49 Hierauf verweisend im Vergleich zu anderen europäischen Staaten: *Groß*, Klimaschutzgesetze im europäischen Vergleich, ZUR 2011, S. 171 ff.

(EEWärmeG). Zwar wird in § 1 EEG als Zweck des Gesetzes definiert, „im Interesse des Klima- und Umweltschutzes eine nachhaltige Entwicklung der Energieversorgung zu ermöglichen", sodann werden jedoch wirtschaftliche Gründe genannt und es heißt weiter, der Zweck des EEG sei auch, die „volkswirtschaftlichen Kosten der Energieversorgung auch durch die Einbeziehung langfristiger externer Effekte zu verringern, fossile Energieressourcen zu schonen und die Weiterentwicklung von Technologien zur Erzeugung von Strom aus Erneuerbaren Energien zu fördern".

Weniger einschränkend heißt es in § 1 Abs. 1 EEWärmeG, Zweck des Gesetzes sei es, „insbesondere im Interesse des Klimaschutzes", der Schonung fossiler Ressourcen und der Minderung der Abhängigkeit von Energieimporten, eine nachhaltige Entwicklung der Energieversorgung zu ermöglichen und die Weiterentwicklung von Technologien zur Erzeugung von Wärme aus Erneuerbaren Energien zu fördern.

Zentrales Gesetz zum Schutz vor Luftverunreinigungen ist das BImSchG. Nach § 1 BImSchG ist sein Zweck, Menschen, Tiere und Pflanzen, den Boden, das Wasser, die Atmosphäre sowie Kultur- und sonstige Sachgüter vor schädlichen Umwelteinwirkungen zu schützen und dem Entstehen schädlicher Umwelteinwirkungen vorzubeugen.

Somit erwähnt das BImSchG nicht ausdrücklich das Klima oder den Klimaschutz, will aber die „Atmosphäre" schützen. Die Atmosphäre umfasst die gesamte Lufthülle der Erde, mit einer vertikalen Ausdehnung von mehreren tausend Kilometern, einschließlich der Stratosphäre mit der Ozonschicht.[50] Erwähnt wird jedoch der Begriff „Klima" in § 1a der 9. BImSchV.[51] Das Klima wird hierin zum Gegenstand der Prüfung der Umweltverträglichkeit gemacht.

Nicht aber werden Klimaschutzziele/Emissionsminderungen zwingend im BImSchG festgelegt. Es wird einzig und allein auf das TEHG Bezug genommen.[52] Über die Pflichten des Treibhausgas-Emissionshandelsgesetzes bestehen nach h. M. aber keine Vorsorgepflichten nach dem BImSchG für Anlagenbetreiber.[53]

---

50 Vgl. *Jarass*, BImSchG, 9. Aufl. 2012, § 1 Rn. 6.
51 *Jarass*, BImSchG, 9. Aufl. 2012, § 1 Rn. 6, weist darauf hin, dass dieses zulässig ist. Unter den Begriff der Atmosphäre falle auch das Klima, die Verordnung sei daher materiell-rechtmäßig erlassen.
52 Vgl. § 5 Abs. 1 BImSchG.
53 Vgl. *Jarass*, BImSchG, 9. Aufl. 2012, § 5 Rn. 5a.

Im Baurecht wird das Klima erwähnt. Nach § 1 Abs. 5 Satz 2 BauGB sollen die Bauleitpläne „dazu beitragen, eine menschenwürdige Umwelt zu sichern, die natürlichen Lebensgrundlagen zu schützen und zu entwickeln sowie den Klimaschutz und die Klimaanpassung, insbesondere auch in der Stadtentwicklung, zu fördern".[54] Die Auswirkungen auf das Klima sind im Rahmen der Aufstellung der Bauleitpläne nach § 1 Abs. 6 Nr. 7 lit. A BauGB als Belange des Umweltschutzes zu berücksichtigen. In § 1a Abs. 5 BauGB heißt es: „Den Erfordernissen des Klimaschutzes soll sowohl durch Maßnahmen, die dem Klimawandel entgegenwirken, als auch durch solche, die der Anpassung an den Klimawandel dienen, Rechnung getragen werden. Der Grundsatz nach Satz 1 ist in der Abwägung nach § 1 Abs. 7 zu berücksichtigen." Verbindliche Reduktionsziele etwa für neue Bebauungspläne finden sich aber ebenfalls nicht.

c) Möglichkeit und Notwendigkeit eines Klimaschutzgesetzes

Sowohl auf Bundes- als auch auf Landesebene existieren Forderungen nach Klimaschutzgesetzen. Auf Landesebene sind diese derzeit im Vordringen befindlich, so hat etwa Nordrhein-Westfalen ein „Klimaschutzgesetz" erlassen.[55] Dies erstaunt unter dem Gesichtspunkt der klaren Kompetenztrennung der Verfassung zunächst.

Eine eindeutige Kompetenzzuweisung des Grundgesetzes für Zwecke des Klimaschutzes existiert jedoch nicht.[56] Nach Art. 74 Abs. 1 Nr. 24 GG existiert aber im Bereich der konkurrierenden Gesetzgebung eine Zuweisung für die Luftreinhaltung.

Fraglich ist, wie weit der Begriff der „Luftreinhaltung" auszulegen ist. Er ist einfachrechtlich definiert im Bundes-Immissionsschutzgesetz. Nach § 3 Abs. 4 BImSchG sind Luftverunreinigungen Veränderungen der natürlichen

---

54 BauGB in der Fassung auf Grund des Gesetzes zur Förderung des Klimaschutzes bei der Entwicklung in den Städten und Gemeinden vom 22.7.2011 (BGBl. I S. 1509).

55 Der Erlass in der 15. Wahlperiode „scheiterte" an den Neuwahlen des Landtags durch den Grundsatz der Diskontinuität.

56 Vgl. *Moser*, Klimaschutz durch die Energieeinsparverordnung, S. 198 ff., die von einem „Kompetenzmix" spricht, verweisend auf *Faßbender*, Kommunale Steuerungsmöglichkeiten zur Nutzung erneuerbarer Energien, NuR 2009, S. 618 ff. (621) und *Rodi*, Kommunale Handlungsmöglichkeiten in der Energie und Klimaschutzpolitik – Status quo und Reformansätze, IR 2012, S. 242 ff. (243 f.).

Zusammensetzung der Luft, insbesondere durch Rauch, Ruß, Staub, Gase, Aerosole, Dämpfe oder Geruchsstoffe.

Fraglich ist deshalb, ob gesetzliche Regelungen zum Zwecke der Verringerung von Treibhausgasen auf diese Kompetenznorm gestützt werden können. Bei enger Auslegung ließe sich der Wortlaut „Luftreinhaltung" allein so verstehen, dass es um eine Kompetenz geht, den Menschen vor belästigenden Stoffen in der Luft zu schützen. Die einfachrechtliche Definition aus § 3 Abs. 4 BImSchG spräche ebenfalls dafür, wenngleich sie natürlich nur begrenz als einfach-gesetzliche Norm zur Auslegung einer Verfassungsnorm herangezogen werden kann. Sie lässt aber dennoch auf solches Verständnis schließen. Die verfassungsrechtliche Norm in Art. 74 Abs. 1 Nr. 24 GG wurde auch bewusst im Zuge der Umweltgesetzgebung durch das 30. Gesetz zur Änderung des Grundgesetzes v. 12.4.1972 in die Verfassung aufgenommen, das BImSchG entstand dann zeitnah danach 1974.[57]

Beim Klimaschutz geht es aber nicht darum, dass der Mensch vor unangenehmer Luft selbst geschützt werden soll, sondern vor den Folgen veränderter Luftzusammensetzung durch Verstärkung des Treibhauseffektes. § 3 Abs. 4 BImSchG scheint eher von einem unmittelbaren, zeitlichen Schutz auszugehen, genannt werden v. a. Stoffe, deren Vorhandensein in der Luft dem Menschen unmittelbar auffällt. Klimaveränderung findet aber wie ausgeführt eben mittel- bzw. langfristig statt und die zunehmende Konzentration von Treibhausgas wird eben gerade nicht vom Menschen unmittelbar als belastend wahrgenommen. Insoweit wird zutreffend ausgeführt, dass das klassische Immissionsrecht keinem globalen Umweltschutz und gerade nicht dem Schutz des Makroklimas dient, sondern dem des Mikroklimas.[58] Es unterscheidet sich folglich vom Ziel des globalen Klimaschutzes. Gleichwohl ist diese Abgrenzung nicht trennscharf und es kann Überlagerungen geben.[59] Der Begriff der Luftreinhaltung in Art. 74 Abs. 1 Nr. 24 GG ist aber insoweit einschränkend auszulegen.

Soweit schlicht angenommen wird, Klimaschutz lasse sich unter diese Kompetenzzuweisung subsumieren,[60] weil der erhöhte Ausstoß von CO_2 die

---

57 Die Daten zum historischen Kontext finden sich bei *Maunz* in: Maunz/Dürig, Art. 74 GG, Rn. 249, 251.

58 Siehe hierzu: *Schmidt/Kahl*, Umweltrecht, § 3 Rn. 7.

59 *Sailer*, Klimaschutzrecht und Umweltenergierecht – Zur Systematisierung beider Rechtsgebiete, NVwZ 2011, S. 718 ff. (719).

60 So etwa: WWF-Studie „Ein Klimaschutzgesetz für Deutschland", S. 14.

natürliche Zusammensetzung der Luft verändere, greift diese Argumentation deshalb etwas kurz.

Eine Kompetenz für Klimaschutz wird daher auch aus dem Kompetenztitel aus Art. 74 Abs. 1 Nr. 11 GG, Recht der Wirtschaft, hergeleitet.[61]

Obgleich der Klimaschutz die zentrale ökologische Herausforderung ist, existiert für ihn also kein ausdrücklicher Kompetenztitel im Grundgesetz. Es wird insoweit auch in der Literatur bedauert, dass ein solcher im Rahmen der Föderalismusreformen nicht geschaffen wurde.[62]

Die Herleitung einer Kompetenz allein aus Art. 74 GG Abs. 1 Nr. 24 GG oder aus Art. 74 GG Abs. 1 Nr. 11 GG wird zwar einerseits befürwortet, dennoch wird vertreten, Regelungen auf mehrere Kompetenzen zu stützen. In Betracht kommen Kompetenzen für Regelungen des Straßenverkehrs (Art. 74 GG Abs. 1 Nr. 22 GG) oder für den Bereich der Landwirtschaft (Art. 74 GG Abs. 1 Nr. 17 GG, Art. 74 Abs. 1 Nr. 20 GG). Es wird vertreten, die Kompetenzen ggf. i. V. m. Art. 74 Abs. 1 Nr. 24 GG oder Art. 74 Abs. 1 Nr. 11 GG anzuwenden.

Zu beachten ist aber, dass Kompetenzen unterschiedlichen Voraussetzungen unterliegen. Zum Teil ist die Erforderlichkeitsklausel des Art. 72 Abs. 2 GG zu beachten.

Insbesondere auf den Gebieten des Art. 74 Abs. 1 Nr. 20 und 22 GG hat der Bund das Gesetzgebungsrecht nach der Erforderlichkeitsklausel nur, „wenn und soweit die Herstellung gleichwertiger Lebensverhältnisse im Bundesgebiet oder die Wahrung der Rechts- oder Wirtschaftseinheit im gesamtstaatlichen Interesse eine bundesgesetzliche Regelung erforderlich macht". Art. 74 Abs. 1 Nr. 24 GG dagegen ist damit von diesem Erfordernis ausgenommen.

Es fehlt grundsätzlich an einer klaren Konkurrenzlehre für die verfassungsrechtlichen Kompetenztitel.[63] Unterschieden werden muss zumindest nach der Kompetenz für einzelne Regelungen und nach der Kompetenz bzw. den Kompetenzen für ein Gesetz mit mehreren Regelungen. Ein Gesetz mit

---

61 *Koch/Krohn*, Umwelt in schlechter Verfassung?, in: NuR 2006, S. 673 ff. (679), ohne nähere Begründung. Zum Bereich des Energierechts siehe umfangreich: Kusche, Gesetzgebungs- und Verwaltungskompetenzen der Bundesländer für die Umsetzung der klimaschutzorientierten Energiepolitik, S. 84 ff.

62 *Koch/Krohn*, Umwelt in schlechter Verfassung?, in: NuR 2006, S. 673 ff. (676).

63 Vgl. *Behrens/Louis*, Die Zuständigkeit des Bundesgesetzgebers zur vollständigen Umsetzung der Umwelthaftungsrichtlinie, insbesondere zur Regelung des Biodiversitätsschadens, NuR2005, S. 682, (687).

mehreren Regeln kann auf mehrere Kompetenztitel gestützt sein.[64] Einzelne Regelungen hingegen müssen auf klarer Kompetenzgrundlage erlassen sein, es bedarf einer eindeutigen Zuordnung.[65]

Kann eine konkrete Regelung mehreren Kompetenztiteln zugeordnet werden, stellt die Literatur dabei auf den Schwerpunkt ab.[66] Der Schwerpunkt wird häufig auch als Abgrenzungskriterium speziell des Rechts der Wirtschaft gegenüber dem Umweltrecht verwendet.[67] Indes ist die Abgrenzung schwierig und wohl eine Einzelfrage. So wird darauf verwiesen, dass es im Umweltrecht schwer zu unterscheiden sei, ob man den Schwerpunkt einer umweltrechtlichen Regelung darin sehe, wer Verursacher des Problems sei (spreche häufig für eine Kompetenz aus Art. 74 Abs. 1 Nr. 11 GG – „Recht der Wirtschaft") oder darin, dass ein Umweltmedium geschützt werde.

Im Ergebnis lässt sich deshalb Folgendes feststellen:

Eine allgemeine Kompetenz für klimaschützende Regelungen für den Bund entweder aus Art. 74 Abs. 1 Nr. 24 GG oder aus Art. 74 Abs. 1 Nr. 11 GG ist abzulehnen. Für die Frage, welche Kompetenz einschlägig ist, kommt es darauf an, in welchem Bereich die konkrete klimaschützende Regelung fällt. Handelt es sich um eine Regelung, die den Straßenverkehr betrifft, so kann die Kompetenz beispielsweise aus Art. 74 Abs. 1 Nr. 22 GG folgen, handelt es sich um eine Regelung, die das Wirtschaftsleben unmittelbar betrifft, kann die Regelung auf Art. 74 Abs. 1 Nr. 11 GG gestützt werden. Es erfolgt also eine Betrachtung jeder einzelnen Regel.[68] Für die Bundesländer bedeutet dies, dass sie nach allgemeinen Grundsätzen tätig werden können, grundsätzlich also nach Art. 70 Abs. 1 GG gesetzgebungsbefugt sind, aber wiederum eingeschränkt sind, wenn der Bund im Rahmen der konkurrierenden Gesetzgebung tätig geworden ist. Für ihr eigenes Handeln bzw. das Handeln ihrer Verwaltungsbehörden können sie Regelungen er-

---

64 Vgl. *Degenhart*, Staatsrecht I. Staatsorganisationsrecht, 25. Aufl. Rn. 170 ff.
65 Vgl. *Degenhart*, Staatsrecht I. Staatsorganisationsrecht, 25. Aufl. Rn. 170 ff.
66 Vgl. *Degenhart*, Staatsrecht I. Staatsorganisationsrecht, 25. Aufl. Rn. 170 ff.
67 Vgl. *Behrens/Louis*, Die Zuständigkeit des Bundesgesetzgebers zur vollständigen Umsetzung der Umwelthaftungsrichtlinie, insbesondere zur Regelung des Biodiversitätsschadens, NuR 2005, S. 682, (688).
68 Siehe *Moser*, Klimaschutz durch die Energieeinsparverordnung, S. 202, Fn. 624.

lassen, deren Organisation unterliegt naturgemäß der Kompetenz der Länder selbst.[69]

B. Die Rolle der Kommunen im Klimaschutz

Um die Frage zu beantworten, welche Rolle die Kommunen beim Klimaschutz im Mehrebensystem der Bundesrepublik spielen, bedarf es zunächst der Betrachtung, welche Rolle die Kommunen im Staatsaufbau der Bundesrepublik spielen.

I. Die verfassungsrechtliche Stellung der Kommunen in Deutschland

Die Existenz von Kommunen ist verfassungsrechtlich verankert in Art. 28 GG des Grundgesetzes, in den Verfassungen der Bundesländer existieren ebenfalls Regelungen, für NRW findet sich etwa eine Regelung in § 78 der Landesverfassung.

Aus Art. 28 Abs. 2 GG folgt eine Garantie des kommunalen Selbstverwaltungsrechts. Die kommunale Selbstverwaltungsgarantie aus Art. 28 Abs. 2 Satz 1 GG umfasst ihrem Wortlaut nach „alle Angelegenheiten der örtlichen Gemeinschaft". Von maßgeblicher Bedeutung für die Auslegung des unbestimmten Rechtsbegriffes „Angelegenheiten der örtlichen Gemeinschaft" ist die sog. Rastede-Entscheidung des Bundesverfassungsgerichts.[70] Zunächst folgt nach ihr daraus, dass den Gemeinden das Recht gewährleistet sein muss, alle Angelegenheiten der örtlichen Gemeinschaft im Rahmen der Gesetze in eigener Verantwortung zu regeln, der sog. Grundsatz der „Allzuständigkeit für örtliche Angelegenheiten ohne Spezialzuweisung". Dies wird im ersten Leitsatz der Entscheidung deutlich, dort heißt es wörtlich:

„Der Gesetzesvorbehalt des Art. 28 Abs. 2 Satz 1 GG umfasst nicht nur die Art und Weise der Erledigung der Angelegenheiten der örtlichen Gemeinschaft, sondern ebenso die gemeindliche Zuständigkeit für diese Angelegenheiten."

---

69 *Uhle* in: Maunz/Dürig, Art. 70 GG, Rn. 109. § 7 des Gesetzesentwurfes für ein Gesetz zur Förderung des Klimaschutzes in Nordrhein-Westfalen, (Drucksachennummer 16/127) regelt u. a. das Ziel einer „klimaneutralen Landesverwaltung".

70 BVerfGE 79, 127 ff.

In der Entscheidung heißt es zur Bestimmung des Begriffes der „Angelegenheiten der örtlichen Gemeinschaft" ferner, dies seien „diejenigen Bedürfnisse, die in der örtlichen Gemeinschaft wurzeln oder auf sie einen spezifischen Bezug haben, die also den Gemeindebürgern gerade als solchen gemeinsam sind, indem sie das Zusammenleben und -wohnen der Menschen in der (politischen) Gemeinde betreffen".[71]

Die Gemeinden werden nach der Rechtsprechung und h. M. als Teil der Verwaltung verstanden. Zur staatlichen Ebene sollen nach überwiegender Auffassung und Rechtsprechung der Bund und die Länder gehören, die Gemeinden sind nach der Rechtsprechung „Teil der Landesstaatsgewalt"[72]. Sie werden somit nicht als eine dritte staatliche Ebene verstanden.[73]

Betrachtet man die Regelungen über die Verwaltungskompetenz im Grundgesetz, so heißt es in Art. 83 GG: „Die Länder führen die Bundesgesetze als eigene Angelegenheit aus, soweit dieses Grundgesetz nichts anderes bestimmt oder zulässt." Dies konkretisiert Art. 30 GG, nachdem die Ausübung der staatlichen Befugnisse und die Erfüllung der staatlichen Aufgaben grundsätzlich Sache der Länder sind. Grundsätzlich sind somit die Bundesländer für die Ausführung von Bundesgesetzen zuständig, ebenso für ihre eigenen Landesgesetze.

Innerhalb der Bundesländer übertragen diese wiederum die Ausführungen von Gesetzen auf die kommunale Ebene.[74] Insoweit wird von mittelbarer Staatsverwaltung gesprochen.[75] Dies führt dazu, dass die Kommunen bei der Ausführung von Gesetzen eine wichtige Rolle in der Praxis spielen.

In diesem Zusammenhang kann unterschieden werden zwischen dem dualistischen Aufgabenmodell und dem monistischen Aufgabenmodell.[76] Je nach gewählter Betrachtungsweise unterscheiden sich hier die Kommunalverfassungen der Länder. Nach der dualistischen Betrachtungsweise gibt es staatsfreie und originär den Gemeinden zuzuordnende Aufgaben.[77] Daneben treten von der Gemeinde wahrzunehmende Aufgaben, die vom Staat übertragen worden sind. Für Letztere besteht ein umfangreiches Weisungsrecht.

---

71 BVerfGE 79, 127 ff.
72 BVerfGE 86, 148, 215 – „Ausländerwahlrecht".
73 *Hellermann* in: BeckOK GG, Art. 28, Rn 20 – 23.2, Stand: 1.6.2010.
74 Vgl. etwa Art. 78 Abs. 3 der Landesverfassung Nordrhein-Westfalen.
75 *Kirchhof* in: Maunz/Dürig, Art. 83 GG, Rn. 95 ff.; *Niedzwicki*, Kommunalrecht in Nordrhein-Westfalen, 2. Aufl., S. 35.
76 *Burgi*, Kommunalrecht, 4. Aufl. § 8, Die Stellung der Gemeinden im Staat.
77 Vgl. *Burgi*, Kommunalrecht, 4. Aufl. § 8 Rn. 12 ff.

Die monistische Sichtweise hingegen sieht alle von der Gemeinde wahrge-
nommenen Aufgaben zunächst als kommunale Aufgaben an. Dementspre-
chend liegt auch bei Vorliegen umfangreicher Weisungsrechte dennoch eine
gemeindliche Aufgabenwahrnehmung vor. Entscheidend kann der Unterschied im Rahmen von Übertragungen von Aufgaben im Bereich des Klimaschutzes sein, wenn es um konkrete Handlungsspielräume geht.

Die Zuständigkeit der Gesetzgebung über das Kommunalrecht im Allgemeinen fällt ausschließlich den Ländern zu, dies folgt aus dem Grundsatz
der Landesgesetzgebung aus Art. 70 Abs. 1 GG[78]. Folglich können bzw.
müssen auch hier die Bundesländer Regelungen für die kommunale Organisation und die kommunalen Behörden treffen. Der Bund kann daher keine
bundesweite Gemeindeordnung erlassen, da er keine ausdrückliche Kompetenz hierfür zugewiesen bekommt im Grundgesetz. Im Gegenteil: Nach
der ersten Föderalismusreform 2006 wurde Art. 84 Abs. 1 Satz 7 GG neu
geschaffen. Nach dieser Vorschrift dürfen durch Bundesgesetz den Gemeinden und Gemeindeverbänden Aufgaben nicht übertragen werden. Sie wird
als „Durchgriffsverbot" bezeichnet. Die Vorschrift wird ebenfalls als Argument dafür angesehen, dass die Kommunen Teil der Landesverwaltung
sind.[79]

II. Die faktische Bedeutung der Kommunen

Die Kommunen sind ein Hauptakteur des Verwaltungsrechts. Dies ergibt
sich aus folgender Erwägung: Nach dem Grundgesetz liegt die Staatsgewalt
grundsätzlich bei den Ländern, diese übertragen die Ausübung von Verwaltungsaufgaben wiederum auf die Kommunen. In den Kommunen wird auf
Grund der räumlichen Konzentration und unterschiedlicher Nutzungen
(Wohnen, Gewerbe und Industrie, Verkehr, Freizeit) ein großer Teil klima-
relevanter Emissionen erzeugt. Gefördert durch das Bundesumweltministe-
rium wurde daher z. B. im Sommer 2008 eine übergeordnete „Servicestelle:
Kommunaler Klimaschutz" beim Deutschen Institut für Urbanistik (Difu)
eingerichtet.

---

78 *Uhle* in: Maunz/Dürig, Art. 70 GG, Rn. 104. Wie bereits ausgeführt, wird z. B. im
Gesetz zur Förderung des Klimaschutzes in Nordrhein-Westfalen, in dessen § 5, die
Landesregierung ermächtigt per Verordnung die Kommunen zur Erstellung von Klimaschutzkonzepten zu verpflichten.
79 *Kirchhof* in: Maunz/Dürig, Art. 83 GG, Rn. 95.

In verschiedenen Bundesländern existieren Projekte, die die Kommunen zum Handeln im Klimaschutz bewegen sollen, z. B. das Projekt „Klimawandel und Kommunen", kurz KuK in Niedersachsen[80], oder das Projekt „Hessen aktiv: 100 Kommunen für den Klimaschutz".[81] Es handelt sich aber jeweils um Projekte, die nur einzelne Kommunen ansprechen und zum Handeln motivieren. Beispielhaft für das Engagement einzelner Städte sei Folgendes erwähnt:

Die Europäische Kommission hat Hamburg und Stockholm mit dem „European Green Capital Award" ausgezeichnet. Die schwedische Hauptstadt kann sich 2010, Hamburg 2011 mit dem Titel „Grüne Hauptstadt Europas" schmücken.[82]

Insgesamt zeigt sich folgendes Bild: Die Kommunen handeln vereinzelt, leider aber noch nicht flächendeckend. Alle Kommunen können aber in folgenden Bereichen handeln:

Zuvorderst erscheint es als erster Schritt sinnvoll, zu überprüfen, inwieweit in der Kommune Emissionen entstehen. Hierzu bedarf es einer CO_2-Bilanzierung bzw. einer Treibhausgasbilanzierung, bei der CO_2 die bedeutendste Rolle spielt. Sodann muss sich die Kommune fragen, inwieweit sie eine Reduzierung dieser Emissionen erreichen möchte, welches politische Ziel sie also erreichen möchte. Hierbei kann sie sich an den völkerrechtlichen oder nationalen Vorgaben orientieren, sich aber auch selbst eigene Ziele, seien sie größer oder geringer, setzen.

Einige Kommunen auf der ganzen Welt haben sich im sog. „Klimabündnis" zusammengeschlossen. Im Rahmen dieses Bündnisses setzen sie sich das Ziel, den CO_2-Ausstoß alle fünf Jahre um 10 % zu reduzieren. Dabei soll eine Halbierung der Pro-Kopf-Emissionen (Basisjahr 1990) bis spätestens 2030 erreicht werden.[83]

Will die Kommune diese Minderungsziele erreichen, bedarf es nunmehr einer Analyse, wie die kommunalen Emissionen gemindert werden können. Hierbei sind beispielsweise folgende Maßnahmen denkbar, die in dieser Arbeit nicht alle näher betrachtet werden sollen:

---

80 http://www.kuk-nds.de/.
81 http://www.hessen-nachhaltig.de/web/100-kommunen-fur-den-klimaschutz.
82 *Baltsch*, Stockholm und Hamburg erste Umwelthauptstädte, EUROPA kommunal, 2/2009, S. 23 ff.
83 Klima Bündnis (Hrsg.), Städte im Wandel, Klimaschutz als Herausforderung und Chance für Kommunen, Frankfurt 2006, S. 24.

Die Kommunen verfügen über eigene Energieerzeugungsanlagen und bieten mit eigenen Stadtwerken Energie am Markt an. Mit ihrer eigenen Energiepolitik können die Kommunen daher ebenfalls Klimaschutz betreiben. Die Kommunen können möglicherweise bei der Ausweisung von Baugebieten dafür sorgen, dass hier Bauten mit wenigen Emissionen entstehen. Wo die Kommunen nicht planerisch handeln können, können sie durch Subventionen Klimaschutzpolitik betreiben oder durch Vertragsschlüsse mit ökologischen Auflagen zu Gunsten des Klimas. Die Stadtplanung ist daher ein wichtiges Feld zur Erreichung von Klimaschutzzielen.

Ihre eigenen Liegenschaften können die Kommunen sanieren und so zur Einsparung von Emissionen kommen. Nach § 1a EEWärmeG kommt öffentlichen Gebäuden eine Vorbildfunktion für den Ausbau Erneuerbarer Energien in der Wärmeversorgung im Rahmen des Zwecks und Ziels nach § 1 EEWärmeG zu.

Emissionen im Verkehr können durch kommunale Verkehrspolitik erheblich gesenkt werden. Die Kommunen können einerseits den Straßenverkehr so gestalten, dass möglichst wenige Emissionen entstehen,[84] andererseits attraktive Nahverkehrsangebote machen. Von weiterer Bedeutung sind z. B. die Abfallpolitik – vermiedener Abfall bedeutet schließlich vermiedene Emissionen – und eine umweltfreundliche Beschaffungspolitik der Kommunen.

C. Kommunale Klimaschutzkonzepte – verfassungsrechtlich zulässig?

Vielerorts entwickeln Kommunen Klimaschutzkonzepte als Grundlage, um vor Ort klimaschützend tätig zu werden. Diese Konzepte helfen dabei, die unterschiedlichen Bereiche, in denen Klimaschutz erfolgen kann, mit ihren Handlungsmöglichkeiten zu erfassen. Am Anfang allen Handelns steht zunächst einmal eine Analyse. Wie hoch sind die Emissionen in der Kommune? Wo entstehen sie? An welchen Stellen gehen sie zurück? Wo steigen sie? – Fragen, die für das politische Handeln notwendig sind. Doch darf sich die Kommune überhaupt mit dem Klimaschutz beschäftigen? Wie ausgeführt, ist sie nach Art. 28 Abs. 2 GG für „alle Angelegenheiten der örtlichen Gemeinschaft" zuständig. Hierunter werden nach der grundlegenden

---

84 Hierzu: *Schröder*, Verbesserung des Klimaschutzes durch Einführung einer City-Maut, NVwZ 2012, S. 1438 ff.

Rastede-Entscheidung des Bundesverfassungsgerichts „diejenigen Bedürfnisse, die in der örtlichen Gemeinschaft wurzeln oder auf sie einen spezifischen Bezug haben, die also den Gemeindebürgern gerade als solchen gemeinsam sind, indem sie das Zusammenleben und -wohnen der Menschen in der (politischen) Gemeinde betreffen", verstanden.

Legt man diese Vorgaben zu Grunde, so ist der Klimaschutz bei enger Auslegung dieses Verständnisses des Bundesverfassungsgerichts gerade keine Angelegenheit der örtlichen Gemeinschaft. Schließlich handelt es sich beim Klimawandel um ein globales Problem, also gerade um ein Problem, das keiner örtlichen Beschränkung unterliegt. So wird auch folgerichtig gefordert, dass es eines lokalen Bezuges bedarf – ein Handeln wäre danach zulässig, wenn dieses auch Auswirkungen auf das Mikroklima vor Ort hätte. Vereinfacht würde dieses bedeuten, dass ein Handeln für messbar bessere Luft vor Ort zulässig wäre, nicht aber ein Handeln für die Einsparung von Treibhausgasen, ohne dass dieses lokal bemerkbar wäre.

Indes bedarf es einer genaueren Betrachtung, ob die Kommune satzungsrechtlich handeln will, faktisch handeln will und wie stark sie in die Rechte von Bürgern eingreifen möchte – die Anforderungen an das kommunale Handeln sind hier unterschiedlich.

I. Handeln ohne Ermächtigungsgrundlage für die Kommunen

Es ist umstritten, ob die Kommunen überhaupt ohne gesetzliche Ermächtigungsgrundlagen handeln dürfen, insbesondere eigene Satzungsregelungen erlassen können. Nach dem Wortlaut von Art. 28 Abs. 2 GG muss ihnen das Recht gewährleistet sein, alle Angelegenheiten der örtlichen Gemeinschaft im Rahmen der Gesetze in eigener Verantwortung zu regeln. Hieraus ließe sich ableiten, dass es keiner speziellen Ermächtigung bedürfe, um kommunal zu handeln. Aus dem Wortlaut „in eigener Verantwortung zu regeln" ließe sich entnehmen, dass es grundsätzlicher Satzungsermächtigungen in den Gemeindeordnungen der Länder nicht braucht, da schon das Grundgesetz zum Erlass von Satzungen ermächtigt.

Dieses Verständnis wird jedoch überwiegend abgelehnt und nur selten so allgemein vorgebracht.[85] Satzungen existieren in erster Linie, um gegenüber

---

85 *Böhm*, Autonomes kommunales Satzungsrecht, in: Lübbe-Wollf/Wegener, Umweltschutz durch kommunales Satzungsrecht, Rn. 712.

dem Bürger handeln zu können, sie beinhalten in der Regel Ermächtigungsgrundlagen für verwaltungsbehördliches Handeln. Insoweit sind sie grundrechtsrelevant, jedenfalls erscheint immer eine Verletzung der allgemeinen Handlungsfreiheit aus Art. 2 Abs. 1 GG möglich. Insoweit wird vertreten, dass zwar unmittelbar aus Art. 28 Abs. 2 GG das kommunale Satzungsrecht folge und die allgemeinen Ermächtigungen der Gemeindeordnung folglich nur deklaratorisch seien, es aber für grundrechtsbeschränkende Satzungen spezieller Ermächtigungen bedürfe.[86]

Dieser überwiegend vertretenen Auffassung ist zuzustimmen. Art. 28 Abs. 2 GG schränkt seinem Wortlaut nach das Recht zur Regelung aller örtlichen Angelegenheiten dahingehend ein, dass dieses „im Rahmen der Gesetze" erfolgen muss. Für Grundrechtsbeschränkungen gilt allgemein der Parlamentsvorbehalt, so dass es für diese Ermächtigungsgrundlagen bedarf.[87] Hingegen darf die Kommune Satzungen erlassen, auch ohne dass es einer Ermächtigungsgrundlage hierfür bedarf, wenn diese nicht grundrechtsrelevant sind. Auch die Pflicht zum Schutz der natürlichen Lebensgrundlagen aus Art. 20a GG besteht nur nach Maßgabe von Gesetz und Recht und kann von den Kommunen deshalb nur innerhalb ihrer verfassungsgemäßen Kompetenzen wahrgenommen werden. Ausdrücklich wird in der Literatur darauf hingewiesen, das Umweltstaatsziel aus Art. 20a GG knüpfe immer an bestehende Kompetenzen an, in deren Rahmen es verwirklicht werden könne.[88]

Hinsichtlich rein faktischen Handelns hat die Frage, inwieweit es bei kommunalem Handeln aber eines örtlichen Bezuges bedarf, in der Vergangenheit zu einer Diskussion über die Zulässigkeit sog. Städtepartnerschaften geführt.[89] Im Rahmen des Beitritts von Städten zum „Programm zur Förderung der Solidarität der Städte", initiiert von den japanischen Städten Hiroshima und Nagasaki, hat das Bundesverwaltungsgericht geurteilt,[90] im Mittelpunkt der städtepartnerschaftlichen Beziehungen ständen auf jeweils ört-

---

86 Vgl. *Burgi*, Kommunalrecht, 3. Aufl., § 15 Rn. 5 ff. sowie Rn. 36 ff.; die Darstellung bei *Böhm*, Autonomes kommunales Satzungsrecht, in: Lübbe-Wolff/Wegener, Umweltschutz durch kommunales Satzungsrecht, Rn. 708.

87 Vgl. *Bethge*, Parlamentsvorbehalt und Rechtssatzvorbehalt für die Kommunalverwaltung, NVwZ 1983, S. 577 ff.; *Burgi*, Kommunalrecht, 3. Aufl., § 15 Rn. 36 ff.

88 *Glaser*, „Angelegenheiten der örtlichen Gemeinschaft" im Umweltschutz, Die Verwaltung 41 (2008), S. 483 ff.

89 Siehe hierzu: *Gern*, Zu den Grenzen der kommunalen Verbandskompetenz, NVwZ 1991, S. 1147 ff.

90 BVerwG, Urt. v. 14.12.1990 – 7 C 58/89 = NVwZ 1991, S. 685.

licher Ebene Aktivitäten der jeweiligen Gemeindebürger, die der Pflege und Förderung der gemeinsamen Interessen und Lebensbedürfnisse dienten. Damit sei eine Städtepartnerschaft eine örtliche Angelegenheit. Im Rahmen des konkreten Falles erstaunt dieses, da das Bündnis mehrerer Städte das Ziel verfolgte, weltweite Kernwaffenabrüstung zu erzielen.[91]

Allgemein gilt aber, dass sich diesem Urteil und der unbestrittenen Praxis entnehmen lässt, dass Städtepartnerschaften zulässig sind.[92] Das Eingehen von Städtepartnerschaften steht mit Art. 28 Abs. 2 GG in Einklang. Dies gilt jedenfalls, soweit sie so konzipiert sind, dass sie nicht Ziele beinhalten, die in die Kompetenzen anderer Hoheitsträger eingreifen. Auch im Rahmen des Klimaschutzes existieren partnerschaftliche Beziehungen unter Städten und Gemeinden. So existiert das sog. „Klimabündnis"[93], dem sich nach eigenen Angaben über 1500 Städte, Gemeinden und Landkreise sowie Bundesländer und Provinzen, NGOs und weitere Organisationen aus verschiedenen europäischen Ländern als Mitglieder angeschlossen haben.

Auch in Bezug auf solche Mitgliedschaften und Kooperationen beim kommunalen Klimaschutz stellt sich die Frage, ob ein örtlicher Bezug hierfür ausreichend besteht und ob nicht in die Kompetenzen anderer Hoheitsträger eingegriffen wird. In Einklang mit der oben aufgeführten Rechtsprechung des Bundesverfassungsgerichts spricht hierfür jedoch, dass es letztlich um die Förderung von Aktivitäten der jeweiligen Gemeindebürger geht und deren Pflege und Förderung der gemeinsamen Interessen und Lebensbedürfnisse. Auch hier geht es darum, z. B. den öffentlichen Verkehr zu verbessern oder Erneuerbare Energie vor Ort zu erzeugen, was nicht allein dem Klimaschutz dient. Die partnerschaftliche Zusammenarbeit zu Zwecken des Klimaschutzes ist daher genauso zulässig wie Städtepartnerschaften im Allgemeinen.

Will die Kommune ansonsten Klimaschutz betreiben, ohne eine spezielle Ermächtigungsgrundlage, kann sie dies jedenfalls dann tun, wenn sie nicht in die Grundrechte eingreift und wenn ein örtlicher Bezug vorhanden ist. Zwar geht es beim globalen Klimaschutz gerade nicht um eine örtliche Angelegenheit, allerdings lässt sich ein konkretes Handeln, z. B. Fördermaßnahmen zu Gunsten des Klimaschutzes, auch stets noch mit weiteren Zielen

---

91 Siehe auch: *Heberlein,* Die Rechtsprechung des BVerfG und des BVerwG zur „kommunalen Außenpolitik", NVwZ 1992, S. 543 ff.
92 Vgl. *Gern,* Zu den Grenzen der kommunalen Verbandskompetenz, NVwZ 1991, S. 1147 ff. (1148).
93 Siehe http://www.klimabuendnis.org.

begründen. Begründet die Kommune beispielsweise also die Vergabe von Fördermitteln für Erneuerbare Energien nicht allein mit dem Ziel des Klimaschutzes, sondern auch mit örtlichen Zielen, wie z. B. mit lokaler Energieunabhängigkeit, reicht dies aus.

II. Ermächtigungsgrundlage ohne Erwähnung des Klimaschutzes

Fraglich ist aber, welche Anforderungen an die Formulierung der Ermächtigungsgrundlage zu stellen sind, wenn diese dazu ermächtigt, durch den Erlass von Satzungen in die Grundrechte der Bürger einzugreifen. Hiermit hat sich das Bundesverwaltungsgericht anhand der Frage auseinandergesetzt, ob ein kommunaler Anschluss- und Benutzungszwang aus Gründen des Klimaschutzes zulässig ist.[94] Die Vorschrift des § 11 BadWürttGO forderte damals ein öffentliches Interesse und ermächtigte die Kommunen bei dessen Vorliegen zum Satzungserlass. Das Bundesverwaltungsgericht urteilte, ein öffentliches Bedürfnis für einen kommunalen Anschluss- und Benutzungszwang allein aus Umweltschutzgründen sei nur gegeben, wenn hiermit das Ziel verfolgt werde, die lokale Umweltsituation zu verbessern. Seine Argumentation stützte es jedoch im Wesentlichen darauf, dass es einer gesetzlichen Ermächtigungsgrundlage bedürfe wegen der Möglichkeit von Grundrechtsverletzungen. Art. 28 Abs. 2 GG wirke nämlich kompetenzbegrenzend für die Kommunen, sie dürften daher nicht allgemein aus Umweltschutzgründen handeln, dies folge auch nicht aus Art. 20a GG. Vielmehr bräuchten sie eben ausdrückliche Satzungsermächtigungen. Hierzu genüge nicht die Formulierung „öffentlicher Zweck".

Auch in der Literatur wird unter Bezugnahme darauf vertreten, dass es bei für den Bürger belastenden Maßnahmen durch kommunale Satzungen zum Zwecke des Umwelt- oder Klimaschutzes zumindest einer ausdrücklichen Erwähnung dieser Zwecke in der Ermächtigungsgrundlage bedürfe.[95] Der baden-württembergische Gesetzgeber hat infolge des Urteils die Vorschrift seiner Gemeindeordnung angepasst und in § 11 BadWürttGO einen Klimaschutzbezug eingefügt.

Zunächst befremdlich erscheinend an der Entscheidung des Bundesverwaltungsgerichts ist, dass für den Erlass der streitigen Fernwärmesatzung

---

94 BVerwG, Urt. v. 23.11.2005 – 8 C 14/04, NVwZ 2006, S. 595 ff.
95 Vgl. *Kahl*, Klimaschutz durch die Kommunen – Möglichkeiten und Grenzen, ZUR 2010, S. 395 ff. (398).

offenbar nur der Zweck des Umweltschutzes vorgetragen wurde, obwohl auch sicher örtliche Vorteile als Argument denkbar gewesen wären. Allerdings ist der Anschluss- und Benutzungszwang im Rahmen der Fernwärmeversorgung noch eher selten und es wurden in der Vergangenheit auch hohe Anforderungen an das Vorliegen eines örtlichen Bezuges gemacht. Vermutlich konnten die Anforderungen der Rechtsprechung an diesen örtlichen Bezug nicht vorgetragen werden, wirtschaftliche oder finanzielle Interessen der Kommunen sollten z. B. hierfür nicht ausreichen.[96] Nach früherer Rechtsprechung (vor Erlass von § 16 EEWärmeG) bedurfte es spezieller örtlichen Interessen, z. B. einer „Tal-Lage", die im Tal zu einer Immissionsproblematik führen kann.[97] Unproblematisch dürfte es jedoch sein, wenn ein anderer örtlicher Zweck verfolgt wird bzw. ein von der Ermächtigungsgrundlage erwähnter Zweck und der Klimaschutz als „Nebenzweck" oder „Nebenziel" verfolgt wird. Insoweit empfiehlt sich für die Kommunen im Zweifel eine Mehrfachbegründung von Maßnahmen.

III. Ermächtigungsgrundlage mit Erwähnung des Klimaschutzes

Auch bei Vorliegen einer Ermächtigung, die den Klimaschutz ausdrücklich erwähnt, wird jedoch vertreten, es bedürfe eines örtlichen Bezuges. Hierzu hat das Bundesverwaltungsgericht ebenfalls Stellung genommen.[98]

Allerdings hat es im Rahmen einer Ermächtigungsgrundlage zum Erlass von Satzungen, die den Klimaschutz erwähnt, das Erfordernis eines lokalen Bezuges nicht eng gesehen und dieses Erfordernis durch eine weite Auslegung relativiert. Die Ermächtigungsgrundlage, § 17 Abs. 2 der Gemeindeordnung Schleswig-Holstein, sah die Möglichkeit des Anschluss- und Benutzungszwangs für den Fall eines „öffentlichen Bedürfnisses" vor, erwähnte aber als ein solches den „Schutz der natürlichen Grundlagen des Lebens". Die Selbstverwaltungsgarantie schließe es nicht aus, dass der Gesetzgeber den Gemeinden darüber hinausgehende Aufgaben zuweise. Eine verfassungswidrige Ausdehnung des kommunalen Kompetenzbereichs wäre allenfalls anzunehmen, wenn dies die Erfüllung der Selbstverwaltungsaufgaben der Gemeinde in erheblichem Maß beeinträchtigen würde. Dieses sei nicht in dem Fall anzunehmen. Außerdem, so wörtlich, könne „nicht zwei-

---

96 *Henneke/Ritgen*, Kommunales Energierecht, 8.2, S. 104 f.
97 *Henneke/Ritgen*, Kommunales Energierecht, 8.2, S. 104 f.
98 BVerwG, Urt. v. 25.1.2006 – 8 C 13.05, ZUR 2006, S. 364 ff.

felhaft sein, dass die Versorgung der Gemeindeeinwohner mit Fernwärme einen deutlichen örtlichen Bezug aufweist, auch wenn das Ziel der – globale – Klimaschutz ist".[99]

Auch in der Literatur wird argumentiert, in der Versorgung mit Fernwärme liege ein örtlicher Bezug, auch wenn der primäre Grund zum Handeln der Kommune der globale Klimaschutz sei.[100] Es wird vertreten, sprachlich zwischen „lokaler Einwirkung" und „lokaler Auswirkung" zu unterscheiden, es sei eben nicht notwendig, dass beides vorlege, sondern es genüge eine lokale Einwirkung.[101]

Gemeint ist wohl vielmehr, dass es der Gemeinde auch unter Berücksichtigung dessen, dass Art. 28 Abs. 2 GG kompetenzbegrenzende Wirkung zugesprochen wird, nicht verwehrt ist, auch Klimaschutzziele zu verfolgen, solange sie ein auch örtliches Ziel verfolgt bzw. so lange ein örtlicher Bezug gegeben ist. So kann z. B. eine kommunale Energieanlage dem Klimaschutz dienen, etwa weil es sich um eine Windenergieanlage oder eine Wasserkraftanlage handelt, zugleich dient sie aber natürlich auch noch der lokalen Bevölkerung zur Versorgung mit Energie.[102] Weiterer Zweck kann auch die Energieautarkie sein, d. h. die Unabhängigkeit der Kommune von Stromimport. Kommunale Energieversorgung ist anerkanntermaßen zulässig. Es wird angenommen, dass es hierfür keiner ausdrücklichen Ermächtigung bedarf, sondern dass dieses Recht der Kommunen aus dem kommunalen Selbstverwaltungsrecht folgt.[103]

So ist wohl auch *Rodi* zu verstehen.[104] Dieser formuliert ohne nähere Begründung, es könne nicht ernsthaft bestritten werden, dass sich Kommunen im Rahmen der Allzuständigkeit auch mit Fragen des Klimaschutzes beschäftigen dürften. Zwar habe die Rettung des Weltklimas per se keinen Bezug zur örtlichen Gemeinschaft. Praktisch falle aber jede denkbare Klimaschutzmaßnahme in einen der kommunalen Aufgabenbereiche. Beispiel-

---

99 BVerwG, Urt. v. 25.1.2006 – 8 C 13.05, ZUR 2006, S. 364 ff. (365).
100 Vgl. *Milkau*, in: Müller/Oschmann/Wustlich, Erneuerbare-Energien-Wärmegesetz, München 2010, § 16, Rn. 39 f.
101 Vgl. *Kahl*, Klimaschutz durch die Kommunen – Möglichkeiten und Grenzen, ZUR 2010, S. 395 ff. (398 f.).
102 Vgl. unter Bezugnahme auf das Bundesverwaltungsgericht (a. a. O.); vgl. *Milkau*, in: Müller/Oschmann/Wustlich, Erneuerbare-Energien-Wärmegesetz, München 2010, § 16, Rn. 39 f.
103 Vgl. *Henneke/Ritgen*, Kommunales Energierecht, 2.2.2.1 (S. 42).
104 *Rodi*, Kommunale Handlungsmöglichkeiten in der Energie und Klimaschutzpolitik – Status quo und Reformansätze, IR 2012, S. 242 ff. (243).

haft benennt er hier Bau- und Stadtplanung, lokale Energieversorgung und örtlichen Verkehr. Zudem könne die Kommune als Grundstücks- und Gebäudeeigentümer handeln. Mithin, folgt man dieser Argumentation, dürfte das Problem eines Bezuges zur örtlichen Gemeinschaft in der Tat nie vorliegen, da Klimaschutz immer auch im Rahmen kommunaler Angelegenheiten „mitverfolgt" werden kann.

IV. Zusammenfassung

Zusammenfassend lässt sich Folgendes festhalten: Soweit die Kommune ohne Ermächtigungsgrundlage handelt, darf sie nicht in die Grundrechte der Bürger eingreifen. Sie darf Klimaschutz dann aber betreiben, wenn sie nicht in die Rechte der Bürger eingreift und wenn es einen örtlichen Bezug gibt.

Besteht eine Ermächtigungsgrundlage, darf die Kommune in die Grundrechte der Bürger eingreifen, Klimaschutz als alleiniges Ziel aber nur dann verfolgen, wenn dieses Ziel in der Ermächtigungsgrundlage erkennbar ist. Grenze des Handelns ist, wenn kein örtlicher Bezug mehr erkennbar ist, insbesondere wenn die Kommune in die Kompetenzen anderer Hoheitsträger eingreift oder ihr Selbstverwaltungsrecht dadurch zu stark eingeschränkt würde.

Kapitel 2 – Klimaschutz durch Baurecht

A. „Örtliche Bauvorschriften" nach den Landesbauordnungen

I. Grundsätzliches

Nach § 9 Abs. 4 BauGB haben die Länder die Möglichkeit, durch Rechtsvorschriften zu bestimmen, dass auf Landesrecht beruhende Regelungen in den Bebauungsplan als Festsetzungen aufgenommen werden können. Ferner können sie bestimmen, inwieweit auf diese Festsetzungen die Vorschriften des Baugesetzbuches Anwendung finden.

Die Länder können auf Grund dieser bundesrechtlichen weitgehenden Ermächtigung die Regelungen nicht nur auf den klassischen Gebieten des Landesrechts, wie etwa des Bauordnungsrechts und des Denkmalschutzrechts, ermöglichen. Voraussetzung ist nur, dass ein inhaltlicher Zusammenhang mit den Festsetzungen eines Bebauungsplans besteht.[105]

Die Länder haben auch von dieser Möglichkeit Gebrauch gemacht. Danach ist den Gemeinden in der Regel die Möglichkeit eingeräumt, Vorschriften über die äußere Gestaltung baulicher Anlagen und weitere örtliche Bauvorschriften in einen Bebauungsplan aufzunehmen.[106]

Die Reichweite des Gestaltungsspielraums der Länder ist umstritten.[107] Problematisch ist, dass die Länder für die entsprechenden Regelungen nach dem Landesrecht kompetenziell zuständig sein müssen.[108] Es soll sich auch nur um solche Regelungen handeln dürfen, die in einem sachlichen Zusammenhang mit der Funktion und dem Inhalt des Bebauungsplans stehen. Nach

---

105 *Löhr* in: Battis/Krautzberger/Löhr, Baugesetzbuch, 11. Aufl. 2009, § 9 Rn. 109.

106 *Löhr* in: Battis/Krautzberger/Löhr, Baugesetzbuch, 11. Aufl. 2009, § 9 Rn. 110.

107 Siehe: *Haaß*, Bauplanungsrechtliche Regelungen im Gewande bauordnungsrechtlicher Vorschriften, NVwZ 2008, S. 252 ff.; *Jäde*, Wie verfassungswidrig ist das Bauordnungsrecht?, ZfBR 2006, S. 9 ff.

108 *Löhr* in: Battis/Krautzberger/Löhr, Baugesetzbuch, 11. Aufl. 2009, § 9 Rn. 109.

der Rechtsprechung darf es sich aber nicht um „bodenrechtliche Regelungen in Gestalt von Baugestaltungsvorschriften handeln"[109].

In der Literatur wird darauf hingewiesen, dass nur Vorschriften, die nicht die nicht Grund und Boden unmittelbar zum Gegenstand rechtlicher Ordnung hätten – beispielhaft Gestaltungsvorschriften –, dem landesrechtlichen Bauordnungsrecht offenstünden.[110] Einzig das bundesrechtliche Bauplanungsrecht könne hier bodenrechtliche Regelungen auf Grund der Kompetenzordnung treffen. Es müsse also gefragt werden, ob Ziel der Regelung die Bodenordnung sei, dann könne sie nur vom Bund erlassen werden. Verwiesen wird aber in der Literatur auch darauf, dass es in der Rechtsprechung für die kompetenzielle Abgrenzung, welche Regelungen die Länder treffen könnten, einen anderen Ansatz gebe. Diese frage, ob die konkret streitgegenständliche Regelung auch in § 9 BauGB normiert werden könne; sei dieses zu bejahen, sei für Landesregelungen kein Platz.[111] *Haaß* bezeichnet dies als „instrumentalen Ansatz".

II. Musterbauordnung und Landesregelungen

Die Musterbauordnung[112] macht in § 86 MBO einen Vorschlag für die Länder. Danach können Gestaltungssatzungen (Nr. 1), Werbeverbotssatzungen (Nr. 2), Spielplatzsatzungen (Nr. 3), Stellplatzsatzungen (Nr. 4), Müllbehältersatzungen/Einfriedungssatzungen (Nr. 5), Abstandsflächentiefensatzungen (Nr. 6) und Begründungssatzungen (Nr. 7) erlassen werden. Ausdrücklich fehlt aber ein Regelungsvorschlag für Satzungen, die bestimmte Energieformen vorschreiben oder verbieten. Es gibt allerdings Landesbauordnungen, die solche Ermächtigungen dennoch im Rahmen der Regelung zur Ermächtigung für örtliche Bauvorschriften haben, und damit über die Musterbauordnung hinausgehen.

---

109 *Baumann* in: BeckOK BauGB § 9, Rn. 142 (Stand: 13.10.2010) unter Verweis auf BVerwG NVwZ-RR 1998, 486; ebenso: *Jäde* in: Jäde/Dirnberger/Weiß, Baugesetzbuch, § 9, Rn. 100, hierzu: *Haaß*, Bauplanungsrechtliche Regelungen im Gewande bauordnungsrechtlicher Vorschriften, NVwZ 2008, S. 252 ff.

110 *Haaß*, Bauplanungsrechtliche Regelungen im Gewande bauordnungsrechtlicher Vorschriften, NVwZ 2008, S. 252 ff. (253).

111 *Haaß*, Bauplanungsrechtliche Regelungen im Gewande bauordnungsrechtlicher Vorschriften, NVwZ 2008, S. 252 ff. (253).

112 Fassung November 2002, zuletzt geändert durch Beschluss der Bauministerkonferenz vom Oktober 2008.

Solche finden bzw. fanden sich in den Bauordnungen von Hamburg, Hessen, dem Saarland und Rheinland-Pfalz.[113] Ein Verbot bestimmter Brennstoffe ist im rheinland-pfälzischen Recht möglich. Im hessischen Recht konnte sich die kommunale Anordnung zur Nutzung erneuerbarer Energieträger auf § 81 Abs. 2 HessBauO stützen. Nach dieser Norm konnten die Gemeinden durch Satzung bestimmen, „dass im Gemeindegebiet oder in Teilen davon [...] bestimmte Heizungsarten vorgeschrieben werden, wenn dies nach den örtlichen Verhältnissen zur Vermeidung von Gefahren, Umweltbelastungen oder unzumutbaren Nachteilen oder unzumutbaren Belästigungen oder aus Gründen des Wohls der Allgemeinheit zur rationellen Verwendung von Energie geboten ist". Die Regelung in § 85 Abs. 2 Nr. 1 SaarlBauO ist eng an die hessische Regelung angelehnt, es können aber auch „Energiearten" vorgeschrieben werden und dies muss zur „sparsamen" (anstelle einer „rationellen") Verwendung geboten sein.

Nach § 88 Abs. 4 Nr. 3 RhPfBauO können die Gemeinden festlegen, dass im Gemeindegebiet oder in Teilen des Gemeindegebiets zum Schutz vor Staub, Rauch und Ruß bestimmte Brennstoffe als Heizstoffe nicht verwendet werden dürfen. Hier wird also nicht eine Energieform zur Nutzung vorgeschrieben, bestimmte Energieträger können aber verboten werden, so dass die Hauseigentümer gezwungen werden, Alternativen zu nutzen.

Hamburg als Stadtstaat ermächtigt in der Bauordnung den Senat zum Erlass einer Verordnung. In § 81 Abs. 2 HBauO wird der Senat „ermächtigt, durch Rechtsverordnung für bestimmte Gebiete eine bestimmte Heizungsart oder den Anschluss von Gebäuden an gemeinsame Heizungsanlagen bestimmter Art oder an eine Fernheizung und die Benutzung dieser Einrichtungen vorzuschreiben, um Gefahren, unzumutbare Belästigungen oder sonstige Nachteile durch Luftverunreinigungen zu vermeiden oder zur Sicherung der örtlichen Energieversorgung und zur allgemeinen Energieersparnis sowie zum umfassenden Schutz der Umwelt [...]".

In der Literatur wird entsprechend den obigen Ausführungen ausdrücklich vertreten, dass diese Vorschriften kompetenziell verfassungsgemäß seien. Faßbender führt aus, zum einen gingen die Vorschriften über § 9 BauGB

---

113 Siehe: *Pollmann/Reimer/Walter*, Obligatorische Verwendung erneuerbarer Energien zur Wärmeerzeugung am Beispiel der Marburger Solarsatzung, LKRZ 2008, S. 251 ff. (252) sowie *Longo*, Neue Örtliche Energieversorgung als kommunale Aufgabe, S. 249 ff., S. 311 ff.; *Manten/Elbel*, Möglichkeiten und Grenzen des kommunalen Klimaschutzes in den neuen Bundesländern, LKV 2009, S. 1 ff.

hinaus, zum anderen seien sie nicht gebietsbezogen, dienten nicht der Grund- und Bodenordnung, sondern seien anlagenbezogen.[114]

Otto weist darauf hin, dass viele Landesbauordnungen entsprechend § 3 MBO Klauseln enthielten, dass bauliche Anlagen so anzuordnen, zu errichten, zu ändern und instand zu halten sind, dass die öffentliche Sicherheit und Ordnung, insbesondere Leben, Gesundheit und die natürlichen Lebensgrundlagen, nicht gefährdet werden. Folgerichtig dürften bauliche Anlagen bauordnungsrechtlich nicht das Mikroklima gefährden, dann dürften die Baubehörden einschreiten. Hingegen könne bei einer bloßen Gefährdung des Makroklimas nicht eingegriffen werden bzw. diese sei eben nicht bei einer einzelnen baulichen Anlage nachweisbar. Eine nennenswerte Auswirkung einer einzelnen baulichen Anlage auf das Makroklima sei angesichts der „mannigfaltigen" Ursache-Wirkungs-Beziehungen schwerlich belegbar.[115]

§ 3 der Musterbauordnung erwähnt bei den Allgemeinen Anforderungen an bauliche Anlagen tatsächlich nur, dass die so anzuordnen, zu errichten, zu ändern und instand zu halten sind, dass die öffentliche Sicherheit und Ordnung, insbesondere Leben, Gesundheit und die natürlichen Lebensgrundlagen, nicht gefährdet werden. Der Begriff „natürliche Lebensgrundlagen" wird jedoch nicht näher konkretisiert.

III. Marburger Solarsatzung

Bundesweite Aufmerksamkeit im rechtswissenschaftlichen Diskurs haben die örtlichen Bauvorschriften durch die sog. „Marburger Solarsatzung" erhalten.[116] Das hessische Landesbauordnungsrecht sieht in § 81 HBO die Möglichkeit örtlicher Bauvorschriften vor.

Es bestand nach § 81 Abs. 2 1. Halbsatz HBO die Möglichkeit, die Nutzung von Erneuerbaren Energien durch örtliche Bauvorschriften dadurch zu fördern, dass im Gemeindegebiet oder in Teilen davon bestimmte Brenn-

---

114 *Faßbender*, Kommunale Steuerungsmöglichkeiten zur Nutzung erneuerbarer Energien, NuR 2009, S. 618 ff. (622).

115 *Otto*, Klimaschutz und Energieeinsparung im Bauordnungsrecht der Länder, ZfBR 2008, S. 550 ff.

116 Grundlegend zur Marburger Solarsatzung: *Longo*, Neue Örtliche Energieversorgung als kommunale Aufgabe, mit ausführlichen Vorerläuterungen zur tatsächlichen Einordnung der Notwendigkeit der Nutzung Erneuerbarer Energie, insbesondere solarer Strahlungsenergie.

stoffe untersagt oder bestimmte Heizungsarten durch Satzung vorgeschrieben werden. Voraussetzung hierfür war nach dem 2. Halbsatz, dass „dies nach den örtlichen Verhältnissen zur Vermeidung von Gefahren, Umweltbelastungen oder unzumutbaren Nachteilen oder unzumutbaren Belästigungen (1. Alternative) oder aus Gründen des Wohls der Allgemeinheit zur rationellen Verwendung von Energie (2. Alternative) geboten" war. Die Vorschrift wurde inzwischen nach politischem Streit gestrichen,[117] § 81 Abs. 2 HBO existiert gänzlich nicht mehr in der damaligen Form.

Beim Erlass hat die Stadt Marburg § 9 Abs. 4 BauGB nicht benannt, sie hat den Erlass allein auf folgende Vorschriften gestützt: §§ 5, 51 Nr. 6 HGO, 81 Abs. 2 HBO.[118] Es gab also eine „Gesamtlösung" für das gesamte Gemeindegebiet und keine Anknüpfung/keine Festsetzung in einzelnen Bebauungsplänen.

Die Satzung der Stadt Marburg traf mehrere Regelungen. In § 1 wurden die Zwecke der Satzung benannt. Abs. 1 nannte ausdrücklich den Klimaschutz, Abs. 2 nannte sechs Gründe für das Wohl der Allgemeinheit, insbesondere z. B. die Steigerung der lokalen Wertschöpfung (Nr. 1) sowie Verringerung der Emissionen flüssiger und fester fossiler Brennstoffe, insbesondere vor dem Hintergrund der Tallage der Marburger Innenstadt (Nr. 3). Nummer 5 greift Versorgungssicherheit und Energieautarkie auf. Ziel der Satzung soll danach auch die Verringerung der Abhängigkeit von endlichen, nicht erneuerbaren Energieträgern durch deren Ersetzung mit heimischen erneuerbaren Energieträgern sein.

Kern der Satzung war § 3. Hierin hieß es: „Nach den Bestimmungen dieser Satzung sind bei der Errichtung, Erweiterung (§ 4 dieser Satzung) und bei der Änderung von beheizten Gebäuden (§ 5 dieser Satzung) die Bauherren verpflichtet, solarthermische Anlagen zu errichten und zu betreiben."

§ 9 der Satzung regelte Möglichkeiten der ersatzweisen Erfüllung, z. B. die Errichtung einer Anlage zur Erzeugung von Strom aus solarer Strahlungsenergie (Nr. 1) oder durch andere umweltfreundliche Wärmegewinnung wie Nah- oder Fernwärme (Nr. 3) oder Kraftwärmekopplung (Nr. 2).

Das Regierungspräsidium Gießen als Rechtsaufsichtsbehörde hat die Solarsatzung aufgehoben, wogegen die Stadt geklagt hatte. Das für Marburg örtlich zuständige Verwaltungsgericht Gießen hat die Marburger Solarsat-

---

117 Die Streichung erfolgte durch das „Gesetz zur Änderung der Hessischen Bauordnung und des Hessischen Energiegesetzes Vom 25. November 2010".
118 Siehe Einleitung zur Satzung, abgedruckt bei: *Longo*, Neue Örtliche Energieversorgung als kommunale Aufgabe, S. 371.

zung allerdings für nichtig erklärt und sich im Ergebnis daher der Aufsichts-
behörde angeschlossen.[119]

1. Rechtsprechung zur Solarsatzung

Das Verwaltungsgericht prüft die Rechtmäßigkeit der Satzung entsprechend
im Rahmen der Rechtmäßigkeit der angefochtenen Aufhebungsverfügung.
Die Voraussetzungen der kommunalaufsichtsrechtlichen Ermächtigungsgrundlage (§ 138 HGO) lägen vor. Es kam zu dem Ergebnis, die Satzung
verstoße gegen geltendes Recht.

Das Verwaltungsgericht stützt sein Ergebnis nicht nur auf einen Nichtig-
keitsgrund. Es beginnt damit auszuführen, dass die Regelungen in der Solarsatzung, die den Eigentümer eines Gebäudes verpflichteten, den Wärme-
energiebedarf durch eine anteilige Nutzung von Erneuerbaren Energien zu
decken, als Gegenstand der Luftreinhaltung i. S. d. Art. 74 Abs. 1 Nr. 24 GG
bzw. als Gegenstand des Rechts der Wirtschaft (Art. 74 Abs. 1 Nr. 11 GG),
zur konkurrierenden Gesetzgebung gehörten. Mit dem Erneuerbare-Energien-Wärmegesetz vom 7.8.2008 habe der Bundesgesetzgeber von der konkurrierenden Gesetzgebung Gebrauch gemacht, und zwar auf dem Gebiet
der Luftreinhaltung. Bezüglich des Erneuerbare-Energien-Wärmegesetzes
sehe § 3 Abs. 1 eine Nutzungspflicht für neu zu errichtende Gebäude vor,
während § 3 Abs. 2 S. 1 EEWärmeG den Ländern die Möglichkeit einräume,
eine Pflicht zur Nutzung von Erneuerbaren Energien bei bereits errichtenden
Gebäuden festzulegen.[120] Damit erweise sich das Erneuerbare-Energien-
Wärmegesetz insoweit für Neubauten mit einer Nutzfläche von mehr als 50
m² als abschließend.

Als Folge der abschließenden Regelung des Bundesgesetzgebers verlange
eine verfassungskonforme Auslegung des § 81 Abs. 2 HBO, dass diese
Norm nicht für neu zu errichtende Gebäude, sondern nur für bestehende
Gebäude satzungsrechtlich Grundlage sein könne.

Folgerichtig erklärt das VG allerdings sodann ausdrücklich, dass die satzungsrechtlichen Bestimmungen, welche sich auf Bestandsbauten bezögen,
zulässig seien, da hier keine abschließende Bundesregelung gegeben sei.

---

119 VG Gießen, Urt. v. 12.5.2010 – 8 K 4071-08.GI = ZUR 2010, S. 375 ff.
120 Siehe hierzu: *Groth/Schöneich*, Auswirkungen der neuen Klimaschutzvorschriften
     auf Bauleit- und Gebäudeplanung, vhw FW 2008, S. 141 ff., die auf eine „einheit-
     liche Linie" der Bundesländer hoffen.

Allerdings fehle es bei Bestandsgebäuden an angemessenen Übergangsregelungen in der Solarsatzung.

Erst dann nimmt das Verwaltungsgericht zur Ermächtigungsgrundlage generell Stellung. Die satzungsrechtlichen Bestimmungen seien von der Ermächtigungsgrundlage gedeckt, mangels Übergangsregelungen aber ein unverhältnismäßiger Eingriff in das von Art. 14 GG geschützte Eigentum. Zwar bedürfe die Satzung nach dem ermächtigenden Wortlaut von § 81 Abs. 2 1. Hs. HBO eine Gebotenheit zu Gunsten örtlicher Verhältnisse, dies lasse sich aber aus der Tallage Marburgs herleiten. Zutreffend wird in der Literatur kritisch angemerkt, dass es bei dem Ziel, CO_2-Emissionen einzusparen, aber eben gerade nicht darum ginge, örtliche Umweltauswirkungen spürbar zu mindern.[121] Das Gericht führt ferner aus, die Solarsatzung bedeute eine Inhalts- und Schrankenbestimmung i. S. v. Art. 14 GG. Denn die Satzung bestimme in abstrakter und genereller Weise für die Zukunft neue Pflichten für den jeweiligen Eigentümer von Gebäuden, die sich im Hoheitsgebiet der Gemeinde befänden. Einschränkungen der Eigentümerbefugnisse müssten vom jeweiligen Sachbereich her geboten und auch in ihrer Ausgestaltung sachgerecht sein. Sie dürften nicht weitergehen, als der Schutz des Gemeinwohls es erfordere, d. h., sie dürften nicht zu einer unzumutbaren Belastung des Eigentümers führen. Dabei verlange die Bestandsgarantie des Art. 14 Abs. 1 S. 1 GG, dass in erster Linie Vorkehrungen getroffen werden müssten, die eine unverhältnismäßige Belastung des Eigentümers real vermeiden und die Privatnützigkeit des Eigentums so weit wie möglich erhielten.[122]

Dem Gesetzgeber stünden als Mittel hierfür Übergangsregelungen, Ausnahme- und Befreiungsvorschriften sowie der Einsatz sonstiger administrativer und technischer Vorkehrungen zur Verfügung. Bei Neugestaltungen eines Rechtsgebietes sei es geboten, alte Rechtspositionen nur durch eine schonende, d. h., angemessene und zumutbare Überleitungsregelung umzugestalten. Bei Bestandsbauten sehe die Solarsatzung in § 5 Abs. 1 bis 3 eine Solarthermiepflicht u. a. dann vor, wenn 20 % der Dachfläche erneuert oder geändert würden oder der Heizkessel ausgetauscht werde. Der Satzungsgeber knüpft damit die Solarthermiepflicht an akzessorische Handlungen, die in quantitativer Hinsicht bloße Reparaturmaßnahmen darstellten, weil sie nur unwesentlich den Bestand des Gebäudes beträfen. Der Grundsatz der

---

121 *Kahl*, Zur Rechtmäßigkeit der Marburger Solarsatzung – zugleich eine Anmerkung zu VG Gießen, Urt. v. 12.5. 2010, ZUR 2010, S. 375 ff., ZUR 2010, S. 371 ff.
122 VG Gießen, Urt. v. 12.5.2010 – 8 K 4071-08.GI = ZUR 2010, S. 375 ff.(378).

Verhältnismäßigkeit gebiete dann aber, die Übergangsregelungen großzügig zu bemessen, um den Satzungsunterworfenen zu ermöglichen, sich finanziell und auch sonst auf die entsprechende Verpflichtung, hier der Solarthermie, einzustellen. Eine entsprechende Übergangsregelung sei allerdings nicht vorhanden. § 12 der Satzung schreibe lapidar vor, dass diese am 1.10.2008 in Kraft trete.[123]

Des Weiteren sieht das Gericht die Satzung auch deshalb als unverhältnismäßig an, weil sie keine Ausnahme für besonders kleine Gebäude von bis zu 50 m² Nutzfläche vorsehe. Eine diesbezüglich statuierte Solarthermiepflicht sei unverhältnismäßig, weil sie zu unverwertbaren, kostenintensiven Überkapazitäten führe.[124] Hier beruft sich das Gericht auf entsprechende Meinungen in der Literatur[125] sowie auf § 4 EE-WärmeG, wonach die Verpflichtung, Erneuerbare Energien einzusetzen, nur für Gebäude mit einer Nutzfläche von mehr als 56 m² gelte.

Neben diesem Verstoß gegen Art. 14 GG auf Grund von Unverhältnismäßigkeit verstoße die Satzung auch gegen den Gleichheitsgrundsatz aus Art. 3 GG. § 10 Spiegelstrich 3. der Solarsatzung sehe nämlich vor, Gebäude mit einer Fläche von mindestens 30 000 m² dann von der Solarthermiepflicht zu befreien, wenn das betreffende Gebäude von einem Klimaschutzprogramm erfasst werde. Der Begriff „Klimaschutzprogramm" sei aber zu unbestimmt. Mit Blick auf diese Unbestimmtheit sei die Ausnahme von der Solarthermiepflicht nicht durch ausreichend gewichtige Unterschiede zur Gruppe der übrigen Hauseigentümer zu rechtfertigen. Das Gericht führt aus, vielmehr lohne sich die Installation von Solaranlagen dort eher. Je größer die Gebäude seien, desto höher dürfe sich dies auch bei der Einsparung von CO_2 auswirken. Das Argument, größere Gebäudekomplexe im Falle der Vereinbarung eines Klimaschutzprogramms von der Solarsatzung auszunehmen, liege im Satzungsermessen der Stadt, denn größere Unternehmen bzw. größere Gebäude besäßen Gesamtunternehmensenergiekonzepte, treffe nicht zu. Es fehle hier an einer Konkretisierung, welche Einsparziele verfolgt werden müssten.[126]

---

123 VG Gießen, Urt. v. 12.5.2010 – 8 K 4071-08.GI = ZUR 2010, S. 375 ff.(378).
124 VG Gießen, Urt. v. 12.5.2010 – 8 K 4071-08.GI = ZUR 2010, S. 375 ff.(379).
125 *Pollmann/Reimer/Walter*, Obligatorische Verwendung erneuerbarer Energien zur Wärmeerzeugung am Beispiel der Marburger Solarsatzung, LKRZ 2008, S. 251 ff. (254 f.).
126 VG Gießen, Urt. v. 12.5.2010 – 8 K 4071-08.GI = ZUR 2010, S. 375 ff.(379 f.).

Zusammenfassend begründet das Gericht die Nichtigkeit der Solarsatzung folglich damit, dass das EEWärmeG vorrangige Regelung für Neubauten treffe und dass es an Übergangsregelungen fehle. Ferner hält es die Regelungen der Satzung mangels Bagatellgrenzen für unverhältnismäßig und nimmt eine verfassungswidrige Ungleichbehandlung großer Gebäude an.

2. Bewertung der Rechtsprechung

Der Rechtsprechung des VG Gießen wurde im Ergebnis zugestimmt, nicht aber in ihren einzelnen Bewertungen. *Kahl* kritisiert, dass das Verwaltungsgericht den Erlass der Satzung allein auf Grundlage der 1. Alternative des Wortlauts in § 81 Abs. 2 HBO geprüft habe (Erlass „nach den örtlichen Verhältnissen zur Vermeidung von [...] Umweltbelastungen"). Die besseren Argumente sprächen dafür, die Solarsatzung auf § 81 Abs. 2 1. Hs. 2. Alt. HBO („aus Gründen des Wohls der Allgemeinheit zur rationellen Verwendung von Energie") zu stützen.

Das Gericht hat mithin geprüft, ob die Satzung „nach den örtlichen Verhältnissen zur Vermeidung von [...] Umweltbelastungen" erlassen werden konnte, nicht aber, ob die Satzung „aus Gründen des Wohls der Allgemeinheit zur rationellen Verwendung von Energie" erlassen wurde.

Die von *Kahl* geäußerte Kritik trifft zu. Es wäre naheliegend gewesen, auf die Ermächtigung wegen Gründen des Wohls der Allgemeinheit zur rationellen Verwendung von Energie einzugehen.[127] Dies drängte sich insbesondere auf, da es in § 1 der Solarsatzung hieß: „Zweck dieser Satzung ist es, im Interesse des Wohls der Allgemeinheit die natürlichen Lebensgrundlagen, insbesondere das Klima und die Ressourcen (Art. 26 a Hessische Verfassung), durch örtlich ansetzende und örtlich wirkende Maßnahmen für die rationelle Verwendung von Energie, insbesondere im Wege der Nutzung solarer Strahlungsenergie, zu schützen."

Hinsichtlich der vom Gericht angenommenen Nichtigkeitsgründe verweist *Kahl* darauf, dass diese bei einem Satzungsneuerlass behebbar seien. Zutreffend habe das Gericht in diesem Zusammenhang darauf verwiesen, dass § 81 Abs. 2 HBO, der keine Unterscheidung zwischen Neu- und Be-

---

127 So auch mit deutlicher Kritik: *Kahl*, Zur Rechtmäßigkeit der Marburger Solarsatzung – zugleich eine Anmerkung zu VG Gießen, Urt. v. 12.5.2010, ZUR 2010, S. 375 ff., ZuR 2010, S. 371 ff. (372).

standsbauten trifft, wegen der Sperrwirkung (Art. 72 Abs. 1 GG) des § 3 Abs. 1 EEWärmeG für den Neubaubereich bei gleichzeitigem Vorbehalt zu Gunsten landesrechtlicher Regelungen für Bestandsbauten (§ 3 Abs. 2 EE-WärmeG) in verfassungskonformer Auslegung dahingehend beschränkt werden müsse, dass er sich nur auf Bestandsbauten erstrecke.[128] Kahl betont mithin die generelle Möglichkeit einer Solarsatzung für Bestandsbauten.

Zum Fehlen einer Bagatellgrenze führt *Kahl* aus, dass der Verweis auf die Einschätzung der Literatur, eine Solarpflicht für solche Gebäude führe zu „unverwertbaren kostenintensiven Überkapazitäten" eine zu pauschale Aussage sei. Die Motive des Bundesgesetzgebers bei Erlass des EEWärmeG legten eher sogar eine andere Einschätzung nahe. Eine verlässliche Beurteilung der Frage der Überkapazitäten hänge aber stets vom Einzelfall ab, die Forderung des Gerichts nach einer genauen Bagatellgrenze sei aus Gründen der Vereinfachung und der vorbeugenden Vermeidung von Streitigkeiten (Rechtssicherheit) daher dennoch nachvollziehbar. Allerdings seien keine rechtlichen Gründe ersichtlich, die gegen eine alternative, differenziertere Ausgestaltung sprächen, etwa in Form eines Befreiungsanspruchs bei ex ante nachgewiesenen Überkapazitäten, die im Falle einer Erfüllung der Solarpflicht entstünden.[129]

Bei der Bewertung der Ungleichbehandlung stimmt *Kahl* dem Gericht ausdrücklich zu. Erstens müsse sichergestellt sein, dass die Elemente eines Klimaschutzprogramms gleich wirksam seien, wie die Pflicht zur Installation von Anlagen. Zweitens müssten die Verpflichtungen aus einem Klimaschutzprogramm auch durchgesetzt werden können. Diesen Aspekten werde aber im Wortlaut der Satzung nicht ausreichend Rechnung getragen. Durch die Aufnahme entsprechender Klarstellungen in der Satzung selbst könne dieser Unwirksamkeitsgrund aber ausgeräumt werden.[130]

Allgemein lässt sich der Rechtsprechung für die Kommunen das Gebot entnehmen, für die „Gerichtsfestigkeit" etwaiger Satzungen, die Pflichten für Bestandsbauten einführen, besonders auf deren Verhältnismäßigkeit zu achten. Dies kann und muss durch etwaige Übergangsfristen geschehen. Etwaige Ausnahmen, etwa weil die Gebäude energietechnisch eine gute

---

128 *Kahl*, Zur Rechtmäßigkeit der Marburger Solarsatzung – zugleich eine Anmerkung zu VG Gießen, Urt. v. 12.5.2010, ZUR 2010, S. 375 ff., ZUR 2010, S. 371 ff. (372).
129 *Kahl*, Zur Rechtmäßigkeit der Marburger Solarsatzung – zugleich eine Anmerkung zu VG Gießen, Urt. v. 12.5.2010, ZUR 2010, S. 375 ff., ZUR 2010, S. 371 ff. (373).
130 *Kahl*, Zur Rechtmäßigkeit der Marburger Solarsatzung – zugleich eine Anmerkung zu VG Gießen, Urt. v. 12.5.2010, ZUR 2010, S. 375 ff., ZUR 2010, S. 371 ff. (374).

Bilanz haben, müssen klar definiert und erkennbar sein. Vorliegend hatte das Gericht nur zu prüfen, ob die Ausnahme eines Klimaschutzprogrammes einen Verstoß gegen Art. 3 GG bedeutet. Es hatte nicht zu prüfen, ob das Fehlen etwaiger Ausnahmeregelungen auch einen solchen Verstoß bedeutet. Schließlich darf wesentlich Ungleiches auch nicht mit gleichen Pflichten belegt werden. So sah es auch die Solarsatzung in § 9. Betitelt mit „Ersatzweise Erfüllung" wird dort deutlich, dass bei Nutzung anderer besonders umweltfreundlicher Energieträger/Energieformen auch dadurch die Pflicht erfüllt werden kann. Andere Städtesatzungen können hier besondere Regelungen treffen. In manchen Städten könnte es auf Grund der örtlichen Gegebenheiten z. B. sinnvoll sein, stark auf Geothermie zu setzen. Etwaige Satzungen müssen dabei stets auf dem Prüfstand stehen. Dies ergibt sich daraus, dass durch die Dynamik der Technik sich die Prüfung der Verhältnismäßigkeit wandeln kann. Was heute noch verhältnismäßig zumutbar ist, kann morgen schon gegenüber der Wahl anderer, moderner Technik unverhältnismäßig erscheinen, auch mit Blick auf das Ziel geringerer klimaschädlicher Emissionen.

3. Exkurs – Rechtmäßigkeit einer Satzung nach Wegfall der
   Rechtsgrundlage

Die Stadt Marburg hat nach dem Gerichtsurteil eine neue Satzung erlassen. Dies nachdem, wie bereits ausgeführt, die Rechtsgrundlage in § 81 Abs. 2 HBO gestrichen wurde bzw. noch schnell, bevor deren Streichung wirksam wurde.[131] Sie wollte dem hessischen Gesetzgeber zuvorkommen und noch schnell auf der noch geltenden Rechtsgrundlage die Satzung erlassen. Diese Praxis ist umstritten. Bei Satzungen ist sie bislang wenig diskutiert. Bei Rechtsverordnungen ist jedoch seit jeher umstritten, wie es sich auswirkt, wenn die Ermächtigungsgrundlage wegfällt.[132] Die Rechtsprechung hält die Verordnung dann weiterhin für voll gültig. Eine nachträgliche Änderung des Ermächtigungssatzes oder ein nachträgliches Erlöschen der Ermächtigung bewirke nicht, dass auch die Rechtsverordnung

---

131 Gesetz zur Änderung der Hessischen Bauordnung und des Hessischen Energiegesetzes Vom 25. November 2010.
132 Vgl. *Kotulla*, Fortgeltung von Rechtsverordnungen nach Wegfall ihrer gesetzlichen Grundlage?, NVwZ 2000, S. 1263 ff.; *Rütz*, Unwirksamkeit von Rechtsverordnungen nach Wegfall ihrer Ermächtigungsgrundlage?, Jura 2005, S. 821 ff.

außer Kraft trete. Sie bleibe „unberührt", bis sie durch einen besonderen Akt aufgehoben werde.[133] Dies wird in der Literatur dann auch ohne nähere Begründung für Satzungen angenommen.[134]

Allerdings unterscheiden sich Verordnungen und Satzungen in einem Punkt erheblich. Die Verordnung basiert auf einer Rechtsgrundlage, die ggf. von einer parlamentarischen Mehrheit geändert bzw. aufgehoben wird. Diese parlamentarische Mehrheit stellt aber in der Regel auch die dazugehörige Bundes- oder Landesregierung. Soweit diese Verordnungsgeber ist, kann sie die Verordnung auch aufheben. Tut sie dieses nicht, unterliegt sie parlamentarischem Druck. Die Verordnung hat hier also eine gewisse Legitimation durch die Duldung des Parlaments.

Die Ermächtigung zum Satzungserlass ermächtigt aber eigenständige Körperschaften mit ggf. anderen politischen Mehrheiten. Zwischen den Körperschaften und dem ermächtigenden Landes- oder Bundesgesetzgeber besteht ein anderes Verhältnis als zwischen Verordnungsgeber und dessen ermächtigendem Parlament. Hier duldet das Parlament unter Umständen die Satzungen eben nicht. Soweit die Satzungen zu Grundrechtseingriffen legitimieren, ist dieses äußerst problematisch, weil sie nur vom politischen Willen der Körperschaft getragen wird, die Grundsätze von Vorrang und Vorbehalt des Gesetzes werden eigentlich nicht gewahrt. Hiergegen ließe sich allenfalls einwenden, der Gesetzgeber könne ja klare Verbote zum Erlass bestimmter Satzungen regeln.

Nach den Grundsätzen von Literatur und Rechtsprechung, bezogen auf den nachträglichen Wegfall der Ermächtigungsgrundlagen bei Verordnungen, wäre die neu erlassene Marburger Solarsatzung somit rechtmäßig gewesen. Da es sich jedoch um eine kommunale Satzung handelt, ist aber eben fraglich, ob der Vergleich zur Verordnung so erfolgen kann. Zwar hat der Landesgesetzgeber die Ermächtigungsgrundlage gestrichen,[135] und dies auch bewusst um entsprechende Satzungen zu verhindern, der Erlass geschah aber, als die Ermächtigungsgrundlage noch bestand. Der hessische Gesetzgeber hatte eigentlich unmissverständlich in der Gesetzesbegründung formuliert, die Ermächtigungsgrundlage sei nicht mehr notwendig, sie diene ursprünglich dem örtlichen Immissionsschutz, hier gebe es nun aber Regelungen. Klimaschutzregelungen seien Städtebaurecht und existierten im EE-

---

133 *Maunz* in: Maunz/Dürig, GG, Art. 80, Rn. 24.
134 *Maunz* in: Maunz/Dürig, GG, Art. 80, Rn. 53.
135 Die Hessische Bauordnung (HBO) in der Fassung der Bekanntmachung vom 15.1.2011 enthält die Ermächtigungf nicht mehr.

WärmeG, im Zuge der Beschränkung der HBO auf den Bereich der Gefahrenabwehr werde die Ermächtigungsgrundlage aufgehoben.[136]

Literatur dazu, wie sich der Wegfall der Ermächtigungsgrundlage auf eine kommunale Satzung auswirkt, ist kaum vorhanden. Speziell in der Kommentierung des hessischen Kommunalrechts[137] wird darauf verwiesen, dass es darauf ankomme, wie der Wegfall der gesetzlichen Ermächtigungsgrundlage erfolge. Für das Weiterbestehen käme es darauf an, ob die Satzung Regelungen enthalte, die dem Inhalt des Änderungsgesetzes widersprächen.[138] Verwiesen wird auf eine ältere Entscheidung des VGH Kassel.[139] Aus dieser Rechtsprechung ergebe sich, dass wenn eine Satzung nach einer Rechtsänderung gegen die geltenden Gesetze verstoße, dies zu ihrer nachträglichen Nichtigkeit führe.

Diese Entscheidung wird auch in der Kommentierung zum Kommunalrecht des Landes Sachsen aufgegriffen.[140] Hier wird auch der Vergleich zu Verordnungen vorgenommen. Jedoch wird zugleich relativiert, die Fortgeltung des Satzungsrechts bestehe nur, wenn keine Grundrechtsrelevanz vorliege. Die Fortgeltung einer auf Grund spezieller Ermächtigungsnorm ergangenen Satzung sei dann betroffen, wenn diese (Ermächtigungsgrundlage) als Rechtsgrundlage für einen grundrechtsrelevanten Eingriff gedient habe.[141] Beispielhaft wird ausgeführt, würde etwa die Vorschrift für den Anschluss- und Benutzungszwang in der Sächsischen Gemeindeordnung (§ 14 SächsGemO) ersatzlos gestrichen, wären auch sämtliche Satzungen diesbezüglich gegenstandslos, soweit es keine andere Rechtsgrundlage gäbe.[142]

Die Differenzierung danach, inwieweit Grundrechte betroffen sind, nimmt die zitierte Rechtsprechung jedoch nicht vor. Die in der Literatur zitierte, aus dem Jahre 1963 stammende Entscheidung des VGH Kassel hat u.a. folgende Leitsätze: „2. Der Wegfall der Ermächtigungsnorm ist aber ohne Einfluss auf den Bestand und die Fortgeltung eines auf Grund der spe-

---

136 Hessischer Landtag, Drucksache 18/2523, S. 18.
137 *Bennemann*, Hessische Gemeindeordnung, § 5, Rn. 244 ff.
138 *Bennemann*, Hessische Gemeindeordnung, § 5, Rn. 244 ff.
139 VGH Kassel, Urt. v. 11.12.1963, Hess. VGRspr. 1965, S. 43 ff.
140 *Sponer*, Sächsische Gemeindeordnung, § 4, Gliederungspunkt 25 = „Fortgeltung alten Satzungsrechts bei Änderung der Gesetzesgrundlagen".
141 *Sponer*, Sächsische Gemeindeordnung, § 4, Gliederungspunkt 25 = „Fortgeltung alten Satzungsrechts bei Änderung der Gesetzesgrundlagen".
142 *Sponer*, Sächsische Gemeindeordnung, § 4, Gliederungspunkt 25 = „Fortgeltung alten Satzungsrechts bei Änderung der Gesetzesgrundlagen".

ziellen Ermächtigungsnorm ergangenen Ortsstatuts", ferner „3. Das alte Satzungsrecht bleibt in Kraft, soweit es materiell dem neuen Recht nicht widerspricht und solange eine rechtsinhaltliche Neuordnung nicht erfolgt".[143] In dem der Entscheidung zu Grunde liegenden Fall war eine Ermächtigungsgrundlage in § 5 des Preußischen Gesetzes über die Reinigung öffentlicher Wege vom 1.7.1912 weggefallen und es ging darum, inwieweit die örtlich-geregelte Reinigungspflicht noch Bestand hatte.

Das Gericht thematisiert die Problematiken von Vorbehalt und Vorrang des Gesetzes leider nicht ausdrücklich. Ohne dies näher zu begründen, führt es aus: „Da Satzungen schon bei ihrem Erlass nicht mit übergeordnetem Recht in Widerspruch stehen dürfen, werden sie nur dann automatisch geändert oder aufgehoben, wenn nach ihrem Erlass landes- oder bundesrechtliche Vorschriften ergehen, die mit dem Satzungsinhalt unvereinbar sind oder voll übereinstimmen."[144]

Überträgt man die Grundsätze des Gerichts auf den vorliegenden Fall des Erlasses der Marburger Solarsatzung, so sollte zum Zeitpunkt des Erlasses nur die Rechtsgrundlage gestrichen werden. Die Stadt Marburg hätte mithin noch schnell die Satzung erlassen können und auch nach Streichung der Rechtsgrundlage weiter anwenden können. Indes hat der hessische Gesetzgeber auf den schnellen Erlass der Stadt Marburg noch reagiert und ihre Pläne durchkreuzt. Durch einen Änderungsantrag[145] der Fraktionen der CDU und der FDP zu dem Gesetzesentwurf der Landesregierung für ein Gesetz zur Änderung der Hessischen Bauordnung und des Hessischen Energiegesetzes[146] wurde explizit in § 78 Abs. 7 Nr. 3 der Hessischen Bauordnung eine Regelung aufgenommen, die auf der Grundlage der alten Rechtsgrundlage erlassene Satzungen außer Kraft setzt.

---

143 VGH Kassel, Urt. v. 11.12.1963, Hess. VGRspr. 1965, S. 43. Die Leitsätze werden hier wiedergegeben, da das Urteil nicht in Datenbanken zugänglich ist und auch nicht in anderen Zeitschriften wiedergeben wird.

144 VGH Kassel, Urt. v. 11.12.1963, Hess. VGRspr. 1965, S. 44.

145 Drucksache 18/3015 des Hessischen Landtages. In der Begründung heißt es dort: „Die Ergänzung des § 78 Abs. 7 stellt klar, welche Rechtsfolge die Streichung der Satzungsermächtigung für bestehende Satzungen hat. Satzungen treten insgesamt außer Kraft, wenn sich die Satzungen insgesamt auf die wegfallenden Satzungsermächtigungen stützen. Bestandteile von Satzungen treten außer Kraft, soweit sich nur diese Teile auf die wegfallende Satzungsermächtigung beziehen.".

146 Drucksache 18/2523 des Hessischen Landtages.

4. Generelle Möglichkeit von Solarsatzungen/Landesregelungen in Bauordnungen und Klimaschutzgesetzen

Fraglich ist, inwieweit die Kommunen nun Solarsatzungen erlassen können, insbesondere auch in anderen Bundesländern. Wie ausgeführt, existieren Regelungen wie die ehemals in Hessen existierende auch in den Bauordnungen der Länder Hamburg und Saarland.

Nicht nur in den Landesbauordnungen sind jedoch Regelungen zu finden bzw. könnten dort erlassen werden, sondern auch in anderen Landesgesetzen.

Wie im Rahmen der Diskussion um die Solarsatzung der Stadt Marburg aufgezeigt wurde, regelt das EEWärmeG die Nutzung Erneuerbarer Energien für Neubauten in § 3 Abs. 1 EEWärmeG. Es besteht aber ein Vorbehalt zu Gunsten landesrechtlicher Regelungen für Bestandsbauten (§ 3 Abs. 4 EEWärmeG). Die Länder haben somit die Möglichkeit, entsprechende Regelungen für Altbauten zu ermöglichen. Die Vorschrift hat hinweisenden, klarstellenden Charakter. Der Bund stellt mit ihr klar, dass er nicht bewusst von einer Pflicht für Altbauten absieht. Wäre dies der Fall, würde die Sperrwirkung des Art. 72 Abs. 1 GG den Ländern Regelungen verbieten.[147]

Die Länder wiederum können auf Grund ihrer Kompetenz für das Kommunalrecht und das Verwaltungsrecht die Kommunen zum Satzungserlass ermächtigen. Soweit vertreten wird, die Kommunen könnten beim Fehlen einer Landesregelung grundsätzlich selbst eine Nutzungspflicht für den Gebäudebestand einführen, da die örtliche Wärmeversorgung in ihrer Kompetenz liege,[148] ist dies zu pauschal. Es ist zu beachten, dass für den Grundrechtseingriff eine ausdrückliche gesetzliche Ermächtigung notwendig ist. Zuzustimmen ist aber, dass die örtliche Wärmeversorgung eine Angelegenheit der örtlichen Gemeinschaft ist.

Baden-Württemberg hatte mit seinem EWärmeG BW noch vor dem Bund Nutzungspflichten für Erneuerbare Energien eingeführt. Durch die Regelungen des Bundesrechts im EEWärmeG sind die dortigen Regeln für Neu-

---

147 *Wustlich*, in: Müller/Oschmann/Wustlich, Erneuerbare-Energien-Wärmegesetz, § 3, Rn. 83, München 2010.

148 *Wustlich*, in: Müller/Oschmann/Wustlich, Erneuerbare-Energien-Wärmegesetz, § 3, Rn. 86, München 2010. Die Ausführungen sind zumindest missverständlich. Zuzustimmen ist, dass es sich bei der Wärmeversorgung um eine örtliche Angelegenheit handelt.

bauten aber obsolet geworden. Für Bestandsbauten besteht aber eine Regelung in § 4 Abs. 2 EWärmeG BW. Danach müssen auch bei bereits errichteten Wohngebäuden seit dem 1.1.2010 mindestens 10 % des jährlichen Wärmebedarfs durch Erneuerbare Energien gedeckt werden, wenn ein Austausch der Heizanlage erfolgt. Die Pflicht wird folglich an diese Modernisierungsmaßnahme geknüpft.[149] Allerdings gilt die Pflicht kraft Landesrecht. Es gibt hier keine Ermächtigung für die Kommunen zum Satzungserlass, sondern eben eine flächendeckende Landesregelung.

Das „Klimaschutzgesetz NRW" legt interessanterweise keine Nutzungspflicht für Bestandsbauten fest. Es enthält, obwohl es sich um ein Flächenland handelt, auch keine zum kommunalen Satzungserlass ermächtigenden Vorschriften.

Das Berliner Klimaschutzgesetz bedurfte mehrerer Regierungsentwürfe[150] und ist bisher auch nicht verabschiedet worden. Es kam sogar dazu, dass verschiedene Verbände der Regierung gemeinsam einen Entwurf vorlegten, dabei schloss sich der Umweltverband BUND mit der IHK und dem Berliner Mieterverein zusammen.[151] Der rot-rote Senat erklärte schlussendlich, dass in der Legislaturperiode kein Gesetz mehr verabschiedet werde.[152]

5. Zusammenfassung

Es gibt nur wenige Landesregelungen, die die Kommunen zum Satzungserlass ermächtigen. Zwar handelt es sich bei der Einführung einer Pflicht zur Nutzung Erneuerbarer Energien um eine „Angelegenheit der örtlichen Gemeinschaft", es handelt sich um Regelungen der örtlichen Wärmeversorgung. Weil jedoch ein Grundrechtseingriff vorliegt, bedarf es auf Grund des Grundsatzes vom Vorbehalt des Gesetzes einer ausdrücklichen Ermächti-

---

149 *Pollmann/Reimer/Walter*, Obligatorische Verwendung erneuerbarer Energien zur Wärmeerzeugung am Beispiel der Marburger Solarsatzung, LKRZ 2008, S. 251 ff. (252); *Wustlich*, in: Müller/Oschmann/Wustlich, Erneuerbare-Energien-Wärmegesetz, § 3, Rn. 110 ff., München 2010.

150 http://www.morgenpost.de/berlin/article1270871/Berliner-Klimaschutzgesetz-wird-zum-Fiasko.html, abgerufen am 24.8.2011.

151 http://www.morgenpost.de/berlin-aktuell/article1391544/BUND-und-IHK-praesentieren-Alternativ-Entwurf.html, abgerufen am 29.8.2011.

152 http://www.morgenpost.de/berlin/article1465907/Berlin-legt-neues-Klimaschutzgesetz-zu-den-Akten.html, abgerufen am 29.8.2011.

gung. Die Kommunen haben daher nur Handlungsspielraum, soweit ermächtigende Landesregelungen vorliegen. Die Länder haben aber einen großen Regelungsspielraum, um hier Regelungen für die Kommunen zu erlassen, insbesondere für Bestandsbauten.

Soweit die Kommunen auf Grundlage solcher Ermächtigungen handeln, müssen sie bei der Einführung von Pflichten für Bestandsbauten umsichtig vorgehen. Aus den Grundsätzen der Rechtsprechung zur Marburger Solarsatzung folgt, dass auf die Verhältnismäßigkeit besonders zu achten ist. Dies kann und muss durch etwaige Übergangsfristen geschehen. Etwaige Ausnahmen müssen klar definiert und erkennbar sein. Wie bereits ausgeführt, müssen etwaige Satzungen auf Grund der wandelnden Technik stets auf dem Prüfstand stehen.

B. Festsetzungsmöglichkeiten nach dem BauGB

Das Bauplanungsrecht ist von zentraler Bedeutung für die kommunale Selbstverwaltung. § 1 Abs. 3 BauGB regelt, dass kommunale Bauleitpläne aufzustellen „sind", sobald und soweit es für die städtebauliche Entwicklung und Ordnung erforderlich ist. Die kommunale Selbstverwaltung bringt § 2 Abs. 1 Satz 1 BauGB deutlich zum Ausdruck, hier heißt es: „Die Bauleitpläne sind von der Gemeinde in eigener Verantwortung aufzustellen." Diese Norm konkretisiert mit den Worten „in eigener Verantwortung" das von Art. 28 Abs. 2 GG geschützte Recht der Gemeinde zur örtlichen Planung – die kommunale Planungshoheit.[153]

Die Reichweite der Selbstverwaltung und des kommunalen Spielraums für die Erstellung von Bauleitplänen ergibt sich materiell aus dem Abwägungsgebot des § 1 Abs. 7 BauGB, wonach bei der Aufstellung die öffentlichen und privaten Belange gegeneinander und untereinander gerecht abzuwägen sind. Die heutigen Regelungen des BauGB sind in ihrem Kern erst nach dem Zweiten Weltkrieg entstanden. Mit der Zuweisung der Bauleitplanung als Selbstverwaltungsaufgabe wollte man die Stellung der Gemeinden auf dem Gebiet der Bauleitplanung bewusst stärken, um die demokratische Willensbildung auf der örtlichen Ebene zu intensivieren.[154]

---

153 *Battis* in: Battis/Krautzberger/Löhr, Baugesetzbuch, 11. Aufl. 2009, § 2 Rn. 20.
154 *Battis* in: Battis/Krautzberger/Löhr, Baugesetzbuch, 11. Aufl. 2009, § 2 Rn. 20.

Im Rahmen der Abwägung der Bauleitplanung können klimaschützende Belange je nach örtlichem Willen intensiv oder weniger intensiv berücksichtigt werden. Seit dem Europarechtsanpassungsgesetz Bau 2004 wird der Klimaschutz im BauGB erwähnt. § 1 Abs. 5 Satz 2 BauGB macht deutlich, dass der Klimaschutz in der Bauleitplanung zu berücksichtigen ist. Die Bauleitpläne sollen nach dem Gesetzeswortlaut dazu beitragen, eine menschenwürdige Umwelt zu sichern, die natürlichen Lebensgrundlagen zu schützen und zu entwickeln sowie den Klimaschutz und die Klimaanpassung, insbesondere auch in der Stadtentwicklung, zu fördern sowie die städtebauliche Gestalt und das Orts- und Landschaftsbild baukulturell zu erhalten und zu entwickeln. Vor der sog. Klimaschutznovelle 2011[155] hieß es noch, die Bauleitpläne sollten dazu beitragen, eine menschenwürdige Umwelt zu sichern und die natürlichen Lebensgrundlagen zu schützen und zu entwickeln, auch in Verantwortung für den allgemeinen Klimaschutz. Die Formulierung „auch in Verantwortung für den allgemeinen Klimaschutz" wurde bewusst gestrichen, um die Bedeutung des Klimaschutzes als eigenständiges Ziel zu unterstreichen.[156] In der Literatur wird diese Änderung nach ersten Erfahrungen in der Praxis als Gewinn von mehr Rechtssicherheit angesehen.[157] Es wird dort argumentiert, die „überkommene Rechtsauffassung", welche daran festhalte, dass Festsetzungen in einem Bebauungsplan nur aus städtebaulichen Gründen im Hinblick auf die begrenzten örtlichen Gegebenheiten getroffen werden dürften und nicht allein aus Gründen des allgemeinen globalen Klimaschutzes, und gegenteilige Aussagen hätten in der Planungspraxis zu erheblichen Verunsicherungen geführt. Die Städte und Gemeinden dürften nun auch die Instrumente der Bauleitplanung nutzen, um ihren Beitrag zur Umsetzung der globalen Klimaschutzziele zu leisten. § 1a Abs. 5 BauGB verstärke dies noch durch das Wort „sollen". Auch wenn der Belang des Klimaschutzes richtigerweise unter den Vorbehalt der Abwägung der öffentlichen und privaten Belange gestellt bleibe, gehe von der Regelung

---

155 Gesetz zur Förderung des Klimaschutzes bei der Entwicklung in den Städten und Gemeinden vom 22.7.2011 (BGBl. I S. 1509) m. W. v. 30.7.2011, ursprünglich war angedacht, dass es „Gesetz zur Stärkung der klimagerechten Entwicklung in Städten und Gemeinden" heißen sollte, so *Otting*, Klimaschutz durch Baurecht – Ein Überblick über die BauGB-Novelle 2011. REE 2011, S. 125 ff. (125) unter Bezugnahme auf die BT-Drs. 17/6076.

156 So *Otting*, Klimaschutz durch Baurecht – Ein Überblick über die BauGB-Novelle 2011. REE 2011, S. 125 ff. (125).

157 *Bunzel*, Das Planspiel zur BauGB-Novelle 2011 – Neuerungen für eine klimagerechte Stadtentwicklung, ZfBR 2012, S. 114 ff.

eine wichtige Anstoßfunktion in dem Sinne aus, dass die Gemeinden sich grundsätzlich mit der Frage auseinanderzusetzen hätten, ob und wenn ja, welche Maßnahmen zum Klimaschutz in einem Bauleitplan aufgegriffen werden sollen.[158]

Bei der Aufstellung der Bauleitpläne sind nach § 1 Abs. 6 Nr. 7 BauGB insbesondere die Belange des Umweltschutzes, einschließlich des Naturschutzes und der Landschaftspflege, sowie die Auswirkungen auf Tiere, Pflanzen, Boden, Wasser, Luft, Klima (§ 1 Abs. 6 Nr. 7a BauGB) zu berücksichtigen. Nach § 1 Abs. 6 Nr. 7e BauGB sind die Vermeidung von Emissionen sowie der sachgerechte Umgang mit Abfällen und Abwässern, nach § 1 Abs. 6 Nr. 7f BauGB die Nutzung Erneuerbarer Energien sowie die sparsame und effiziente Nutzung von Energie als Belange des Umweltschutzes zu berücksichtigen.

Nach § 1a Abs. 5 BauGB soll den Erfordernissen des Klimaschutzes sowohl durch Maßnahmen, die dem Klimawandel entgegenwirken, als auch durch solche, die der Anpassung an den Klimawandel dienen, Rechnung getragen werden. Dieser Grundsatz ist in der Abwägung nach § 1 Abs. 7 zu berücksichtigen.

I. Örtlichkeitsbezug

Der Streit, ob auch bzw. inwieweit im Rahmen der Bauleitplanung für den Klimaschutz ein Örtlichkeitsbezug notwendig ist, sollte sich mit der Klimaschutznovelle erledigt haben. Schon vor der Neuregelung sprach § 1 Abs. 5 Satz 2 BauGB nicht vom globalen Klimaschutz, jedoch vom „allgemeinen Klimaschutz". Der Einschränkung „allgemein" hätte es nicht bedurft, wenn der Gesetzgeber nur gemeint hätte, das örtliche Klima solle geschützt werden.[159] Auch aus den damaligen Gesetzgebungsmaterialien[160] ergab sich insoweit sein eindeutiger Wille.

Unmissverständlich hieß es schon dort: „Mit der Änderung des § 1 Abs. 5 Satz 2 BauGB in der Fassung des Gesetzentwurfs soll auch der Gesichtspunkt des allgemeinen Klimaschutzes aufgenommen werden. Der

---

158 So: *Bunzel*, Das Planspiel zur BauGB-Novelle 2011 – Neuerungen für eine klimagerechte Stadtentwicklung, ZfBR 2012, S. 114 ff.

159 *Ingold/Schwarz*, Klimaschutzelemente der Bauleitplanung, NuR 2010, S. 153 ff.

160 BT-Drs. 15/2996.

Beitrag der Bauleitplanung zum Umwelt- und Naturschutz erfolgt auch für die Ziele des globalen Klimaschutzes."[161]

Die Vorschrift des § 1 Abs. 5 S. 2 BauGB wurde erst infolge der Beschlussempfehlung des zuständigen Bundestagsausschusses aufgenommen, eben mit der oben zitierten Begründung, der Beitrag der Bauleitplanung zum Umwelt- und Naturschutz erfolge auch für die Ziele des globalen Klimaschutzes.[162] Mit der unmissverständlichen Neuregelung in § 1 Abs. 5 S. 2 BauGB in Zusammenhang mit dem eindeutig formulierten neuen § 1a Abs. 5 BauGB ist jetzt jedoch klar, dass der Klimaschutz als ggf. überörtliches Ziel jedoch unstrittig generell in der Abwägung zu berücksichtigen ist. Bunzel betont, auch wenn der Belang des Klimaschutzes unter den Vorbehalt der Abwägung der öffentlichen und privaten Belange gestellt bleibe, gehe von der Regelung eine wichtige Anstoßfunktion aus. Die Gemeinden hätten sich grundsätzlich mit der Frage auseinanderzusetzen, ob und wenn ja, welche Maßnahmen zum Klimaschutz in einem Bauleitplan aufgegriffen werden sollen.[163] Er betont, dass zudem hervorzuheben sei, dass nun ausdrücklich neben Maßnahmen zum Klimaschutz auch solche Maßnahmen möglich seien, die der Anpassung an den Klimawandel dienen.

II. Einschränkung durch das Erfordernis städtebaulicher Gründe?

Eng mit der Frage des Örtlichkeitsbezuges hing der Streit damit zusammen, ob Regelungen zu Gunsten des Klimaschutzes vereinbar sind mit dem „Erfordernis städtebaulicher Gründe". Bei den Bebauungsplänen sind die Festsetzungsmöglichkeiten auf den in § 9 Abs. 1 BauGB enthaltenen Katalog beschränkt. Dessen Regelungen sind verbindliche Inhaltsbestimmung des Eigentums nach Art. 14 Abs. 1 Satz 2 GG[164]. § 9 BauGB stellt insoweit die erforderliche ausdrückliche gesetzliche Ermächtigung dar. Welche Regelungen für den allgemeinen Klimaschutz getroffen werden können, hängt daher auch davon ab, welche Möglichkeiten die Tatbestände in

---

161 BT-Drs. 15/2996 S. 62.
162 BT-Drs. 15/2996 S. 62.
163 *Bunzel*, Das Planspiel zur BauGB-Novelle 2011 – Neuerungen für eine klimagerechte Stadtentwicklung, ZfBR 2012, S. 114 ff. (116).
164 Vgl. *Söfker* in: Ernst/Zinkahn/Bielenberg/Krautzberger, BauGB, 106. Ergänzungslieferung 2012, § 1 Rn. 179.

§ 9 Abs. 1 BauGB zulassen.[165] Nach § 9 Abs. 1 BauGB können Festsetzungen im Bebauungsplan nur aus „städtebaulichen Gründen" getroffen werden. Nach § 1 Abs. 3 BauGB haben die Gemeinden die Bauleitpläne aufzustellen, sobald und soweit es für die städtebauliche Entwicklung und Ordnung erforderlich ist.

Vor der Änderung des BauGB im Jahre 2004 durch das Europarechtsanpassungsgesetz Bau 2004 wurde der Klimaschutz im BauGB nicht als zu berücksichtigender Belang genannt. Insoweit wurde mit Blick auf die Begriffe „städtebauliche Gründe" und „städtebauliche Entwicklung" vertreten, dass Festsetzungen zum Zwecke des Klimaschutzes unzulässig seien. Auch danach fanden sich jedoch noch Stimmen, die dieses vertraten. Die Argumentation war hier vergleichbar mit der Argumentation zum Örtlichkeitsprinzip. Pauschal hieß es wörtlich: „ Da bauplanungsrechtliche Festsetzungen einer städtebaulichen Rechtfertigung bedürfen (§ 1 III BauGB) sowie eine bodenrechtliche Relevanz voraussetzen, wäre die unmittelbare Verfolgung globaler Klimaschutzziele durch Bauleitplanung grundsätzlich schon rechtlich nicht zulässig."[166] Hingegen sei es natürlich zulässig, Festsetzungen zur Verbesserung des örtlichen Mikroklimas zu treffen, etwa durch Festsetzung von Grünflächen in Städten.[167] Es wurde also insoweit grundsätzlich vertreten, dass mit der Bauleitplanung globaler Klimaschutz nicht verfolgt werden dürfte.[168] Diese Argumentation wurde zu Recht abgelehnt, allerdings wurden auch bewusst immer Zusammenhänge zu städtebaulichen Belangen gemacht. So wurde angeführt, eine Festsetzung zur Förderung regionaler Stoffkreisläufe und nachwachsender Rohstoffe oder der Nutzung der Wind- und Sonnenenergie aus Gründen städtebaulicher Nachhaltigkeit auf der Basis eines Energiekonzepts sei grundsätzlich möglich.[169] Ferner wurde angeführt, ein Bezug zum Energiebedarf der Gebäude bzw. der Siedlung im jeweiligen Plangebiet sei zwar notwendig, aber eben ausreichend. Es sei dann nicht schädlich, dass die kommunalen Maßnahmen zugleich

---

165 Dies vorwegstellend *Schmidt*, Klimaschutz in der Bauleitplanung nach dem BauGB 2004, NVwZ 2006, S. 1354 ff., ausführlich thematisiert von *Reidt*, Klimaschutz, erneuerbare Energien und städtebauliche Gründe, BauR 2010, S. 2025 ff.
166 *Gärditz*, Schwerpunktbereich – Einführung in das Klimaschutzrecht, JuS 2008, S. 324 ff. (328).
167 *Gärditz*, Schwerpunktbereich – Einführung in das Klimaschutzrecht, JuS 2008, S. 324 ff. (328).
168 Vgl. auch weniger ausdrücklich: *Kraft*, Aktuelle Fragen immissionsschutzrechtlicher Festsetzungen in Bebauungsplänen, DVBl. 1998, S. 1048 ff.
169 *Löhr* in: Battis/Krautzberger/Löhr, Baugesetzbuch, 11. Aufl., 2009, § 9 Rn. 81a.

auch im Interesse der überörtlichen (regionalen, nationalen, europäischen oder globalen) Klimaschutzpolitik lägen. Es genüge z. B., wenn auf den mit der Einräumung von Bodennutzungsmöglichkeiten örtlich hervorgerufenen Energieverbrauch reagiert werden solle.[170] Ausgangspunkt sei dabei der Beitrag der Planung zum Klimaschutz aus dem Plangebiet heraus; für einen altruistischen globalen Klimaschutz dürfe die Bauleitplanung aus verfassungsrechtlichen Gründen hingegen nicht herangezogen werden.[171]

Insoweit galt und gilt, wie bereits ausgeführt, dass es der Gemeinde nicht verwehrt ist, auch Klimaschutzziele zu verfolgen, solange sie auch ein örtliches Ziel verfolgt bzw. solange ein örtlicher Bezug gegeben ist.[172] In der Praxis lässt sich ein solcher sicherlich auch immer darstellen. Maßnahmen, etwa zur Energieeinsparung oder umweltfreundlichen Energieerzeugung, dienen eben nicht nur dem Klimaschutz, sondern eben z. B. auch der Versorgungssicherheit und Versorgungsunabhängigkeit vor Ort und lassen sich so begründen. Durch den neuen § 1a Abs. 5 BauGB hat der Gesetzgeber allerdings nunmehr auch unmissverständlich zum Ausdruck gebracht, dass nun eben doch der „altruistische globale Klimaschutz" zulässig ist und Maßnahmen allein damit begründet werden können. Gleichwohl werden in der Praxis Maßnahmen wohl stets dualistisch begründet werden. Die neue Regelung erleichtert es aber sicherlich, Klimaschutzziele zu verfolgen und zu begründen, sie müssen jetzt nicht mehr hinter anderen Zwecken versteckt werden, sondern dürfen vorrangiges Motiv sein.

III. Verfassungsrechtliche Einschränkung durch Bodenbezug?

Vorgebracht wurde auch, dass es verfassungswidrig sei, würde man den Kommunen klimaschützende Festsetzungen im Rahmen der Bauleitplanung durch das BauGB ermöglichen. Der Bund stützt seine Kompetenz für den Erlass des BauGB auf Art. 74 Abs. 1 Nr. 18 GG, insbesondere auf die dort gegebene Kompetenz für das „Bodenrecht". Nach (älteren) Einzel-

---

170 Vgl. *Kahl*, Klimaschutz durch die Kommunen – Möglichkeiten und Grenzen, ZUR 2010, S. 395 ff. (396).

171 *Janssen/Albrecht*, Umweltschutz im Planungsrecht, S. 130.

172 Vgl. *Ingold/Schwarz*, Klimaschutzelemente der Bauleitplanung, NuR 2010, S. 153 ff. (156) unter Bezugnahme u. a. auf die bereits angesprochene Rechtsprechung zum Anschluss -und Benutzungszwang. Vgl. auch *Rodi*, Kommunale Handlungsmöglichkeiten in der Energie und Klimaschutzpolitik – Status quo und Reformansätze, IR 2012, S. 242 ff. (243).

meinungen in der Literatur sind daher Festsetzungen zum Zwecke des Klimaschutzes nicht regelbar, da ihnen der Bodenbezug fehle.[173] Diese Auffassung greift jedoch zu kurz und wird deshalb zutreffend weit überwiegend in der Literatur abgelehnt. Es wird insbesondere darauf verwiesen, dass Festsetzungen der Bauleitplanung stets einen Bodenbezug hätten. Erstens bezögen sie sich auf bauliche Anlagen und zweitens seien es auch eben diese baulichen Anlagen, die Emissionen verursachen würden durch Energieverbrauch bei der Wärmeerzeugung.[174]

Zudem gilt, selbst wenn man dieser Argumentation nicht folgen will, dass der Bund, wie bereits ausgeführt, die Gesetzgebungskompetenz für den Klimaschutz aus anderen Rechtsgrundlagen hat, z. B. aus Art. 74 Abs. 1 Nr. 24 GG (Luftreinhaltung). Mithin ist nicht davon auszugehen, dass klimaschützende Festsetzungen in der Bauleitplanung bzw. dafür geschaffene gesetzliche Regelungen schon aus verfassungsrechtlichen Gründen unzulässig sind.

Vielmehr wird in jüngerer Zeit sogar explizit das Gegenteil angenommen. Unter Verweis auf Art. 20a GG wird bei der Auslegung einzelner Normen des BauGB angenommen, die Staatszielbestimmung Umweltschutz gebiete im Zweifel eine verfassungskonforme Auslegung, dass klimaschützende Festsetzungen gewollt seien (siehe folgend).[175]

IV. § 9 Abs. 1 Nr. 23a BauGB

1. Allgemeines

Nach § 9 Abs. 1 Nr. 23a BauGB können die Gemeinden im Bebauungsplan Gebiete festsetzen, in denen zum Schutz vor schädlichen Umwelteinwirkungen i. S. d. Bundes-Immissionsschutzgesetzes bestimmte luftverunreinigende Stoffe nicht oder nur beschränkt verwendet werden dürfen. Sie können mithin „Verbrennungsverbote" festsetzen. Da die Vorschrift von

---

173 *Kraft*, Aktuelle Fragen immissionsschutzrechtlicher Festsetzungen in Bebauungsplänen, DVBl 1998, S. 1048 ff.

174 Vgl. *Kahl*, Klimaschutz durch die Kommunen – Möglichkeiten und Grenzen, ZUR 2010, S. 395 ff. (396).

175 Vgl. *Kahl*, Klimaschutz durch die Kommunen – Möglichkeiten und Grenzen, ZUR 2010, S. 395 ff. (396 f.); *Groß*, Welche Klimaschutzpflichten ergeben sich aus Art. 20a GG?, ZUR 2009 S. 364 ff.

„schädlichen Umwelteinwirkungen im Sinne des Bundes-Immissions-schutzgesetzes" spricht, sind hiermit „Immissionen, die nach Art, Ausmaß oder Dauer geeignet sind, Gefahren, erhebliche Nachteile oder erhebliche Belästigungen für die Allgemeinheit oder für die Nachbarschaft herbeizu-führen", gemeint. Dies ergibt sich aus § 3 Abs. 1 BImSchG. Luftverunrei-nigende Stoffe sind danach entsprechend § 3 Abs. 4 BImSchG „Verände-rungen der natürlichen Zusammensetzung der Luft, insbesondere durch Rauch, Ruß, Staub, Gase, Aerosole, Dämpfe oder Geruchsstoffe".

§ 9 Abs. 1 Nr. 23a BauGB wurde durch die BBauG-Novelle 1976 als da-malige Nr. 23 eingeführt. Nach der damaligen Vorschrift konnten im Be-bauungsplan Gebiete festgesetzt werden, in denen bestimmte, die Luft er-heblich verunreinigende Stoffe nicht verwendet werden dürfen. Die ein-schränkende Anforderung „erheblich" entfiel 1987. Durch das Europa-rechtsanpassungsgesetz 2004 wurde die Regelung in Nr. 23a übernom-men.[176] Die Festsetzungsmöglichkeit nach Nr. 23a soll gerade auch vorbeu-genden Umweltschutz ermöglichen und so den Eintritt von derartigen Be-lastungen gerade vermeiden helfen.[177]

Fraglich ist, wie weitgehend diese Festsetzungsmöglichkeit ist, um vor-beugenden Umweltschutz zu betreiben. Könnte eine Gemeinde weitestge-hend die Verbrennung von fossilen Energieträgern aus Gründen des Klima-schutzes verbieten?

Die Vorschrift wird restriktiv ausgelegt. Argumentiert wird, der Schutz vor schädlichen Umwelteinwirkungen müsse generell aus städtebaulichen Gründen erfolgen. Diese könnten zumindest gegeben sein in Gebieten, die in besonderem Maße gegen Luftverunreinigungen geschützt werden sollen. Zu denken sei hier etwa an Kurgebiete, an Gebiete mit Krankenhäusern, an Naherholungsgebiete, an Hang- und Tallagen, unter Umständen aber auch an Gewerbegebiete, wenn hier besonders immissionsempfindliche Betriebe angesiedelt seien.[178] Zudem diene die Vorschrift speziell dem städtebauli-chen Immissionsschutz auf örtlicher Ebene, nicht dem Umweltschutz all-

---

176 Siehe zur geschichtlichen Entstehung und Weiterentwicklung *Söfker* in: Ernst/Zin-kahn/Bielenberg/Krautzberger, BauGB, 106. Ergänzungslieferung 2012, § 9 Rn. 197.

177 *Löhr* in: Battis/Krautzberger/Löhr, Baugesetzbuch, 11. Aufl. 2009, § 9 Rn. 81a; Jä-de in: Jäde/Dirnberger/Weiß, Baugesetzbuch, § 9, Rn. 82.

178 *Löhr* in: Battis/Krautzberger/Löhr, Baugesetzbuch, 11. Aufl. 2009, § 9 Rn. 81a; *Jäde* in: Jäde/Dirnberger/Weiß, Baugesetzbuch, § 9, Rn. 70.

gemein, sie könne daher nicht eingesetzt werden, um die mit den Emissionen von Großkraftwerken verbundenen Umweltbelastungen zu reduzieren.[179]

Andererseits wird im Widerspruch dazu auch vertreten, es komme nicht darauf an, ob die schädlichen Umwelteinwirkungen in dem Gebiet mit der Festsetzung nach Nr. 23a selbst vermieden oder verringert werden sollten oder ob der hauptsächliche Nutzen dieser Festsetzung in einem anderen Gebiet eintreten solle; dies könne sogar außerhalb des Gemeindegebiets liegen. Hierfür genüge es, wenn sich mehrere Gemeinden zu einem abgestimmten Vorgehen beim Immissionsschutz entschlössen.[180] Dies ist allerdings nur ein vermeintlicher Widerspruch, natürlichermaßen wirkt sich ein Verbrennungsverbot nicht immer unmittelbar an der Stelle aus, an der es gilt, sondern dort, wo die Immissionen sonst spürbar wären.

Ohne nähere Begründung wird allerdings in deutlichem Widerspruch zu eher restriktiven Auslegung des § 9 Abs. 1 Nr. 23a BauGB auch ausgeführt, auf Grund des neuen Planungsleitsatzes der nachhaltigen städtebaulichen Entwicklung könne ggf. ein von der Gemeinde für sinnvoll gehaltener „Ausstieg" aus dem Öl und eine Bevorzugung erneuerbarer Energieträger aus der besonderen Situation der Gemeinde heraus städtebaulich erforderlich und damit zulässig sein, wobei dieses die Rechtsprechung zu klären habe.[181]

Diese weitgehende Auffassung wird von anderen Vertretern in der Literatur eindeutig abgelehnt. Da die Festsetzung nach Nr. 23a dem Interesse eines vorbeugenden Immissionsschutzes aus besonderen städtebaulichen Gründen diene, sei sie aus Gründen eines großräumigen Umweltschutzes ausgeschlossen, insbesondere zur grundsätzlichen Energieeinsparung oder zur Vermeidung der weltweiten CO_2-Belastung.[182] Für eine restriktive Auslegung der Vorschrift wird auch ihr Wortlaut angeführt. Die Gemeinde könne danach „Gebiete" festsetzen, in denen die Verbrennungsverbote bestünden. Weil § 9 Abs. 1 Nr. 23a BauGB also explizit von einzelnen Gebieten ausgehe, sei es nicht möglich für das gesamte Gemeindegebiet Verbrennungsverbote festzulegen.

Allgemein wird vertreten, soweit städtebauliche Gründe für den Erlass eines Verbrennungsverbotes vorlägen, schließe es die Möglichkeit einer Festsetzung eines Verbrennungsverbots nicht aus, auch wenn es technische

---

179 *Löhr* in: Battis/Krautzberger/Löhr, Baugesetzbuch, 11. Aufl. 2009, § 9 Rn. 81a.
180 *Löhr* in: Battis/Krautzberger/Löhr, Baugesetzbuch, 11. Aufl. 2009, § 9 Rn. 81a.
181 *Löhr* in: Battis/Krautzberger/Löhr, Baugesetzbuch, 11. Aufl. 2009, § 9 Rn. 81a.
182 *Baumann* in: BeckOK BauGB § 9, Rn 90 (Stand: 13.10.2010); *Jäde* in: Jäde/Dirnberger/Weiß, Baugesetzbuch, § 9, Rn. 70.

Möglichkeiten gebe, die Luftqualität zu verbessern. Mithin wird vertreten, dass ein Verbrennungsverbot dennoch erforderlich sei, auch wenn das Ziel verbesserter Luft z. B. durch neuere Verbrennungstechnik erreichbar sei.[183] Einigkeit herrscht auch darüber, dass eine Festsetzung nach § 9 Abs. 1 Nr. 23a BauGB gegenüber älteren Gebäuden mit Bestandsschutz nicht gilt.[184]

2. Rechtsprechung

Die Rechtsprechung hatte sich in einigen wenigen Fällen mit § 9 Abs. 1 Nr. 23a BauGB auseinanderzusetzen. Maßgeblich für die Frage, inwieweit vorbeugender Klimaschutz möglich sei, ist eine Entscheidung des OVG Lüneburg.[185] Dieses urteilte, die Gemeinde dürfe die Verwendung bestimmter Heizstoffe nach § 9 Abs. 1 Nr. 23 BauGB bereits dann einschränken, wenn ein hinreichender städtebaulicher Anlass hierfür bestehe. An das Gewicht der städtebaulichen Gründe seien bei Neubaugebieten aber nur geringe Anforderungen zu stellen. Konkret hatte die betroffene Gemeinde wörtlich Folgendes festgesetzt: „Zur Verbesserung der Luftqualität wird gem. § 9 Abs. I Nr. 23 BauGB bestimmt, dass in Verbrennungsanlagen Kohle, Öl und Abfälle aller Art weder zu Heiz- und Feuerzwecken, noch zum Zwecke der Beseitigung verbrannt werden dürfen."

Das OVG Lüneburg betont die Planungsmöglichkeiten der Gemeinde. Nachdem 1998 der Wortlaut der Vorschrift geändert worden sei und das Erfordernis besonderer städtebaulicher Gründe gestrichen worden sei, genüge jedwede städtebauliche Rechtfertigung i. S. des § 1 Abs. 3 BauGB. Besondere Gründe, wie z. B. starke lufthygienische Vorbelastungen, seien nicht mehr Voraussetzung für eine derartige Festsetzung. Die Gemeinde sei vielmehr berechtigt, im Rahmen der Bauleitplanung Umweltvorsorge zu betreiben und damit in ihrem Gemeindegebiet durch planungsrechtliche Festsetzungen vermeidbare Luftbelastungen zu minimieren, wenn nur hin-

---

183 *Söfker* in: Ernst/Zinkahn/Bielenberg/Krautzberger, BauGB, 106. Ergänzungslieferung 2012, § 9 Rn. 190, auch von der restriktiv auslegenden Literatur geteilt: *Jäde* in: Jäde/Dirnberger/Weiß, Baugesetzbuch, § 9, Rn. 70.

184 *Jäde* in: Jäde/Dirnberger/Weiß, Baugesetzbuch, § 9, Rn. 74; *Löhr* in: Battis/Krautzberger/Löhr, Baugesetzbuch, 11. Aufl. 2009, § 9 Rn. 81b; *Söfker* in: Ernst/Zinkahn/Bielenberg/Krautzberger, BauGB, 106. Ergänzungslieferung 2012, § 9 Rn. 192.

185 OVG Lüneburg, Urt. v. 14. Januar 2002 – 1 KN 468/01 = NVwZ-RR 2003, 174.

reichender städtebaulicher Anlass hierfür bestehe. An das Gewicht des städtebaulichen Anlasses seien in Neubaugebieten nur geringe Anforderungen zu stellen. Dies begründet das OVG insbesondere mit der geringen Belastung für die betroffenen Bauherren. Künftigen Grundstückseigentümern würden keine wesentlichen finanziellen Lasten auferlegt. Die Verwendung von Öl bringe nämlich auch umfangreiche und kostenintensive Pflichten mit sich.

Aber auch das OVG betont, die „Verfolgung des Ziels, das Weltklima verbessern zu helfen", reiche mangels bodenrechtlichen Bezuges nicht aus. Gerechtfertigt sei die Festsetzung außerdem nur dann, wenn hinreichende Anhaltspunkte die Annahme rechtfertigen würden, die ausgeschlossenen Brennstoffe seien geeignet, schädlichere Umwelteinwirkungen hervorzurufen als diejenigen, die danach noch zugelassen seien.

Insgesamt ergibt sich folgendes Bild: Ein pauschales Verbrennungsverbot für viele Stoffe unter alleiniger Bezugnahme auf den Klimaschutz und entsprechende Festsetzung beispielsweise in allen Bebauungsplänen einer Gemeinde muss schon wegen mangelnder Abwägung der Belange rechtswidrig sein. Dies kann auch nicht durch ein kommunales Energiekonzept für die gesamte Gemeinde gerechtfertigt werden. Ein solches kann allein ergänzend wirken und für die jeweils gebotene Abwägung bei jedem Bebauungsplan ergänzend herangezogen werden. Es bedarf schließlich einer Abwägung aller Belange für jeden einzelnen Bebauungsplan nach § 1 Abs. 7 BauGB. Es gilt das allgemeine „Gebot individualisierender Abwägung".[186]

Auf Grund des Bestandsschutzes kommt die Festsetzung eines Verbrennungsverbotes ohnehin nur für neue Bebauungsgebiete in Betracht. In reinen Neubaugebieten dürfte es angesichts der zu erwartenden Preissteigerungen für fossile Brennquellen und neuerer Technik ohnehin so sein, dass neue Gebäude so geplant werden, dass sie ihre Erwärmung möglichst so regeln, dass dieses nicht mit Schadstoffausstoß verbunden ist. Hinzu kommt, dass neue Standards und Regelungen nach dem EEWärmeG und der Energie-EinsparVerordnung greifen. Der praktische Anwendungsbereich und Nutzen der Norm für den Klimaschutz sinkt damit. Dennoch kann es zweckmäßig für die Gemeinde sein, Festsetzungen nach § 9 Abs. 1 Nr. 23a BauGB ergänzend zu treffen. Hierbei sollte eine Abwägung und Begründung im Einzelfall erfolgen und ein planerisches Konzept bestehen, das auch spürbare Verbesserungen der Lufthygiene mit sich bringt. Dann kann der Fest-

---

186 *Söfker* in: Ernst/Zinkahn/Bielenberg/Krautzberger, BauGB, 106. Ergänzungslieferung 2012, § 1 Rn. 186.

setzung nicht entgegengehalten werden, es fehle an städtebaulichen Gründen. Insbesondere sollte die Kommune also beispielsweise begründen, dass das Verbrennungsverbot in einem Neubaugebiet z. B. dazu führt, dass Gebiete, die durch typische Windrichtungen sonst stärker belastet werden, geschont werden.

Praktisch zu beachten sind auch, was viele Kommunen abschrecken dürfte, speziellere Vorschriften, die Verbote für Verwendungen untersagen. So wird in der Literatur darauf hingewiesen, dass die EU-Richtlinie über die Angleichung der Rechtsvorschriften der Mitgliedstaaten über den Schwefelgehalt bestimmter flüssiger Brennstoffe zu berücksichtigen ist.[187] Nach dieser bereits älteren Richtlinie[188] dürften die Mitgliedstaaten „das Inverkehrbringen von Gasölen nicht auf Grund des Schwefelgehalts untersagen, einschränken oder behindern, wenn diese Gasöle den Vorschriften der vorliegenden Richtlinie entsprechen"[189]. Ein Verbrennungsverbot kann daher zumindest nicht mit dem Schwefelgehalt begründet werden.[190]

3. Bewertung

Der Inhalt der Vorschrift und ihr Nutzen für den Klimaschutz lassen sich zusammenfassend wie folgt beschreiben: Die Vorschrift ermöglicht Klimaschutz, nach bisher weit überwiegender Meinung konnte dieses Ziel aber als Begründung nicht ausreichen, sondern es musste vorbeugender Umweltschutz für das Gemeindegebiet gewollt sein. Jedenfalls selbst dann, wenn Klimaschutz gewollt ist, durfte nach diesem Verständnis die Kommune ihr Handeln (allein) damit nicht begründen. Fraglich ist jedoch, ob diese Auffassungen nach der Klimaschutznovelle des BauGB noch aufrechtzuerhalten sind. Auf Grund der neugefassten Vorschriften in § 1 Abs. 5 Satz 2 und § 1a

---

187 *Söfker* in: Ernst/Zinkahn/Bielenberg/Krautzberger, BauGB, 106. Ergänzungslieferung 2012, § 9 Rn. 189.
188 Richtlinie 75/716/EWG des Rates vom 24.11.1975 zur Angleichung der Rechtsvorschriften der Mitgliedstaaten über den Schwefelgehalt bestimmter flüssiger Brennstoffe, geändert durch die Richtlinie des Rates vom 30.3.1987 zur Änderung der Richtlinie 75/716/EWG zur Angleichung der Rechtsvorschriften der Mitgliedstaaten über den Schwefelgehalt bestimmter flüssiger Brennstoffe.
189 So wörtlich zitiert bei *Söfker* in: Ernst/Zinkahn/Bielenberg/Krautzberger, BauGB, 106. Ergänzungslieferung 2012, § 9 Rn. 189.
190 *Söfker* in: Ernst/Zinkahn/Bielenberg/Krautzberger, BauGB, 106. Ergänzungslieferung 2012, § 9 Rn. 189.

Abs. 5 BauGB müsste es auf Grund der gestiegenen Bedeutung des Klimaschutzes zulässig sein, ein Verbrennungsverbot allein mit dem Ziel des Klimaschutzes zu begründen. Allerdings dürften sich Fragen der Begründungsintensität und der Verhältnismäßigkeit der Festsetzung stellen, wenn ein weitgehendes Verbot ausgesprochen wird. So ist z. B. fraglich, ob ein Verbot kleiner Verbrennungsanlagen verhältnismäßig sein würde. Zudem dürfte es im Rahmen der Abwägung auch hilfreich sein, neben dem Aspekt des Klimaschutzes auch weitere Belange anzuführen, so ließe sich z. B. betonen, dass auch mehr kommunale Energieautarkie angestrebt werden soll.

V. § 9 Abs. 1 Nr. 23b BauGB

1. Historie

Die Vorschrift wurde durch das Europarechtsanpassungsgesetz Bau eingeführt. Im Rahmen der Klimaschutznovelle wurde sie angepasst. Zuvor hieß es in Nr. 23b a. F., es könnten in einem Bebauungsplan auch Gebiete festgesetzt werden, in denen bei dem Neubau von Gebäuden bauliche Maßnahmen für den Einsatz von Erneuerbaren Energien wie insb. Solarenergie getroffen werden müssten. Im Rahmen der Klimaschutznovelle wurde der Wortlaut geändert, nunmehr können in einem Bebauungsplan auch Gebiete festgesetzt werden, in denen bei der Errichtung von Gebäuden oder bestimmten sonstigen baulichen Anlagen bestimmte bauliche und sonstige technische Maßnahmen für die Erzeugung, Nutzung oder Speicherung von Strom, Wärme oder Kälte aus Erneuerbaren Energien oder Kraft-Wärme-Kopplung getroffen werden müssen.

Zunächst erscheint der Unterschied im Wortlaut zwischen der alten und neuen Fassung von § 9 Abs. 1 Nr. 23b BauGB nur gering. Nach der Neufassung können „bauliche und sonstige technische Maßnahmen" getroffen werden, während zuvor nur bauliche Maßnahmen zulässig waren. Bauliche Maßnahmen i. S. der Vorschrift sind zunächst „alle Maßnahmen, die die notwendigen Rahmenvoraussetzungen für die Nutzung Erneuerbarer Energien schaffen, deren Nutzung vorbereiten, erleichtern, begünstigen oder begleiten".[191]

---

191 *Kahl*, Klimaschutz durch die Kommunen – Möglichkeiten und Grenzen, ZUR 2010, S. 395 ff. (396).

Die Reichweite der Vorschrift war zuvor allerdings umstritten. So ermöglichte § 9 Abs. 1 Nr. 23b a. F. nach seinem Wortlaut zuvor keineswegs die Festsetzung eines Anwendungsgebots; vielmehr wurde darauf hingewiesen, es müssten danach lediglich die baulichen Voraussetzungen für die Anwendung von alternativen Energien bei einer entsprechenden Festsetzung geschaffen werden.[192] Die Vorschrift erschien deshalb bei erster Betrachtung etwas skurril. Sie wirkte wie eine halbe Lösung. Der von der Festsetzung Betroffene musste bauliche Voraussetzungen treffen, unabhängig von deren Nutzung. So wurde auch kritisch angemerkt, wenn mit dieser Vorschrift Klimaschutz betrieben werden solle, müsse sie mit einem Verbrennungsverbot nach § 9 Abs. 1 Nr. 23a BauGB kombiniert werden und zudem mit städtebaulichen Verträgen. Die Vorschrift wurde hinsichtlich ihres Regelungsgehaltes sogar zu einem bloßen „Appell" degradiert.[193]

Bei Fassung der ehemaligen Vorschrift hatte der beratende Bundestagsausschuss trotz des Wortlautes dazu die Auffassung vertreten, dass die bei der Errichtung von Gebäuden vorgesehenen baulichen Maßnahmen für den Einsatz Erneuerbarer Energien auch die diesbezüglichen technischen Maßnahmen einschließen.[194] Auch in der Kommentarliteratur hieß es ohne nähere Begründung: „Bauliche Maßnahmen für den Einsatz erneuerbarer Energien sind die Errichtung, der Einbau oder Anbau von entsprechenden Anlagen."[195]

Konnte also bereits nach § 9 Abs. 1 Nr. 23b a. F. BauGB in Bebauungsplänen die Installation technischer Anlagen festgeschrieben werden? Die Literatur spaltet sich hinsichtlich dieser Auslegung. Während die planungsrechtliche Literatur eine solche Auslegung ablehnte,[196] wurde sie von energierechtlicher Literatur bejaht.[197] Die Begründungen dafür wurden auf beiden Seiten kurzgehalten. Für die weite Auslegung wurde angeführt, der Wortlaut lasse diese weite Auslegung zumindest zu, die Gesetzessystematik und der Telos der Norm, der auf einen (tatsächlichen) „Einsatz"

---

192 *Löhr* in: Battis/Krautzberger/Löhr, Baugesetzbuch, 11. Aufl. 2009, § 9 Rn. 86a.
193 *Löhr* in: Battis/Krautzberger/Löhr, Baugesetzbuch, 11. Aufl. 2009, § 9 Rn. 86a.
194 BT-Drs. 15/2996 (S. 61).
195 *Gierke* in: Brügelmann, Baugesetzbuch, § 9, Rn. 432 (Stand 57. Lfg. 2005).
196 *Löhr* in: Battis/Krautzberger/Löhr, Baugesetzbuch, 11. Aufl. 2009, § 9 Rn. 86a; *Jäde* in: Jäde/Dirnberger/Weiß, BauGB, § 9, Rn. 75.
197 *Klinski/Longo*, Kommunale Strategien für den Ausbau erneuerbarer Energien im Rahmen des öffentlichen Baurechts, ZNER 2007, S. 41 ff. (48); *Ekardt/Schmitz/Schmidtke*, Kommunaler Klimaschutz durch Baurecht. Rechtsprobleme der Solarenergie und der Kraft-Wärme-Kopplung, ZNER 2008, S. 334 ff.

Erneuerbarer Energien gerichtet sei, sprächen dafür, ferner ergebe sich dieses aus einer verfassungskonformen Interpretation im Lichte von Art. 20a GG[198]. Auf Art. 14 GG wurde dabei jedoch nicht eingegangen. Diese Auslegung verkannte daher nach der hier vertretenen Auffassung, dass es sich bei den Festsetzungen in § 9 Abs. 1 BauGB um Inhalts- und Schrankenbestimmungen des Eigentums handelt, welche dem rechtsstaatlichen Bestimmtheitsgebot unterliegen.[199]

Die Vertreter einer weiten Auslegung, insbesondere *Schmidt*, verwiesen darauf, dass es im Wortlaut von § 9 Abs. 1 Nr. 23b BauGB a. F. keinen Anhaltspunkt dafür gebe, dass nur Festsetzungen zulässig sein sollten, die eine Nutzung Erneuerbarer Energien lediglich ermöglichen würden. [200] Die Formulierung „Maßnahmen für den Einsatz …" liege es vielmehr nahe, dass auch der Einbau von technischen Anlagen verlangt werden könne, die unmittelbar zur Nutzung einer bestimmten Energie dienten. Außerdem könne der Begriff „bauliche Maßnahmen" nach seinem Wortsinn so verstanden werden, dass auch „technische" Maßnahmen erfasst seien. Dies zeige auch ein Vergleich zu § 9 Abs. 1 Nr. 24 BauGB. Dort werde die Formulierung „bauliche und sonstige technische Vorkehrungen" verwendet. Dort sei der Begriff „bauliche" Vorkehrung ein Oberbegriff, der die „technische" Vorkehrung umfasse. Dieses Verständnis könne auf den Begriff „bauliche Maßnahmen" in § 9 Abs. 1 Nr. 23b BauGB übertragen werden.[201]

Diese Auslegung erschien jedoch nach hier vertretener Auffassung auch zweifelhaft. Nur weil in § 9 Abs. 2 Nr. 24 BauGB von baulichen und sonstigen technischen Vorkehrungen die Rede war, war es nicht zwingend, bauliche Vorkehrungen generell als Oberbegriff zu verstehen. Außerdem ist die Argumentation, die Regelungsziele der beiden Tatbestände § 9 Abs. 1 Nr. 23 lit. b und § 9 Abs. 1 Nr. 24 BauGB seien ähnlich, in Frage zu stellen. § 9 Abs. 1 Nr. 24 BauGB soll vor schädlichen Umwelteinwirkungen schützen, verfolgt also unmittelbaren Schutz (siehe nachfolgend). Hingegen ist

---

198 Vgl. *Kahl*, Klimaschutz durch die Kommunen – Möglichkeiten und Grenzen, ZUR 2010, S. 395 ff. (396 f.).

199 Vgl. *Ferner/Kröninger*, BauGB, § 9, Rn. 1 ff.; *Manten/Elbel*, Möglichkeiten und Grenzen des kommunalen Klimaschutzes in den neuen Bundesländern, LKV 2009, S. 1 ff. (7 f.).

200 *Schmidt*, Klimaschutz in der Bauleitplanung nach dem BauGB 2004, NVwZ 2006, S. 1354 ff. (1360 f.)

201 So auch das von *Schmidt* zitierte Gutachten: ECOFYS – Energieeffizienz und Solarenergienutzung in der Bauleitplanung – Rechts- und Fachgutachten, Drucksache der Stadt Heidelberg – 0089/2006/IV 10.7.2006.

Klimaschutz gerade nicht unmittelbarer, sondern vorsorgender Umweltschutz.

Schlicht wurde auch wie folgt argumentiert: Dem Klimaschutz sei nicht
durch die Anbringung von Haltevorrichtungen für Solarzellen gedient, sondern nur durch die tatsächliche Anbringung und den Einsatz entsprechender
Anlagen. Dem Gesetzgeber könne aber nicht unterstellt werden, er habe den
Gemeinden keine effektiven Instrumente zur Realisierung der ausdrücklich
in das Gesetz aufgenommenen klimapolitischen Ziele an die Hand geben
wollen.[202] Dem konnte aber entgegengehalten werden, dass die Vorschrift
eben auch als Anreizvorschrift bzw. Ermöglichungsvorschrift ausgelegt
werden konnte. So wurde die Vorschrift in der Literatur auch ausdrücklich
so verstanden, dass z. B. festgesetzt werden könne, dass ein Gebäude so
auszurichten sei, dass eine Solaranlage möglich sei.[203]

2. Auslegung nach der Klimaschutznovelle

Die Klimaschutznovelle stellte klar, dass von der Vorschrift nunmehr eindeutig auch technische Maßnahmen festgesetzt werden können.[204]

Von Bedeutung dürfte aber nach wie vor eine auch schon zur alten Fassung geäußerte Rechtsmeinung sein. Auch Vertreter, die die weitgehenden
Festsetzungen von technischen Anlagen schon nach der alten Gesetzesfassung für zulässig hielten, sahen im Ergebnis den Anwendungsbereich von
§ 9 Abs. 1 Nr. 23b a. F. BauGB jedoch praktisch beschränkt. Während sie
nämlich auf der einen Seite die Festsetzung der Installation von technischen
Anlagen für möglich hielten, erklären sie andererseits, bei diesem Verständnis kollidiere § 9 Abs. 1 Nr. 23b BauGB seit Inkrafttreten des EEWärmeG
am 1.1.2009 mit diesem. Es gebe nämlich eine grundsätzlich abschließende
Regelung über Erneuerbare Energien-Nutzungspflichten zur Wärmeversorgung im Bereich von Neubauten mit einer Nutzfläche von mehr als 50 m²
in § 3 Abs. 1 EEWärmeG. Als speziellere Norm verdränge dieses die Fest-

---

202 *Böhm*, Umweltschutz durch Baurecht – kommunale Solarsatzungen auf dem Prüfstand, in: Jahrbuch für Umwelt- und Technikrecht 2009, S. 237 ff. (243).
203 *Wickel*, Klimaschutz und Städtebau – Das Gesetz zur Förderung des Klimaschutzes
bei der Entwicklung in den Städten und Gemeinden, UPR 2011, S. 416 ff. (419).
204 *Wilke*, Die „Klimaschutznovelle" als erste Stufe zur Reform des Bauplanungsrechts, BauR 2011, S. 1744 ff. (1747).

setzungsmöglichkeit nach § 9 Abs. 1 Nr. 23b BauGB.[205] *Söfker* weist im Zusammenhang mit der Gesetzesnovelle auf den Anwendungsbereich des EEWärmeG hin.[206]

Ob tatsächlich eine Verdrängung unter dem Gesichtspunkt der spezielleren Regelung vorliegt oder ob es sich nicht auch vertreten ließe, dass die nunmehr neu geregelte Vorschrift in § 9 Abs. 1 Nr. 23b BauGB als jüngere Vorschrift Geltungsvorrang hat – und letztlich ja auch nur den Kommunen eine Möglichkeit zur Regelung an die Hand gibt –, soll hier nicht näher erörtert werden. Richtig sein dürfte, dass die Gemeinden nur zurückhaltend von der Vorschrift Gebrauch machen. Das EEWärmeG macht Vorgaben, von denen die Gemeinden wohl kaum abweichen werden durch eigene Regelungen, schon angesichts des damit verbundenen Begründungsaufwandes in der Erläuterung der Festsetzung. Eine konkrete Festsetzung bedürfte hierzu einer näheren Betrachtung in der Abwägung und der Verhältnismäßigkeit im Einzelfall.[207] Würde die Gemeinde mehrere alternative Vorgaben für technische Einrichtungen machen, würde sie eher die Verhältnismäßigkeit wahren, denn bei einer einzelnen konkreten Vorgabe wäre immer fraglich, ob diese erforderlich wäre. Allerdings wäre die Festsetzung dann auch beliebig und stünde neben dem EEWärmeG. Der Anwendungsbereich der Vorschrift ist aber eindeutig auf die Errichtung von Gebäuden beschränkt, somit auf Gebäudebestand nicht anwendbar.[208] Neubauten dürften ohnehin aus Eigeninteresse der Eigentümer und auf Grund der gesetzlichen Vorgaben aus dem EEWärmeG auf die Nutzung Erneuerbarer Energien nicht verzichten wollen.

---

205 Vgl. *Kahl*, Klimaschutz durch die Kommunen – Möglichkeiten und Grenzen, ZUR 2010, S. 395 ff. (396 f.).

206 *Söfker*, Das Gesetz zur Förderung des Klimaschutzes bei der Entwicklung in den Städten und Gemeinden, ZfBR 2011, S. 541 ff.

207 Vgl. allgemein: *Krautzberger* in: Battis/Krautzberger/Löhr, Baugesetzbuch, 11. Aufl. 2009, § 1 Rn. 126; dies besonders betonend: *Mitschang*, Die Auswirkungen der Klimaschutz-Novelle auf die kommunale Bauleitplanung, DVBL 2012, S. 134 ff. (139); *Bunzel*, Das Planspiel zur BauGB-Novelle 2011 – Neuerungen für eine klimagerechte Stadtentwicklung, ZfBR 2012, S. 114 ff. (118) unter Verweis auf die dahingehend ausdrückliche Begründung des Gesetzesentwurfes, BT-Drs. 17/6076, S. 9.

208 Dies betonend: *Wickel*, Klimaschutz und Städtebau – Das Gesetz zur Förderung des Klimaschutzes bei der Entwicklung in den Städten und Gemeinden, UPR 2011, S. 416 ff. (419).

Als Anwendungsbereich wurde bereits für die alte Fassung des § 9 Abs. 1 Nr. 23b BauGB jedoch die Ergänzung zu einem Anschluss- und Benutzungszwang gesehen. In der Literatur[209] wird zutreffend ausgeführt, dass landesrechtliche Vorschriften im Kommunalrecht zum Anschluss- und Benutzungszwang für den Einsatz von Erneuerbaren Energien durch die Vorschrift unberührt bleiben. Die Festsetzung, dass bauliche Maßnahmen dem Einsatz Erneuerbarer Energien nicht widersprechen dürften, erleichtert aber natürlich ggf. die Durchführung eines Anschluss- und Benutzungszwangs.

In der Praxis scheinen die Gemeinden Festsetzungen nach § 9 Abs. 1 Nr. 23b BauGB zu scheuen. Rechtsprechung hierzu existiert bisher nicht, was wohl auf mangelnde Praxis zurückzuführen ist. Selbst die Vertreter einer weiten Auslegung der früheren Fassung, namentlich *Schmidt*, rieten dazu, nicht Festsetzungen zu machen, sondern Klimaschutz im Wege städtebaulicher Verträge zu realisieren.[210] Auch im Zuge der Neufassung wird explizit diese Praxis vertreten, da es „erfolgsversprechender" sei, entsprechend ambitionierte Energiekonzepte in Fällen zu verfolgen, bei denen Bauherr und/oder Investor feststünden und dieses akzeptierend mittrügen.[211] Immer noch gibt es trotz der eindeutigen Neuregelungen in § 1 Abs. 5 Satz 2 BauGB und § 1a Abs. 5 BauGB auch noch unzutreffende Stimmen, die allgemeine Klimaschutzerwägungen in diesem Zusammenhang kritisch sehen. Hier wird pauschal argumentiert, es „könne nicht Aufgabe der Gemeinden sein, mit Festsetzungen in Bebauungsplänen aus allgemeinpolitischen Erwägungen ein faktisches Nutzungsgebot für bestimmte Energieträger durchzusetzen".[212]

Insgesamt ergibt sich für § 9 Abs. 1 Nr. 23b BauGB folgendes Bild: Die Vorschrift ist hinsichtlich ihres Anwendungsbereiches konkretisiert worden. In der Praxis ist sie jedoch schwierig. Wollen Kommunen Installationen von

---

209 Vgl. *Löhr* in: Battis/Krautzberger/Löhr, Baugesetzbuch, 11. Aufl. 2009, § 9 Rn. 83.; *Mitschang*, Die Auswirkungen der Klimaschutz-Novelle auf die kommunale Bauleitplanung, DVBL 2012, S. 134 ff. (139).

210 ECOFYS – Energieeffizienz und Solarenergienutzung in der Bauleitplanung – Rechts- und Fachgutachten, Drucksache der Stadt Heidelberg – 0089/2006/IV 10.7.2006, Anhang 1 – Protokoll einer Expertenanhörung, S. 77 f. Wörtlich: „Für die praktische Umsetzung würde er auch empfehlen, sich an Verträge zu halten, weil diese unproblematisch sind.".

211 *Bunzel*, Das Planspiel zur BauGB-Novelle 2011 – Neuerungen für eine klimagerechte Stadtentwicklung, ZfBR 2012, S. 114 ff. (118).

212 *Otting*, Klimaschutz durch Baurecht – Ein Überblick über die BauGB-Novelle 2011. REE 2011, S. 125 ff. (128).

technischen Anlagen vorschreiben, bestehen erhebliche Anforderungen an die Begründung. Hier müssten sie fürchten, dass dieses ggf. unverhältnismäßig ist, und müssten technische Entscheidungen treffen. Die Festsetzungsmöglichkeit ist nicht auf den Gebäudebestand anwendbar und Neubauten müssen ohnehin auf moderne energetische Standards achten. Wie geschrieben, kommt eine Anwendung der Vorschrift ergänzend zu einem Anschluss- und Benutzungszwang in Betracht.

Auch könnten Kommunen weniger weitreichende Maßnahmen festsetzen, also z. B. nur darauf zu achten, dass die Festsetzungen technikfreundlich sind, d. h. der zukünftigen Anwendung von Erneuerbarer Energie zumindest nicht entgegenstehen. Dies ist auch im Interesse zukünftiger Grundstückseigentümer.

VI. Festsetzungen nach § 9 Abs. 1 Nr. 24 BauGB

Nach § 9 Abs. 1 Nr. 24 BauGB bestehen für die Gemeinde drei Festsetzungsalternativen, mit denen sie Störungen, die durch bauliche Nutzungen entstehen, reduzieren kann.

Dies sind erstens die Festsetzung von Schutzflächen, zweitens die Festsetzung von Flächen für besondere Anlagen und drittens bauliche oder technische Vorkehrungen zur Vermeidung oder Minderung zum Schutz vor schädlichen Umwelteinwirkungen und sonstigen Gefahren. Unter kommunalen Klimaschutzgesichtspunkten ist insbesondere die Möglichkeit baulicher oder technischer Vorkehrungen interessant. Diese Möglichkeit zielt darauf ab, entweder bauliche Anlagen vor Einwirkungen zu schützen oder die Einwirkungen, die von einer Anlage ausgehen, auszuschließen oder zu minimieren.[213]

Auch hinsichtlich der Reichweite dieser Vorschrift scheiden sich die Geister. Ist es hiernach möglich, ebenfalls die Pflicht zur Installation von Solaranlagen festzusetzen? Oder ist es sogar möglich, Wärmedämmungsstandards vorzuschreiben?

Einerseits wird kurz festgestellt, es ginge um unmittelbaren Schutz vor schädlichen Umwelteinwirkungen und sonstigen Gefahren i. S. d. BImSchG, daher könne der kommunale Klimaschutz kaum eine Rolle spie-

---

213 *Ekardt/Schmitz/Schmidtke*, Kommunaler Klimaschutz durch Baurecht. Rechtsprobleme der Solarenergie und der Kraft-Wärme-Kopplung, ZNER 2008, S. 334 ff. (338).

len. Festsetzungen von Wärmedämmungen und Solaranlagen wiesen zwar einen unmittelbaren Bezug zum Energieverbrauch auf, dieser stelle aber als solcher keine schädliche Umwelteinwirkung bzw. sonstige Gefahr i. S. d. BImSchG dar.[214]

Andererseits wird es für möglich gehalten, insbesondere Solaranlagen vorzuschreiben. Solarenergie-Festsetzungen bzw. darauf gerichtete bauliche Vorkehrungen verbesserten die Immissionssituation, auch bezogen auf Luftschadstoffe: Wer Solarenergie nutze, verbrenne zumindest weniger fossile Brennstoffe zum Heizen.[215] Dies wird auch mit einem Umkehrschluss aus einer Entscheidung des BVerwG begründet. Dieses hat entschieden, dass § 9 Abs. 1 Nr. 24 BauGB als Grundlage für Grenz- oder Richtwerte für schädliche Umwelteinwirkungen, die nur eine Zielvorgabe festsetzen und sich nicht auf bestimmte, bauliche Vorkehrungen beziehen, ausscheidet.[216] Wenn also konkrete Grenzwerte nicht im Wege einer Festsetzung nach § 9 Abs. 1 Nr. 24 BauGB geschehen könnten, dann könnten im Umkehrschluss Solaranlagen vorgeschrieben werden. Dieser „Umkehrschluss" ist jedoch nach hier vertretener Auffassung so pauschal abzulehnen, erst recht mit Blick auf die Installation von Solaranlagen. Grenzwerte sind nach § 9 Abs. 1 Nr. 24 BauGB nicht festsetzbar, weil es hierfür einerseits spezielle Vorschriften gibt und andererseits auch die Alternativen von „Vorkehrungen" sprechen. Ein steter Grenzwert ist jedoch gerade keine Vorkehrung i. S. einer baulichen Maßnahme. Warum es im Umkehrschluss möglich sein soll, zwingend Solaranlagen vorzuschreiben, wird auch nicht näher begründet.

Vertreten wird von den Vertretern einer weiten Auslegung des § 9 Abs. 1 Nr. 24 BauGB auch, dass es möglich sein solle, Festsetzungen für die Wärmedämmung von Gebäuden zu treffen.[217] Hierbei wird wie folgt argumentiert: Eine Ablehnung dieser Möglichkeit mit der Begründung, dass Festsetzungen nach § 9 Abs. 1 Nr. 24 BauGB nur zur „Vermeidung oder Minderung von schädlichen Umwelteinwirkungen und sonstigen Gefahren im Sinne des Bundes-Immissionsschutzgesetzes" zulässig seien und deshalb

---

214 Vgl. *Kahl*, Klimaschutz durch die Kommunen – Möglichkeiten und Grenzen, ZUR 2010, S. 395 ff. (397).

215 *Ekardt/Schmitz/Schmidtke*, Kommunaler Klimaschutz durch Baurecht. Rechtsprobleme der Solarenergie und der Kraft-Wärme-Kopplung, ZNER 2008, S. 334 ff. (338).

216 BVerwG, NVwZ 1991, S. 881 ff.

217 *Schmidt*, Klimaschutz in der Bauleitplanung nach dem BauGB 2004, NVwZ 2006, S. 1354 ff. (1360 f.).

immer eine Verbesserung der örtlichen Umweltqualität bewirken müssten, ließe außer Acht, dass der Begriff „schädliche Umwelteinwirkungen" i. S. des § 3 Abs. 1 BImSchG auch die für Klimaveränderungen relevanten CO_2-Emissionen erfasse. Die Vorsorge gegen schädliche Umwelteinwirkungen erstrecke sich gemäß § 1 Abs. 1 BImSchG ausdrücklich auch auf die „Atmosphäre". Außerdem sei zu beachten, dass nunmehr nach § 1 Abs. 5 Satz 2 BauGB 2004 der globale Klimaschutz ein Planungsziel sei und dass die Bauleitplanung nach § 1 Abs. 6 Nr. 7 lit. f BauGB 2004 die Belange einer effizienten Energienutzung berücksichtigen solle. Zwar seien die Festsetzungsmöglichkeiten in § 9 Abs. 1 Nr. 24 BauGB ursprünglich nur für den Immissionsschutz im „klassischen" Sinn gedacht gewesen, etwa für den Einbau von Schallschutzfenstern, daraus könne aber nicht abgeleitet werden, dass mit den erweiterten Zielvorgaben in § 1 Abs. 5, Abs. 6 nur die Anwendung der ebenfalls neu in § 9 Abs. 1 BauGB 2004 eingefügten Nr. 23 lit. b und nicht auch Festsetzungen nach der (alten) Nr. 24 gerechtfertigt werden könnten. Eine solche Einschränkung widerspreche dem Wortlaut und dem Regelungscharakter der allgemeinen Zielvorgaben.[218]

Diese weitgehende Auslegung ist jedoch abzulehnen.

Nach § 9 Abs. 1 Nr. 24 BauGB bestehen für die Gemeinde Festsetzungsmöglichkeiten, um Vorkehrungen zum Schutz vor schädlichen Umwelteinwirkungen und sonstigen Gefahren i. S. d. Bundes-Immissionsschutzgesetzes treffen zu können bzw., um die Vermeidung oder Minderung solcher Einwirkungen zu erreichen. Schädliche Umwelteinwirkungen i. S. v. § 3 Abs. 1 BImSchG sind jedoch nur Immissionen, die nach Art, Ausmaß oder Dauer geeignet sind, Gefahren, erhebliche Nachteile oder erhebliche Belästigungen für die Allgemeinheit oder die Nachbarschaft herbeizuführen. Hier soll es also um unmittelbar spürbare Störungen gehen, nicht um die allgemeine Gefahr des Klimawandels.

Insbesondere ist auch der Verweis auf die Vorsorge in § 1 Abs. 1 BImSchG abzulehnen, da § 1 BImschG nur den „Zweck des Gesetzes" regelt. Für die Auslegung der baurechtlichen Vorschrift in § 9 Abs. 1 Nr. 24 BauGB kann die Vorschrift daher nicht oder nur bedingt herangezogen werden. Zudem würde sich bei einer sehr weiten Auslegung von § 9 Abs. 1 Nr. 24 BauGB, die Festsetzungen für die Wärmedämmung von Gebäuden für zulässig hält, wiederum die Frage stellen, ob nicht konkurrie-

---

218 *Schmidt*, Klimaschutz in der Bauleitplanung nach dem BauGB 2004, NVwZ 2006, S. 1354 ff. (1360 f.).

rende Vorschriften, insbesondere der EnergieEinsparVerordnung (ENEV), vorrangig sind, weil spezieller und jünger.

VII. „Mittelbare" Festsetzung – Ermöglichungsfestsetzung

Es kommen jedoch verschiedene, sog. mittelbar klimabegünstigende Festsetzungen in Betracht. Hierbei handelt es sich um Festsetzungen, die nicht unmittelbar wegen des Klimaschutzes erfolgen, aber ihn begünstigen. Wenn etwa zwingend bestimmte Dachneigungen festsetzbar sind, stehen diese Festsetzungen z. B. nicht im Widerspruch dazu, später Solarenergie zu nutzen. Achtet die Gemeinde nicht darauf, dass ihre Vorgaben hier „solarkompatibel" sind, kann dieses dazu führen, dass in der Gemeinde diese Technik keine Rolle spielt. Die Bebauung kann durch Verschattungen Photovoltaik uneffektiv und damit unattraktiv machen – auch hierauf kann die Gemeinde aktiv bei ihrer Planung achten. Von technischen Interessenvertretern wird das Problem der Verschattung wie folgt erläutert:

„Wird eine Solarzelle verschattet, kann sie keinen Strom produzieren. Fließt aber durch eine einzige Zelle kein Strom mehr, kann durch sämtliche mit ihr in Reihe geschalteten Zellen kein Strom mehr fließen. Man kann das mit dem sog. ‚Gartenschlaucheffekt' verdeutlichen: Wird ein Wasserschlauch an einer einzigen Stelle zugedrückt, kommt am Ende weniger oder gar kein Wasser mehr heraus."[219]

Auf Grund dieser Beschreibung wird deutlich, warum Verschattungen in der Planung zu vermeiden sind. Allgemein kann die Gemeinde natürlich auch durch hohen Grünflächenanteil einen Beitrag zum Klimaschutz leisten bzw. durch Bepflanzungen.

Kurz und knapp wird dieses in der Literatur abgehandelt, wobei es für zulässig gehalten wird, dieses pauschal mit dem Ziel des allgemeinen Klimaschutzes zu begründen. So heißt es z. B. in den aufzählenden Ausführungen von *Kahl*: „Unter Berufung auf den allgemeinen Klimaschutz können auch hierfür lediglich mittelbar relevante Festsetzungen erfolgen, insbesondere Festsetzungen von Freiflächen zur Ermöglichung einer optimalen Durchlüftung (§ 9 Abs. 1 Nr. 10 BauGB), von Grünflächen und Parkanlagen (§ 9 Abs. 1 Nr. 15 BauGB), von Wasserflächen (§ 9 Abs. 1 Nr. 16 BauGB),

---

219 Informationsblatt Nr. 29, März 2009 des Bundesindustrieverbandes Deutschland Haus-, Energie- und Umwelttechnik e. V (abgerufen am 4.3.2011 unter www.bdh -koeln.de).

von Waldgebieten (§ 9 Abs. 1 Nr. 18b BauGB), von Flächen zum Schutz, zur Pflege und zur Entwicklung von Boden, Natur und Landschaft (§ 9 Abs. 1 Nr. 20 BauGB) sowie von Vorgaben zur Bepflanzung von bestimmten Flächen (§ 9 Abs. 1 Nr. 25 BauGB)."[220]

Von größerer Bedeutung ist § 9 Abs. 1 Nr. 2 BauGB. Im Bebauungsplan können danach die Bauweise, die überbaubaren und die nicht überbaubaren Grundstücksflächen sowie die Stellung der baulichen Anlagen festgesetzt werden. Hier kann das oben erwähnte Problem einer „Verschattung" vermieden werden. In der Literatur wird auch auf die mögliche begrenzende Festsetzung der Gebäudehöhe nach § 9 Abs. 1 Nr. 1 BauGB und § 18 BauNVO verwiesen.[221] Auch durch die Begrenzung der Gebäudehöhe können natürlich Verschattungen vermieden werden.

Auch Bepflanzungen können, obgleich sie für sich gesehen dem Klima nutzen, Verschattungen verursachen. Nach § 9 Abs. 1 Nr. 25 BauGB kann die Gemeinde Anpflanzungen festsetzen. Hier sollte sie auf die Kompatibilität mit Solartechnik achten und Verschattungen vermeiden.

In der Rechtsprechung existiert hierfür noch kein Beispiel, aber die Gemeinde muss im Rahmen ihrer Abwägung auch darauf achten, dass sie das Interesse von Bauherrn, Erneuerbare Energien zu nutzen, ausreichend beachtet. Nach § 1 Abs. 6 Nr. 7 BauGB sind die Belange des Umweltschutzes zu beachten, nach lit f) fällt hierunter die Nutzung Erneuerbarer Energien sowie die sparsame und effiziente Nutzung von Energie. Es ergibt sich deshalb im Rahmen der Abwägung, dass Verschattungen durch andere Gebäude oder Bäume zu vermeiden sind.[222] Da es sich bei dem erwähnten Nutzungsinteresse der Bauherrn um einen allgemeinen Abwägungsbelang handelt, gilt dies nicht nur für spezielle Flächen, sondern allgemein. Insoweit ergänzen sich auch die Festsetzungsmöglichkeiten aus § 9 BauGB. Die bereits beschriebene Festsetzungsmöglichkeit nach § 9 Abs. 1 Nr. 23b BauGB kann

---

220 Vgl. *Kahl*, Klimaschutz durch die Kommunen – Möglichkeiten und Grenzen, ZUR 2010, S. 395 ff. (397), Bezug nehmend in seiner Fußnote auf eine Aufzählung bei *Ingold/Schwarz*, Städtebau- und Energiefachrecht, NuR 2010, S. 308 ff., wohl aber richtigerweise meinend die Aufzählung von *Ingold/Schwarz*, Klimaschutzelemente der Bauleitplanung, NuR 2010, S. 153 ff. (156 f.).

221 Vgl. *Söfker* in: Ernst/Zinkahn/Bielenberg/Krautzberger, BauGB, 106. Ergänzungslieferung 2012, § 1 Rn. 150.

222 Vgl. *Söfker* in: Ernst/Zinkahn/Bielenberg/Krautzberger, BauGB, 106. Ergänzungslieferung 2012, § 1 Rn. 150, wobei nicht deutlich wird, ob dieses für spezielle Flächen oder allgemein gelten soll.

ebenfalls ergänzend herangezogen werden, um (zumindest) zu erreichen, dass dem Einsatz Erneuerbarer Energien keine Hindernisse entgegenstehen.

VIII. Zusammenfassendes Fazit zu den baurechtlichen Festsetzungsmöglichkeiten

Zusammenfassend lässt sich zu den baurechtlichen Festsetzungsmöglichkeiten sagen, dass der „Örtlichkeitsbezug" und das „Erfordernis städtebaulicher Gründe" Festsetzungen nicht entgegen stehen sollten. Dennoch gibt es Schwierigkeiten für die Praxis bei den Möglichkeiten zur Festsetzung, die Rechtslage macht es den Städten und Gemeinden unnötig schwer.

§ 9 Abs. 1 Nr. 23a BauGB erlaubt zwar grundsätzlich die Festsetzung sog. Verbrennungsverbote, die Reichweite des Anwendungsbereiches ist aber umstritten. Einerseits wird betont, die Vorschrift diene speziell dem städtebaulichen Immissionsschutz auf örtlicher Ebene. Andererseits wird pauschal auf Grund des neuen Planungsleitsatzes der nachhaltigen städtebaulichen Entwicklung ein von der Gemeinde für sinnvoll gehaltener „Ausstieg" aus dem Öl und eine Bevorzugung erneuerbarer Energieträger für zulässig gehalten. Praktisch ist die Bedeutung wohl gering, da auf Grund des Bestandsschutzes die Festsetzung eines Verbrennungsverbotes ohnehin nur für neue Bebauungsgebiete in Betracht kommt.

Bei § 9 Abs. 1 Nr. 23b BauGB ist das Verhältnis der Vorschrift zum EE-WärmeG allerdings unklar. Ausgehend von der These, dass die Vorschrift neben dem EEWärmeG dennoch den Kommunen eigene Vorschriften erlaubt, bleiben aber Begründungsprobleme für die Festsetzung in der Praxis. Eine konkrete Festsetzung bedarf einer näheren Betrachtung in der Abwägung und der Verhältnismäßigkeit im Einzelfall.

Im Rahmen des § 9 Abs. 1 Nr. 24 BauGB können bauliche oder technische Vorkehrungen zur Vermeidung oder Minderung zum Schutz vor schädlichen Umwelteinwirkungen und sonstigen Gefahren festgesetzt werden. Eine weitgehende Auslegung der Vorschrift dahingehend, dass es möglich sein sollte, hierauf basierend Festsetzungen für die Wärmedämmung von Gebäuden zu treffen, ist aber abzulehnen. Die Vorschrift soll ihrem Charakter nach Festsetzungen gegen unmittelbar spürbare Störungen ermöglichen, nach dem Wortlaut geht es um schädliche Umwelteinwirkungen. § 9 Abs. 1 Nr. 24 BauGB ermöglicht aber insbesondere „mittelbare Festsetzungen" zu Gunsten des Klimaschutzes. Diese mittelbaren Festsetzungen sind wohl für die Praxis besonders sinnvoll und auch am ehesten handhabbar. Im Bebauungsplan können danach die Bauweise, die überbaubaren und die nicht überbaubaren Grundstücksflächen sowie die Stellung der baulichen Anlagen festgesetzt werden. Durch gezielte Festsetzungen können Verschattungen vermieden werden, die die Effizienz von Solaranlagen mindern. Auch durch die Begrenzung der Gebäudehöhen auf Grundlage von § 9 Abs. 1 Nr. 1 und § 18 BauNVO können natürliche Verschattungen vermieden werden. Dabei ist nach hier vertretener Auffassung in der Zukunft im Rahmen der Abwägung in besonderem Maße zu berücksichtigen, dass viele Eigentümer ein Interesse daran haben, dass Bebauungen nicht zu Effizienz mindernden Verschattungen für solare Anlagen führen.

C. Klimaschutz in der Umweltprüfung/dem Umweltbericht nach dem BauGB

I. Allgemeines

Seit dem Europarechtsanpassungsgesetz Bau 2004 existiert die Erforderlichkeit einer sog. Umweltprüfung.[223] Bis zum 31.7.2004 musste damals die Richtlinie 2001/42 EG über die Prüfung der Umweltauswirkungen bestimmter Pläne und Programme (Plan-UP-Richtlinie) umgesetzt werden. Art. 1 der Richtlinie nennt ihre Zielsetzung, nämlich die stärkere Einbeziehung von Umwelterwägungen bei der Ausarbeitung und Annahme von Plänen durch das Erfordernis einer Umweltprüfung.

Die Umweltprüfung entfaltet keine unmittelbaren Rechtswirkungen. Sie ist Teil des Verfahrens in der Bauleitplanung. § 2 Abs. 4 S. 1 BauGB schreibt das Verfahren der Umweltprüfung vor, um die Belange des Umweltschutzes nach § 1 Abs. 6 Nr. 7 und § 1a BauGB zu ermitteln. Abgesehen von der Aufstellung bestandswahrender Bebauungspläne werden allerdings nun alle Bebauungspläne einer Umweltprüfung unterzogen, die Prüfung wird somit selbstverständlicher Bestandteil des Planungsprozesses.[224] Nur im vereinfachten Planungsverfahren bedarf es nach § 13 Abs. 3 BauGB weder einer Umweltprüfung noch eines Umweltberichtes.

---

223 Zu ihrer Rolle: *Krautzberger/Stüer*, Städtebaurecht 2004: Umweltprüfung und Abwägung. Vom schlichten Wegwägen zum Grundsatz der nachhaltigen Trauerarbeit, in DVBL 2004, S. 914 ff.

224 *Battis/Krautzberger/Löhr*, Die Änderungen des Baugesetzbuchs durch das Europarechtsanpassungsgesetz Bau, NJW 2004, S. 2553, 2554.

Die Prüfung mündet dann in einen „Umweltbericht". Dem Umweltbericht kommt daher eine wichtige Bedeutung innerhalb der bauplanerischen Abwägung zu, dies gilt somit auch für die festgestellten Belange des Klimas. Dies regelt das BauGB klar in § 2 Abs. 4 Satz 4 BauGB, wonach das Ergebnis der Umweltprüfung in der Abwägung zu berücksichtigen ist. Der Umweltbericht bildet nach § 2a Satz 3 BauGB einen gesonderten Teil der Begründung für den Entwurf des Bauleitplans. Der Umweltbericht kann auch hilfreich sein, kommunale Planungskonzepte und Klimaschutzkonzepte zu unterstützen. Die Umweltprüfung sieht die Arbeitsschritte Ermittlung, Beschreibung und Bewertung des Abwägungsmaterials vor und gewährleistet damit die Voraussetzungen für die Abwägungsentscheidung.

In Anlage 1 zum BauGB werden Vorgaben für den Umweltbericht gemacht, die Rückschlüsse auf die Inhalte einer Umweltprüfung zulassen. Die Beschreibung und Bewertung der Umweltauswirkungen nach der Umweltprüfung beginnen nach Nr. 2a) der Anlage zunächst mit einer Bestandsaufnahme der einschlägigen Aspekte des derzeitigen Umweltzustands, einschließlich der Umweltmerkmale der Gebiete, die voraussichtlich erheblich beeinflusst werden.

Nach Nummer 2b) der Anlage 1 zum BauGB muss dann eine Prognose über die Entwicklung des Umweltzustands bei Durchführung der Planung und bei Nichtdurchführung der Planung dargelegt werden. Nach Nummer 2c sind die geplanten Maßnahmen zur Vermeidung, Verringerung und zum Ausgleich der nachteiligen Auswirkungen darzustellen, nach Nummer 2d sind in Betracht kommende anderweitige Planungsmöglichkeiten zu skizzieren. Hierzu ist ein objektiver Maßstab anzulegen, die Planungsalternativen müssen aber vernünftigerweise in Betracht kommen.

II. Bewertung

Es handelt sich bei der Umweltprüfung und dem Umweltbericht also keineswegs nur um „Lyrik für die Umwelt", die beim Beschluss des Bauleitplanes vom Kommunalorgan Rat zur Kenntnis genommen wird, sondern um hartes und echtes Abwägungsmaterial. Das Gesetz selbst sieht auch die Gefahr des Vergessens der Umweltbelange auf Dauer, selbst wenn ihnen in der Planbegründung ausreichend Gewicht eingeräumt wurde. § 4c BauGB enthält das Instrument des sog. „Monitorings". Die Kommunen müssen also überwachen, ob und inwieweit erhebliche unvorhergesehene Umweltauswirkungen infolge der Durchführung ihrer Planung eintreten. Es handelt sich unmissverständlich um eine Rechtspflicht, die Entwicklung der Umweltbelange zu verfolgen. Will eine Kommune demnach konsequent Klimaschutz betreiben, so bieten Umweltprüfung, Umweltbericht und Monitoring hierfür gesetzlich geregelte Instrumente.

Zu den in der Umweltprüfung zu ermittelnden Belangen des Umweltschutzes nach § 1 Abs. 6 Nr. 7 BauGB und § 1a BauGB gehören, wie bereits ausgeführt, nach § 1 Abs. 6 Nr. 7a und nach § 1a Abs. 5 BauGB die Auswirkungen auf das Klima.

Mithin kann und muss im Rahmen der Umweltprüfung eine Ermittlung stattfinden, wie sich die jetzige Bebauung auf das Klima auswirkt (vgl. Anlage 1 zum BauGB Nr. 2a – „Bestandsaufnahme der einschlägigen Aspekte des derzeitigen Umweltzustands". Es ist dann eine Prognose zu treffen, wie sich die neue Planung auf das Klima auswirkt. In der Literatur wird dieses allerdings nicht für das allgegenwärtige Instrument der Bauleitplanung in den Kommunen diskutiert, sondern für die im Fachrecht notwendigen Umweltverträglichkeitsprüfungen.[225] Die Umweltprüfung wirkt wie ein vergessenes Instrument, obgleich sie eben regelmäßig bei der Bauleitplanung stattzufinden hat. Es findet sich lediglich der Hinweis in der Literatur, dass „Integrierte Klimaschutz- und Energiekonzepte" erfolgen sollten, die als Grundlage für die Berücksichtigung klimatischer und energetischer Belange bei der Umweltprüfung herangezogen werden könnten.[226]

Die Kommune kann also Klimaschutz gut im bestehenden Bauplanungsrecht verankern. Sie kann mit dem Instrument des Monitorings regelmäßig überprüfen, ob die Bebauung der Planung gerecht wird. Die Kommune sollte bei der Umweltprüfung konkret errechnen lassen, wie viel Treibhausgasemissionen durch die aktuelle Bebauung entstehen und wie viele Emissionen durch die künftige Bebauung entstehen können bzw. vermieden werden können. Im Rahmen des Monitorings kann dies dann überprüft werden.

---

225 *Würtenberger*, Der Klimawandel in den Umweltprüfungen, ZUR 2009, S. 171 ff.
226 *Mitschang*, Die Belange von Klima und Energie in der Bauleitplanung, NuR 2008, S. 601 ff. (612).

D. Klimaschutzbelange in der bauleitplanerischen Abwägung

I. Grundsätzliches zur Abwägung

Das in zahlreichen Werken thematisierte Abwägungsgebot kann und soll hier nur in seinen Grundsätzen dargestellt werden. Die Abwägung ist das „Herz" der Bauleitplanung und das „Herz" der kommunalen Selbstverwaltung. Im BauGB findet sie ihre Regelung in § 1 Abs. 7 BauGB, danach sind bei der Aufstellung der Bauleitpläne die öffentlichen und privaten Belange gegeneinander und untereinander gerecht abzuwägen. *Krautzberger* betont, das Abwägungsgebot sei entwickelt worden, um der unterschiedlichen rechtlichen Struktur des Planungsrechts gegenüber anderen verwaltungsrechtlichen Normen Rechnung zu tragen.[227] Er und weitere Stimmen in der Literatur[228] verweisen auf den Unterschied von Planungsrechtsnormen zu (herkömmlichen) Verwaltungsrechtssätzen, die eine abstrakt-generelle Regelung darstellten und sich durch ein „Konditionalprogramm" kennzeichneten. Das BauGB programmiere dagegen die Bauleitplanung durch Planungsgrundsätze sowie durch Verfahrens- und Organisationsregelungen. Die Entscheidungen über den Inhalt der Bauleitplanung treffe es jedoch nicht. Der Inhalt der Planung komme erst in der planerischen Zielkonkretisierung und in den Abstimmungsvorgängen der Planung zur Entscheidung. Planungsrechtsnormen steuerten daher das Verwaltungshandeln weniger konditional als vielmehr instrumental und final. Die Bauleitplanung werde dabei v. a. durch das Gebot zur gerechten Abwägung „final" programmiert.[229] Die Anforderungen an das Gebot der gerechten Abwägung aus der Rechtsprechung werden anerkanntermaßen zusammengefasst: Das Gebot gerechter Abwägung ist verletzt, wenn eine (sachgerechte) Abwägung überhaupt nicht stattfindet. Des Weiteren ist es verletzt, wenn in die Abwägung an Belangen nicht eingestellt werde, was nach Lage der Dinge in sie eingestellt werden muss. Ferner ist es verletzt, wenn die Bedeutung der betroffenen privaten Belange verkannt wird oder wenn der Ausgleich zwischen den

---

227 *Krautzberger* in: Battis/Krautzberger/Löhr, Baugesetzbuch, 11. Aufl. 2009, § 1 Rn. 87.
228 Insbesondere *Söfker* in: Ernst/Zinkahn/Bielenberg/Krautzberger, BauGB, 106. Ergänzungslieferung 2012, § 1 Rn. 181 und *Stüer*, Handbuch des Bau- und Fachplanungsrechts, 4. Aufl. 2009, Rn. 1310 ff.
229 *Krautzberger* in: Battis/Krautzberger/Löhr, Baugesetzbuch, 11. Aufl. 2009, § 1 Rn. 89.

von der Planung berührten öffentlichen Belangen in einer Weise vorgenommen wird, der zur objektiven Gewichtigkeit einzelner Belange außer Verhältnis steht.[230] Dies wird der Grundsatzrechtsprechung des Bundesverwaltungsgerichts aus dem Jahre 1969 entnommen.[231]

II. Klimaschutz in der Abwägung

Fraglich ist, welche Anforderungen an den Umgang mit dem Klimaschutz in der bauleitplanerischen Abwägung bestehen, immerhin hat der Gesetzgeber den Klimaschutz durch die Klimaschutznovelle 2011 gestärkt. § 1a Abs. 5 Satz 1 BauGB erklärt in seinem Wortlaut, den Erfordernissen des Klimaschutzes solle sowohl durch Maßnahmen, die dem Klimawandel entgegenwirken, als auch durch solche, die der Anpassung an den Klimawandel dienen, Rechnung getragen werden. In § 1a Abs. 5 Satz 2 BauGB wird ausdrücklich auf die Abwägung Bezug genommen, es heißt dort, der Grundsatz nach Satz 1 sei in der Abwägung nach § 1 Abs. 7 BauGB zu berücksichtigen.

Portz betont, für Zielkonflikte enthalte auch die neue Klimaschutznovelle 2011 des BauGB keine vorrangige Berücksichtigung der Klimaschutzbelange.[232] Er verweist dabei auf *Krautzberger/Stüer*.[233] Die Gewichtung der Belange „Klimaschutz und Anpassung an den Klimawandel" hinge stets vom Einzelfall ab. Es sei daher auch nicht erforderlich, dass Städte und Gemeinden z. B. bei geringen Änderungen in Bauleitplänen stets Klimagutachten in Auftrag geben. Dennoch seien sie gehalten, ihre planerischen Auswirkungen auf den Klimaschutz zu prüfen und zu ermitteln. Bliebe diese Prüfung aus, liege ein Abwägungsfehler vor. Hierbei beruft er sich auf *Ot-*

---

230 *Krautzberger* in: Battis/Krautzberger/Löhr, Baugesetzbuch, 11. Aufl. 2009, § 1 Rn. 93, ebenso *Söfker* in: Ernst/Zinkahn/Bielenberg/Krautzberger, BauGB, 106. Ergänzungslieferung 2012, § 1 Rn. 185; *Stüer*, Handbuch des Bau- und Fachplanungsrechts, 4. Aufl. 2009, Rn. 1527.

231 BVerwG, Urt. v. 12.12.1969 – IV C 105.66 = BVerwGE 34, 301.

232 *Portz*, Die BauGB-Klimaschutznovelle 2011: Eine Darstellung der Schwerpunkte, Die Gemeinde 2011, S. 226 ff. (226).

233 *Krautzberger/Stüer*, Neues Städtebaurecht des Bundes aus Gründen des Klimaschutzes, BauR 2011, S. 1416 ff. Sie benennen kurz, dass es z. B. zu Zielkonflikten zwischen dem Klimaschutz, der städtebaulichen Gestaltung und dem Erscheinungsbild, dem Ortsbild, dem Denkmalschutz oder den Eigentümerinteressen kommen könne, wobei das Gesetz keine vorrangige Berücksichtigung der Klimaschutzbelange für die Abwägung anordne.

ting.[234] Dieser betont, mit den neuen Regelungen erhalte der Klimaschutz den ihm angemessenen Stellenwert in der Abwägung. Zwar sei daran zu erinnern, dass keiner der in die Abwägung einzustellenden Belange absoluten Vorrang beanspruchen könne. Ebenso wie generell ermittelte Umweltbelange abhängig von ihrem Gewicht im Einzelfall durch gewichtigere andere städtebauliche Belange „weggewogen" werden könnten, könne der Belang des Klimaschutzes auch ggf. zurücktreten. Allerdings müsse die planende Gemeinde Klimaschutzziele künftig ihrer objektiven und vom Gesetzgeber intendierten Bedeutung entsprechend berücksichtigen, die Auswirkungen der Planung auf den Klimaschutz überhaupt erst einmal ermitteln und geeignete Maßnahmen zum Klimaschutz planerisch prüfen. Bleibe diese Prüfung von vornherein aus, liege ein Abwägungsfehler vor.[235]

Bunzel betont, in formaler Hinsicht ordneten sich die Belange des Klimaschutzes und der Klimaanpassung in die Umweltprüfung ein. Die Belange sollten deshalb im Umweltbericht ausdrücklich angesprochen werden. Auf diese Weise könne die Bedeutung der Belange transparent gemacht und damit die Entscheidungsgrundlage verbessert werden. Die Novelle bringe allerdings keine zusätzlich formalen Hürden. Die Kommunen könnten auf ihrer bisherigen Praxis aufsetzen.[236]

Mitschang indes betont, mit der Stärkung der Belange des Klimaschutzes und der Erweiterung der Festsetzungsmöglichkeiten sei die Möglichkeit, einer inhaltlich deutlich mehr klimaschutzorientierten Bauleitplanung Rechnung zu tragen, geschaffen worden, dies bedeute aber auch, dass es einer stärkeren Auseinandersetzung mit anderen Anforderungen an die Bauleitplanung bedürfe, was sich auch in einer nachvollziehbaren Dokumentation zur Planbegründung wiederfinden müsse.[237]

Stüer verweist darauf, dass kommunale Klimaschutzkonzepte hilfreich für die Abwägung seien. Ein von der Gemeinde beschlossenes Klimaschutz- oder Energiekonzept sei zwar nicht ausdrücklich in § 1 Abs. 6 Nr. 11 BauGB

---

234 *Otting*, Klimaschutz durch Baurecht – Ein Überblick über die BauGB-Novelle 2011. REE 2011, S. 125 ff.
235 *Otting*, Klimaschutz durch Baurecht – Ein Überblick über die BauGB-Novelle 2011. REE, S. 125 ff. (126).
236 *Bunzel*, Das Planspiel zur BauGB-Novelle 2011 – Neuerungen für eine klimagerechte Stadtentwicklung, ZfBR 2012, S. 114 ff. (116). Er betont besonders, dass auch Maßnahmen erwähnt werden, die der Anpassung an den Klimawandel dienen.
237 *Mitschang*, Die Auswirkungen der Klimaschutznovelle auf die kommunale Bauleitplanung, DVBL 2012, S. 134 ff. (139).

aufgenommen worden, wie es der Bundesrat angeregt habe, als Abwägungselement könnten derartige Konzepte jedoch von Bedeutung sein.[238]

Auch *Wagner* betont, der Klimaschutz sei daher grundsätzlich ein Belang unter vielen anderen; ihm komme kein hervorgehobenes rechtliches Gewicht im Rahmen der bauleitplanerischen Abwägung zu.[239] Sprachlich zu sehr verkürzt erscheint ihm daher die Formulierung im besonderen Teil der Gesetzesbegründung[240] im Rahmen der Klimaschutznovelle 2011 des BauGB, in der es heiße, dass der Klimaschutz bei der Aufstellung von Bauleitplänen „verstärkt" zu berücksichtigen sei. Im Allgemeinen Teil der Gesetzesbegründung werde genauer formuliert, indem dieser von einer „Stärkung des Anliegens" der klimagerechten Stadtentwicklung spreche. Eine neue rechtliche Qualität eines vorrangigen Abwägungsbelanges entstehe jedoch nicht. Wenn in der Begründung von einer „Stärkung" gesprochen werde, dann sei dies in einem faktischen Sinne, sich mit dem Klimaschutzbelang auch tatsächlich planerisch auseinanderzusetzen und diesen umzusetzen, zu verstehen.[241]

Indes ist zu fragen, wie Kommunen den Anforderungen an eine ordnungsgemäße Abwägung in der Praxis gerecht werden können und müssen. Durch die nunmehr ausdrückliche und klare Pflicht, sich mit Maßnahmen zum Klimaschutz auseinanderzusetzen und diese in der Abwägung mit zu bedenken, ergeben sich mindestens erhöhte Aufmerksamkeitspflichten. Die Gemeinden sollten in den Abwägungsbegründungen zu erkennen geben, dass sie sich ernsthaft mit den Belangen des Klimaschutzes und der Klimawandelanpassung auseinandergesetzt haben. Andernfalls ist nach den allgemeinen Abwägungsgrundsätzen davon auszugehen, dass der Belang des Klimaschutzes nicht richtig ermittelt oder gewichtet worden ist – mit der Folge eines rechtswidrigen Bauleitplanes.[242] Klimaschutzkonzepte dürften dieses erheblich erleichtern, sie können Daten liefern und v. a. können sie ein Gesamtkonzept zur Reduzierung klimaschädlicher Emissionen vorgeben,

---

238 *Stüer/Stüer*, Die BauGB-Klimanovelle und das Energiefach- und -finanzierungsrecht 2011, DVBl 2011, S. 1117/ff.
239 *Wagner* in: Ernst/Zinkahn/Bielenberg/Krautzberger, BauGB, 106. Ergänzungslieferung 2012, § 1a Rn. 284, Rn. 285.
240 *Wagner* zitiert hier die BR-Drs. 344/11, S. 18.
241 *Wagner* in: Ernst/Zinkahn/Bielenberg/Krautzberger, BauGB, 106. Ergänzungslieferung 2012, § 1a Rn. 284, Rn. 285.
242 Ohne konkreten Bezug auf die baurechtliche Abwägung siehe auch *Attendorn*, Die Belange des Klimaschutzes nach Fukushima und der Energiewende, NVwZ 2012, S. 1569 ff. (1573).

auf das Bezug genommen werden kann. Auch *Wagner* verweist darauf, dass ein zuvor aufgestelltes gemeindliches Klimaschutzkonzept zum Bestandteil der Umweltprüfung werden könne, das alle entsprechenden Aktivitäten der Gemeinde zusammenfasse und miteinander vernetze. Aus städtebaulicher Sicht stelle ein solches Konzept eine sog. „informelle" Planung i. S. v. § 1 Abs. 6 Nr. 11 BauGB dar.[243]

In jedem Fall wird die Kommune im Rahmen einer Abwägung der Belange nicht allein pauschale Ausführungen zum Klimaschutz machen können, dies würde den Belang des Klimaschutzes nicht ausreichend würdigen. Es ist davon auszugehen, dass die Rechtsprechung bestimmte Anforderungen an die Datengrundlagen für die Abwägung zum Klimaschutz einfordern wird, mit einer bloßen Alibi-Beschäftigung mit dem Klimaschutz wird die ordnungsgemäße Abwägung hingegen nicht getan sein. Fundierte Klimaschutzkonzepte[244] können hierzu einen Beitrag leisten. Kommunen, die solche nicht erstellen, müssen anderweitig darlegen, dass sie sich mit der Thematik ausreichend auseinandergesetzt haben. In der Literatur finden sich dahingehend bereits erste Andeutungen. Zwar habe sich der Gesetzgeber gegen eine ausdrückliche Aufnahme von Klimaschutzkonzepten in das BauGB entschieden, sie könnten als Abwägungselemente eine entscheidende Rolle spielen.[245]

Der Klimaschutz dürfte somit faktisch gestärkt worden sein, ohne dass es eines rechtlichen Vorranges in der Abwägung bedurfte.

---

243 *Wagner* in: Ernst/Zinkahn/Bielenberg/Krautzberger, BauGB, 106. Ergänzungslieferung 2012, § 1a Rn. 284, Rn. 289 ff.
244 Der Bundesrat hatte eine Erwähnung in § 1 Abs. 6 Nr. 11 BauGB angeregt. In der Bt-Drs. 17/6253, Anlage 3 heißt es: Für die Umsetzung der Energiewende vor Ort kommt kommunalen Klimaschutz- oder Energiekonzepten – als wichtige Entscheidungsgrundlage für die kommunale (Bauleit-)Planung – eine herausragende Bedeutung zu, denen daher – so auch der Gesetzentwurf in der Begründung (S. 14, 20) – ein stärkeres rechtliches Gewicht gegeben werden soll. Dem dient die Hervorhebung als Abwägungsdirektive in § 1 Absatz 6 Nummer 11. Die Aufstellung von kommunalen Klimaschutz- oder Energiekonzepten ist freiwillig.".
245 So *Stüer/Stüer*, Die BauGB-Klimanovelle und das Energiefach- und- finanzierungsrecht 2011, DVBl. 2011, S. 1117 ff.

E. Recht des Einzelnen an der klimagerechten Bauleitplanung

I. Subjektives Recht auf Klimaschutzplanung?

Während der Klimaschutz immer wieder, wie aufgezeigt, im Rahmen der Abwägung als Zielkonflikt beschrieben wird, ist bisher noch nicht gefragt worden, ob und inwieweit Bürger hierauf einen Anspruch haben. Nach der vorherrschenden Schutznormtheorie besteht ein subjektiv-öffentliches Recht dann, wenn eine Norm zumindest auch den Individualinteressen des Bürgers dient, auch wenn sie grundsätzlich immer im öffentlichen Interesse erlassen wird.[246] In Bezug auf einen Anspruch auf planerisches Tätigwerden erscheint die Antwort zunächst leicht:

Nach dem historischen deutschen Verständnis geschehen Rechtsetzung und Normsetzung zunächst aus objektiven Gründen und es besteht auf ein Tätigwerden kein subjektiver Anspruch. § 1 Abs. 3 Satz 2 BauGB bringt dieses Verständnis zum Ausdruck, wenn es darin heißt: „Auf die Aufstellung von Bauleitplänen und städtebaulichen Satzungen besteht kein Anspruch; ein Anspruch kann auch nicht durch Vertrag begründet werden." Die Vorschrift soll auch zum Ausdruck bringen, dass die Aufstellung von Bebauungsplänen ausschließlich in Wahrnehmung öffentlicher Belange erfolgt.[247] In der Literatur wird der Grundsatz angebracht, dass Verstöße gegen objektives Recht nicht gerichtlich geltend gemacht werden können. Dies wird auch für Schutzvorschriften zum Klimaschutz vertreten, hier wird explizit ausgeführt, diese dienten ausschließlich dem Allgemeininteresse an der Bewahrung der natürlichen Lebensgrundlagen.[248] Allerdings wird auch argumentiert, dass wenn es einer Regelung wie § 1 Abs. 3 Satz 2 BauGB bedürfe, zeige dieses, dass ein Anspruch auf Normsetzung nicht grundsätzlich auszuschließen sei.[249]

Dass im Grundsatz kein Anspruch auf einen Normenerlass für den Bürger besteht, bedeutet aber zugleich juristisch auch, da es sich nur um einen

---

246 Vgl. *Maurer*, Allgemeines Verwaltungsrecht, 17. Aufl. § 8 Rn. 8.

247 Vgl. *Gusy*, Zulässigkeit gemeindlicher Verpflichtungen zum Erlass oder zum Nichterlaß eines Bebauungsplans?, BauR 1981, S. 164 ff. zum damaligen § 2 VII BauGB.

248 *Koch*, Die Verbandsklage im Umweltrecht, NVwZ 2007, S. 369 ff. (369).

249 *Fonk*, Das subjektiv-öffentliche Recht auf ordnungsgemäße Luftreinhalteplanung, NVwZ 2009, S. 69 ff. (72).

Grundsatz handelt, dass Ausnahmen in Betracht kommen.[250] Unterschieden werden kann danach, ob der Bürger den erstmaligen Erlass einer Norm begehrt, die Ergänzung bestehender Regelungen oder eine grundlegende Veränderung eigentlich abschließender Regelungen.[251] In Betracht kommen solche Ansprüche in Ausnahmefällen, unter Berücksichtigung der „allgemeinen Schutzgehalte der Grundrechte" und bei einem „ausdrücklichen Verfassungsauftrag".[252] Wenn ein bestehendes begünstigendes Gesetz gegen den Gleichbehandlungsgrundsatz aus Art. 3 GG verstoße, bestehe ein Anspruch auf „gesetzgeberische Gestaltung". Das bestehende Gesetz wird für verfassungswidrig erklärt, der Gesetzgeber kann ein neues Gesetz schaffen, er kann es aber auch unterlassen, die Begünstigung erneut zu gewähren und sie gänzlich streichen.[253] Näheres soll hier auf Grund der spezielleren Thematik nicht näher dargestellt werden. Fraglich soll vorliegend v. a. sein, ob der Bürger „klimafreundliche" Bauleitpläne verlangen kann oder ob er sogar die Durchführung einer Umweltprüfung einfordern kann.

Einen Anspruch des Einzelnen auf „Klimaschutzplanung" abzulehnen, erscheint neben den allgemeinen Grundsätzen auch deshalb einfach, weil selbst eine konkrete Klimaschutzmaßnahme nie konkret einem Einzelnen Vorteile bringen kann. Dies gilt auch, wenn jemand grundsätzlich durch mögliche Folgen des Klimawandels Schaden erlangt. Dies lässt sich anhand des selbst gewählten folgenden Kurzbeispiels verdeutlichen. Ein Bürger kann in einem Gebiet leben, das infolge des Klimawandels (stärker) durch Hochwasser bedroht werden könnte. Er wird ein Interesse daran haben, dass der globale Klimawandel möglichst noch eingeschränkt wird, um auch ggf. etwaige Risiken für ihn zu verringern. Eine Klimaschutzmaßnahme durch Einsparung von Emissionen in seiner Gemeinde ist ein Beitrag hierzu, allerdings dient sie dem globalen Klimaschutz, sie kann also kaum unmittelbar die Folgen für den Bürger abmindern. Diese lassen sich nur abmindern, wenn weltweit die Emissionen sinken. Der Bürger kann also auch nicht geltend machen, dass eine konkrete Maßnahme ihm hilft. Es besteht also das Dilemma, dass nur ein Handeln vieler hilft, die Folgen des Klimawandels zu lindern, einzelne Maßnahmen aber nur einen sehr geringen Anteil daran haben.

---

250 Grundlegend hierzu: *Eisele*, Subjektive öffentliche Rechte auf Normerlaß, Berlin 1999.

251 *Eisele*, Subjektive öffentliche Rechte auf Normerlaß, Berlin 1999, S. 106.

252 *Eisele*, Subjektive öffentliche Rechte auf Normerlaß, Berlin 1999, S. 126.

253 *Eisele*, Subjektive öffentliche Rechte auf Normerlaß, Berlin 1999, S. 128.

Und dennoch gibt es für den Einzelnen zumindest ein „Einfallstor", den Klimaschutz geltend zu machen, wenn etwa im Rahmen der Umweltprüfung der Klimaschutz seiner Meinung nach nicht ausreichend berücksichtigt wird.

Die Umweltprüfung ist aber Bestandteil der Abwägung der Bauleitplanung und ist für diese Abwägung maßgeblich. Abwägung und Umweltprüfung stehen daher in engem Zusammenhang. Ohne nähere Begründung wird daher auch ein Anspruch auf die Durchführung der Umweltprüfung angenommen mit Blick auf deren Funktion in der Abwägung. Gierke formuliert hier kurz und leider ohne nachfolgende Vertiefung: „Auf die Durchführung der UP haben Betroffene einen verfahrensrechtlichen Anspruch, soweit auch deren Belange von den Umweltauswirkungen des Plans berührt werden können. Dies folgt bereits daraus, dass die UP Bestandteil des Abwägungsvorgangs ist und insoweit ein Recht auf Abwägung besteht."[254] Gemeint ist hier wohl, da der Verweis auf das „Recht auf Abwägung" erfolgt, dass im Rahmen eines Normenkontrollverfahrens die Antragsbefugnis nach § 47 Abs. 2 VwGO angenommen werden kann.[255] Es besteht also ein nachträgliches Kontrollrecht. Es existiert insoweit eine langjährige Rechtsprechung des Bundesverwaltungsgerichts[256], dass planungsrechtliche Abwägungsvorschriften, bei denen öffentliche und private Belange im Rahmen der Abwägung zu berücksichtigen sind, drittschützende Wirkung haben. Diese Normen sind nach dieser Rechtsprechung daher „Schutznormen", die nicht nur dem öffentlichen Interesse, sondern auch den privaten Belangen zu dienen bestimmt sind.[257] Der Bürger, der folglich ein subjektives Recht auf angemessene Berücksichtigung seiner privaten Belange hat, kann dieses Recht gerichtlich geltend machen. Er ist nach § 47 Abs. 2 VwGO bereits dann antragsbefugt, wenn er geltend machen kann, dass ein abwägungsrelevanter privater Belang in der Abwägung nicht hinreichend berücksichtigt worden ist.[258]

Fraglich ist aber, ob irgendein Abwägungsbelang genügt oder ob es eines Abwägungsbelanges bedarf, dessen stärkere Berücksichtigung dem Bürger

---

254 *Gierke* in: Brügelmann, Baugesetzbuch, § 2, Rn. 234 (Stand: 63. Lfg. 2007).

255 Insoweit zum „Recht auf Abwägung": *Stüer*, Bau- und Fachplanungsrecht, 4. Aufl. 2009, Rn. 1643.

256 Insbesondere: BVerwG, Urt. v. 24.9.1998 – 4 CN 2.98, = BVerwGE 107, 215 = DVBl 1999, S. 100 ff.

257 Vgl. *Muckel*, Die fehlgeschlagene Einschränkung der Antragbefugnis bei der Normenkontrolle von Bebauungsplänen, NVwZ 1999, S. 963 ff.

258 *Gerhardt/Bier* in: Schoch/Schmidt-Aßmann/Pietzner, Verwaltungsgerichtsordnung, 20. Ergänzungslieferung 2010, § 47, Rn. 61a.

unmittelbar Vorteile gebracht hätte? Es bedarf eines „privaten Belangs". Ein gesetzlich festgelegter Katalog privater Belange existiert nicht,[259] ebenso existiert auch kein Katalog der öffentlichen Belange.[260] Das Klima wird bei den Umweltbelangen erwähnt in § 1 Abs. 6 Nummer 7a BauGB. Diese werden nicht als private Belange verstanden. Allerdings wird zutreffend darauf hingewiesen, dass sich das Recht auf Abwägung auch auf die Umweltbelange beziehe. Habe eine Planung erhebliche Auswirkungen auf die Umwelt und seien zugleich private Belange betroffen, so könnten die Betroffenen neben den privaten Belangen auch die Nichtberücksichtigung der Umweltbelange geltend machen.[261]

Der Bürger kann also ggf. im Wege einer Normenkontrolle nachträglich überprüfen lassen, inwieweit die Umweltprüfung gar nicht oder mangelhaft durchgeführt wurde, aber nur dann, wenn er private Belange geltend machen kann. Allein die Rüge, dass Klimaschutzbelange nicht ausreichend gewürdigt seien, dürfte daher nicht ausreichen. In der Praxis dürften sich aber auch immer private Belange finden, die der Bürger zumindest für eine Antragsbefugnis nach § 47 Abs. 2 VwGO vortragen kann. Denkbar wäre auch ein Verständniswandel, der aber derzeit nicht abzusehen ist, dahingehend, Klimaschutz auch als privaten Belang anzusehen. Dies würde dazu führen, dass eben auch Einzelne den Klimaschutz als Individualrecht geltend machen könnten, wenn sie abstrakt von den Folgen des Klimawandels betroffen sein könnten. Hierfür spricht die Grundannahme, dass Klimaschutz nicht erfolgt, um dem Klima zu helfen, sondern um den Menschen vor den Folgen des Klimawandels zu verschonen.

II. Verständniswandel durch die „Feinstaub-Rechtsprechung"?

Auf Grundlage europarechtlicher Vorgaben gerät das im deutschen Recht v. a. für die Klagebefugnis erforderliche subjektive öffentliche Recht jedoch ins Wanken. Immer mehr wird v. a. zur Durchsetzung des Gemeinschaftsrechts diskutiert, Vorschriften eher so auszulegen, dass diese subjektive öffentliche Rechte garantieren, auch wenn dieses dem eigentlichen deutschen Verständnis nicht entspreche.[262] So wird diskutiert und weit formuliert, „ob

---

259 *Gierke* in: Brügelmann, Baugesetzbuch, § 1, Rn. 1535 (Stand 62. Lfg. 2007).
260 *Gierke* in: Brügelmann, Baugesetzbuch, § 1, Rn. 1529 (Stand: 79. Lfg. 2011).
261 *Gierke* in: Brügelmann, Baugesetzbuch, § 2, Rn. 234 (Stand 62. Lfg. 2007).
262 Vgl. *Maurer*, Allgemeines Verwaltungsrecht, 17. Aufl. § 8 Rn. 16.

und gegebenenfalls in welchem Umfang der Einzelne einen vor den nationalen Gerichten einklagbaren Anspruch auf mitgliedstaatliche Maßnahmen zur Einhaltung des europäischen Umweltrechts hat".[263] Ist eine Norm, die Gemeinschaftsrecht umsetzt, daraufhin zu überprüfen, ob sie ein subjektives öffentliches Recht gewährt, ist der europarechtliche Effektivitätsgrundsatz „effet utile" zu beachten: Das Europarecht darf nicht in seiner praktischen Wirksamkeit beeinträchtigt werden.[264]

Deshalb lässt sich fragen, ob nicht auch im deutschen Recht ein Normenkontrollverfahren gegen einen Bebauungsplan zulässig sein müsste, auch wenn der Kläger lediglich vorträgt, die Klimaschutzbelange seien in der Abwägung unzureichend gewürdigt worden.

Die Berücksichtigung der Klimaschutzbelange in der Umweltprüfung geht auch auf das Europarecht zurück. Die der Umweltprüfung zu Grunde legende Plan-UP-Richtlinie[265] macht zum Gegenstand der Umweltprüfung nach ihrem Anhang I lit. f „die voraussichtlichen erheblichen Umweltauswirkungen, einschließlich der Auswirkungen auf Aspekte wie die biologische Vielfalt, […], die Gesundheit des Menschen, Fauna, Flora, Boden, Wasser, Luft, klimatische Faktoren, Sachwerte […]."

In der Literatur breit diskutiert worden ist die sog. Janecek-Entscheidung des EuGH[266], plakativ unter dem Begriff „Recht auf saubere Luft", in der es auch um den Anspruch auf einen Planerlass geht. In dieser Entscheidung geht es darum, inwieweit Bürger Maßnahmen gegen Feinstaub erzwingen können. Der vielfach in der Literatur diskutierte Fall soll hier nur kurz wiedergegeben werden. Der Münchener Kläger wollte erreichen, dass der Freistaat Bayern gerichtlich gezwungen wird, einen sog. Aktionsplan für Luftreinhaltung aufzustellen. Aus § 47 Abs. 2 BImSchG i. V. m. der damals noch geltenden 22. BImschV ergibt sich, dass bei Überschreiten von Alarmschwellen die zuständige Behörde einen Plan für kurzfristig zu ergreifende Maßnahmen aufzustellen hat. Die Aufstellung eines solchen Planes begehrte der Kläger.

---

263 So wörtlich wiedergeben: *Faßbender*, Neues zum Anspruch des Bürgers auf Einhaltung des europäischen Umweltrechts, EuR 2009, S. 400 ff.

264 Kurz angesprochen bei *Voßkuhle/Kaiser*, Grundwissen – Öffentliches Recht. Das subjektiv-öffentliche Recht, JuS 2009, S. 16 ff.

265 Richtlinie 2001/42/EG des Europäischen Parlaments und des Rates vom 27. Juni 2001 über die Prüfung der Umweltauswirkungen bestimmter Pläne und Programme (2001/42/EG).

266 EuGH, Rs. C-237/07, Urt. v. 25.7.2008.

Das Bundesverwaltungsgericht legte dem EuGH die Frage, ob der Kläger einen solchen Plan begehren könne, im Wege eines Vorabentscheidungsverfahrens vor. Innerhalb des Vorlagebeschlusses[267] merkte man die Tendenz des Gerichts, dass der Kläger die Aufstellung dieses Planes nicht begehren kann. Vielmehr sei daran zu denken, dass ein subjektiv-öffentlichrechtlicher Anspruch auf konkrete, planunabhängige Maßnahmen möglich sei.[268] Der EuGH entschied allerdings, dass dem betroffenen Bürger nach Art. 7 Abs. 3 der Luftqualitätsrahmenrichtlinie im Falle der Überschreitung der Immissionsgrenzwerte sowie im Falle der Gefahr einer Überschreitung der Alarmschwellen für Feinstaub ein Anspruch auf Aufstellung eines Aktionsplans zu gewähren ist. Es bestehe nach der Richtlinie eine klare Pflicht zur Aufstellung von Aktionsplänen. Sodann betont der EuGH, es sei mit dem zwingenden Charakter einer Richtlinie unvereinbar, grundsätzlich auszuschließen, dass eine mit ihr auferlegte Verpflichtung von den betroffenen Personen geltend gemacht werden kann. Diese Überlegung gelte ganz besonders für eine Richtlinie, die eine Eindämmung und Reduzierung der Luftverschmutzung und damit den Schutz der öffentlichen Gesundheit bezwecke.[269]

Fraglich ist daher, ob nicht in Zukunft auch Bürger Klagen gegen Pläne mit dem Argument erheben könnten, dass diese die Klimaschutzbelange nicht ausreichend würdigen. Auf den ersten Blick ließe sich dies etwa im Vergleich zu den Feinstaubentscheidungen schon ablehnen, weil Feinstaubbelastung unmittelbar gesundheitsschädlich wirkt, hingegen klimaschädliche Emissionen nicht unmittelbar gesundheitsbelastend sind, sondern vorrangig das Klima schädigen. Indes führt diese Betrachtung dazu, wie das oben geschilderte Beispiel zeigt, dass der Bürger Opfer des globalen Klimawandels wird und nicht einmal vor Ort dagegen etwas tun könnte, auch wenn er allgemein durch die Folgen des Klimawandels bedroht ist. Wie erläutert, dient der „Klimaschutz" nicht dem Schutz des Klimas, sondern eigentlich dem Schutz des Menschen vor den Folgen des Klimawandels. Auch Klimaschutzmaßnahmen dienen also dem Schutz einzelner, wenngleich konkrete Maßnahmen nie unmittelbar oder kausal spürbar sind. Regelungen, die dem Klimaschutz dienen sollen, sind also bei kategorischer Betrachtung nach der hier vertretenen Auffassung weder rein objektive Vorschriften,

---

267 BVerwGE 128, 278 = NVwZ 2007 S. 695 (698 f.).
268 Vgl. auch die Zusammenfassung bei: *Fonk*, Das subjektiv-öffentliche Recht auf ordnungsgemäße Luftreinhalteplanung, NVwZ 2009, S. 69 ff.
269 EuGH, Rs. C-237/07, Urt. v. 25.7.2008, in: NVwZ 2008, S. 984 f. (985) Rn 37.

noch unmittelbar den Einzelnen schützende Vorschriften. Sie haben eine Zwischenstellung.

Was den Vergleich zur Feinstaub-Rechtsprechung angeht, zeigt auch ein unmittelbarer Vergleich zwischen der „Umweltprüfung" und dem Aktionsplan nach § 47 Abs. 2 BImSchG im nationalen Recht Unterschiede. Die Umweltprüfung dient der Abwägung in der Bauleitplanung, die Umweltbelange sollen angemessen in ihr zum Ausdruck gebracht und damit berücksichtigt werden. Auf Grund des Aktionsplans nach § 47 Abs. 2 BImSchG sollen aber „kurzfristig zu ergreifende Maßnahmen" erfolgen. Der Plan selbst unterliegt einer Öffentlichkeitsbeteiligung und muss zugänglich gemacht werden, § 47 Abs. 5 BImSchG.

Allerdings dürfte eine Antragsbefugnis wohl nur bei völligem Ausfall einer Umweltprüfung in Betracht kommen, denn die die Plan-UP-Richtlinie verlangt schließlich nur die Prüfung, sagt aber nichts Materielles über den Umgang mit den geprüften Belangen aus.

F. Vertraglicher kommunaler Klimaschutz

I. Grundsätzliches

Öffentlich-rechtliche Verträge oder zivilrechtliche Verträge können ggf. den Kommunen ermöglichen, bestimmte Ziele zu fördern, so auch den Klimaschutz. Seit 1986 findet sich in § 11 BauGB eine Regelung über städtebauliche Verträge. Unter den Begriff „Städtebauliche Verträge" können sowohl öffentlich-rechtliche als auch zivilrechtlich einzuordnende Verträge fallen.[270] Die Unterscheidung, ob ein öffentlich-rechtlicher Vertrag oder ein zivilrechtlicher Vertrag vorliegt, wird oft durch eine Einordnung in Fallgruppen vorgenommen, die Rechtsprechung stellt dabei v. a. auf den Vertragsgegenstand ab.[271] Insbesondere wenn, wie bereits aufgezeigt, planerische Festsetzungen an Grenzen stoßen oder rechtlich unsicher erscheinen, kann der vertragliche Klimaschutz für Kommunen als Ergänzung oder Alternative zu Festsetzungen interessant sein.

---

270 Vgl. *Löhr* in: Battis/Krautzberger/Löhr, Baugesetzbuch, 11. Aufl. 2009, § 11 Rn. 1, ausführlicher zur Rechtsnatur: *Krautzberger* in: Ernst/Zinkahn/Bielenberg/ Krautzberger, BauGB, 106. Ergänzungslieferung 2012, § 11 Rn. 186 ff.

271 *Krautzberger* in: Ernst/Zinkahn/Bielenberg/Krautzberger, BauGB, 106. Ergänzungslieferung 2012, § 11 Rn. 186 ff.

Die jüngere Gesetzgebung im BauGB hat die Möglichkeit der Förderung des Klimaschutzes durch Verträge erneut zum Ausdruck gebracht. Durch das „Gesetz zur Förderung des Klimaschutzes bei der Entwicklung in den Städten und Gemeinden"[272] wurde die Vorschrift über den städtebaulichen Vertrag in § 11 BauGB geändert, um entsprechend dem Zweck der Gesetzesänderung verstärkt Klimaschutzbelange zu fördern. § 11 Abs. 1 Satz 1 BauGB stellt klar, dass die Gemeinde städtebauliche Verträge schließen kann. Satz 2 nennt sodann Beispiele, wonach Gegenstände eines städtebaulichen Vertrags „insbesondere" die nachfolgenden Aufzählungen sein können. Wie dem Wort „insbesondere" zu entnehmen ist, folgt also nur eine beispielhafte Konkretisierung möglicher Inhalte städtebaulicher Verträge. Die Auflistung ist also nicht abschließend, vielmehr handelt es sich bei den Aufzählungen nur um Beispiele.[273]

Es finden sich in § 11 Abs. 1 Satz 2 BauGB fünf genannte Beispiele. In Nr. 1 geht es um „Städtebauliche Maßnahmen", die der Vertragspartner übernimmt. Es werden also Aufgaben übertragen, die der Gemeinde eigentlich als Verwaltungsaufgaben im Rahmen der städtebaulichen Entwicklung obliegen.[274] Aufgezählt werden nicht abschließend die Neuordnung der Grundstücksverhältnisse, die Bodensanierung sowie die Ausarbeitung der städtebaulichen Planungen.

§ 11 Abs. 1 Satz 2 Nr. 2 BauGB nennt vier Möglichkeiten vertraglicher Vereinbarungen zur Förderung und Sicherung bauleitplanerischer Ziele: 1. Verträge zur Grundstücksnutzung, 2. Verträge zur Durchführung des Ausgleichs von Eingriff in Natur und Landschaft sowie 3. und 4. Verträge zur Deckung des Wohnbedarfs.

§ 11 Abs. 1 Satz 2 Nr. 3 BauGB regelt Kostenübernahmeverträge. Hier geht es darum, dass Private Kosten für städtebauliche Maßnahmen übernehmen. Erforderlich ist hier aber eine Kausalität, d. h., dass die Kostenübernahme tatsächlich aus Anlass der Ausführung eines bestimmten Vorhabens erfolgt.[275]

---

272 Siehe hierzu: *Battis/Krautzberger/Mitschang/Reidt/Stüer*, Gesetz zur Förderung des Klimaschutzes bei der Entwicklung in den Städten und Gemeinden in Kraft getreten, NVwZ 2011, S. 897 ff.; *Wilke*, Die „Klimaschutznovelle" als erste Stufe zur Reform des Bauplanungsrechts, BauR 2011, S. 1744 ff.; *Söfker*, Das Gesetz zur Förderung des Klimaschutzes bei der Entwicklung in den Städten und Gemeinden, ZfBR 2011, S. 541 ff.

273 Vgl. *Löhr* in: Battis/Krautzberger/Löhr, Baugesetzbuch, 11. Aufl. 2009, § 11 Rn. 5.

274 *Hoffmann* in: BeckOK BauGB § 11, Rn 8.

275 *Hoffmann* in: BeckOK BauGB § 11, Rn 27.

Die weiteren Aufzählungen in § 11 Abs. 1 Satz 2 BauGB stellen die für den Klimaschutz relevanten Aufzählungen dar: Nach Nr. 4 können Gegenstand eines städtebaulichen Vertrags entsprechend den mit den städtebaulichen Planungen und Maßnahmen verfolgten Zielen und Zwecken die Errichtung und Nutzung von Anlagen und Einrichtungen zur dezentralen und zentralen Erzeugung, Verteilung, Nutzung oder Speicherung von Strom, Wärme oder Kälte aus Erneuerbaren Energien oder Kraft-Wärme-Kopplung sein. Erstmals wurde die Vorschrift durch das EAG Bau 2004 in das BauGB eingefügt.[276] Durch das „Gesetz zur Förderung des Klimaschutzes bei der Entwicklung in den Städten und Gemeinden wurde sie 2011 ergänzt, da zuvor nur Anlagen zur Kraft-Wärme-Kopplung sowie Solaranlagen erwähnt wurden. Nun sind alle Anlagen mit Erneuerbaren Energien Gegenstand der Regelung.

Nach Nr. 5 können Gegenstand entsprechend den mit den städtebaulichen Planungen und Maßnahmen verfolgten Zielen und Zwecken die Anforderungen an die energetische Qualität von Gebäuden sein. Diese Vorschrift findet sich erst seit dem „Gesetz zur Förderung des Klimaschutzes bei der Entwicklung in den Städten und Gemeinden" 2011 im BauGB. Städtebauliche Verträge können im gesamten Bereich des Städtebaurechts genutzt werden. Die Gemeinden können den städtebaulichen Vertrag für Regelungen nutzen, die über die Festsetzungsmöglichkeiten des § 9 BauGB hinausgehen. Es wird aber in der Literatur darauf hingewiesen, dass die Verträge an die Verfolgung städtebaulicher Ziele gebunden seien.[277]

Schon vor der Gesetzesänderung und Einführung von § 11 Abs. 1 Satz 2 Nr. 5 BauGB gab es entsprechende städtebauliche Verträge in der Praxis. Es sind z. B. Verträge bei gemeindlichen Grundstücksveräußerungen verbreitet, um Vorgaben der Energieeinsparverordnung zu unterschreiten.[278]

Löhr weist zutreffend darauf hin, dass es bei städtebaulichen Verträgen nach § 11 Abs. 1 Satz 2 Nr. 5 BauGB nicht nur um den Klimaschutz gehe. Energieeinsparung und effizienter Nutzung von Energie komme gerade in

---

276 Siehe *Krautzberger*, Städtebauliche Verträge zur Umsetzung klimaschützender und energieeinsparender Zielsetzungen, DVBl. 2008, S. 737 ff.

277 *Stüer/König*, Städtebauliche Verträge – Strikter Gesetzesvollzug oder grenzenlose Vertragsfreiheit?, ZfBR 2000, S. 528 ff. (531).

278 Vgl. *Krautzberger* in: Ernst/Zinkahn/Bielenberg/Krautzberger, BauGB, 106. Ergänzungslieferung 2012, § 11 Rn. 165a ff. mit vertraglichen Beispielformulierungen aus der Praxis, ein Mustervertrag findet sich auch abgedruckt u. a. bei: *Longo*, Neue Örtliche Energieversorgung als kommunale Aufgabe, S. 311 ff.

Zeiten großer Unsicherheiten in der Verfügbarkeit von Öl sowie der Risiken der Kernenergie und deren Endlagerung besondere Bedeutung zu. Die Gemeinden müssten sich dieser Problematik im Rahmen ihrer Bauland- und Gewerbepolitik auch aus Gründen der Standortkonkurrenz verstärkt annehmen.[279]

II. Kritik und Grenzen städtebaulicher Verträge

Wie es traditionell Bedenken[280] gegenüber konsensualem staatlichen Handeln gibt, so unterliegen auch städtebauliche Verträge Bedenken.[281] Dies in zweierlei Hinsicht: Einerseits unterliegen sie grundsätzlicher Kritik, andererseits – dies geht allerdings einher mit der grundsätzlichen Kritik – werden sie als Widerspruch zur Planmäßigkeit der Bauleitplanung gesehen.

Grundsätzlich wird argumentiert, der Staat laufe Gefahr, einen „Verkauf von Hoheitsrechten zu begehen".[282] Konkrete Bedenken wegen des Verhältnisses zur Bauleitplanung gibt es sowohl in der gerichtlichen Praxis als auch in der Literatur[283], die sich wechselseitig zitieren.

So führt das OVG Berlin-Brandenburg[284] aus: „Denn ungeachtet der durch § 11 BauGB eröffneten Möglichkeit der Gemeinde, städtebauliche Verträge zu schließen, lässt es der Grundsatz der Planmäßigkeit ‚nach Maßgabe dieses Gesetzbuchs' nicht zu, die bauliche und sonstige Nutzung der Grundstücke durch andere Mittel als die der Bauleitplanung vorzubereiten und zu leiten. Vertragliche Gestaltungen dürfen nicht an die Stelle der Ent-

---

279 Vgl. *Löhr* in: Battis/Krautzberger/Löhr, Baugesetzbuch, 11. Aufl. 2009, § 11 Rn. 20a.

280 Man denke nur an die historische Formel in Anlehnung an *Otto Mayer*: „Der Staat paktiert nicht", siehe hierzu: *Mayer*, Zur Lehre vom Öffentlichrechtlichen Vertrage, AöR 1888 Band 3, S. 3 ff.

281 Vgl. *Battis*, Probleme planungsbezogener städtebaulicher Verträge, ZfBR 1999, S. 240 ff.

282 Vgl. *Battis*, Probleme planungsbezogener städtebaulicher Verträge, ZfBR 1999, S. 240 ff. (240), hier unter Verweis auf *Looman*, „Ausverkauf von Hoheitsrechten" in Verträgen zwischen Bauherren und Gebietskörperschaften, NJW 1996, S. 1439 ff.

283 Siehe hierzu: *Battis/Krautzberger/Mitschang/Reidt/Stüer*, Gesetz zur Förderung des Klimaschutzes bei der Entwicklung in den Städten und Gemeinden in Kraft getreten, NVwZ 2011, S. 897 ff.

284 OVG Berlin-Brandenburg, Urt. v. 18.12.2007 – 2 A 3/07 = BeckRS 2008, 31324.

wicklungs- und Ordnungsfunktion der Bauleitplanung treten." Das OVG bezieht sich dabei auf entsprechende Literatur.

Die kritischen Entscheidungen beanstanden v. a. mangelnde Festsetzungen in Bebauungsplänen. Es wird in den Entscheidungen[285] bemängelt, dass es an Festsetzungen in den Bebauungsplänen fehle. Dies wird wie folgt begründet: Bei den städtebaulichen Verträgen handele es sich um „Planverwirklichungsverträge"[286]. Die Pläne hätten also die Umsetzung der Planungsziele i. S. einer Förderung und Sicherung zum Gegenstand, ersetzten aber keine Planung. Die Rechtsprechung beruft sich dabei auf entsprechende Literatur.[287] Die Rechtsprechung ergeht aber explizit zu § 11 Abs. 1 Satz 2 Nr. 2 BauGB, wo von Planverwirklichungsverträgen auf Grund des Wortlauts gesprochen werden kann. Schließlich heißt es dort, dass Gegenstände eines städtebaulichen Vertrages die „Förderung und Sicherung der mit der Bauleitplanung verfolgten Ziele" sein können.

So begründet die Rechtsprechung den Grundsatz auch mit der Annahme der Literatur[288], dass in der Regelung über die Verwirklichung der naturschutzrechtlichen Eingriffsregelung innerhalb der Bauleitplanung ausnahmsweise dem städtebaulichen Vertrag durch § 1a Abs. 3 Satz 4 i. V. mit § 11 Abs. 1 Satz 2 Nr. 2 BauGB die Aufgabe zugewiesen werde, durch Vereinbarungen sonst erforderliche Bestimmungen in Bauleitplänen zu leisten. Wenn hier der städtebauliche Vertrag ausnahmsweise eine sonst erforderliche bauleitplanerische Darstellung oder Festsetzung ersetzen solle, müsse es in den anderen Fällen so sein, dass keine Ersetzung vorliege, sondern eben nur eine vertragliche Absicherung erfolgter Festsetzungen.[289] Die Regelung über die naturschutzrechtliche Eingriffsregelung sei als gesetzliche „Privilegierung" zu verstehen.

---

285 OVG Berlin-Brandenburg, Urt. v. 18.12.2007 – OVG 2 A 3/07, 2 A 3/07 = BeckRS 2008, 31324; OVG Schleswig: Urt. v. 12.3.2009 – 1 KN 12/08 = BeckRS 2009, 38103.

286 So OVG Schleswig: Urt. v. 12.3.2009 – 1 KN 12/08 = BeckRS 2009, 38103.

287 *Stüer/König*, Städtebauliche Verträge – Strikter Gesetzesvollzug oder grenzenlose Vertragsfreiheit?, ZfBR 2000, S. 528 ff.; *Battis* in: Battis/Krautzberger/Löhr, Baugesetzbuch, 11. Aufl. 2009, § 2 Rn. 20.

288 Zitiert wird *Krautzberger* in: Ernst/Zinkahn/Bielenberg/Krautzberger, BauGB, 99. Ergänzungslieferung 2011, § 1 Rn. 128.

289 OVG Berlin-Brandenburg, Urt. v. 18.12.2007 -2 A 3/07 = BeckRS 2008, 31324 dort Punkt II. 2.2. der Begründung.

In der Literatur wird unter Verweis auf die Rechtsprechung, insbesondere die sog. „Flachglas-Entscheidung" des Bundesverwaltungsgerichts[290], vertreten, dass sich eine Beschränkung der inhaltlichen Reichweite städtebaulicher Verträge durch das Gebot der gerechten Abwägung ergebe. Dem Gebot der gerechten Abwägung widerspreche es, wenn der abschließende Abwägungsvorgang durch vorherige Bindungen der Gemeinde sachwidrig verkürzt werde.[291]

Für solche städtebaulichen Verträge, die den Klimaschutz zum Inhalt haben, dürften die genannten Bedenken aber nicht gelten. Sie können regelmäßig neben einer Bauleitplanung stehen und beeinträchtigen den Grundsatz des Planvorrangs daher nicht. Vielmehr ist die Kritik explizit auf Verträge i. S. v. § 11 Abs. 1 Satz 2 Nr. 2 BauGB, also die Planverwirklichungsverträge zu beziehen. Verträge, die den Klimaschutz zum Ziel haben, haben gerade nicht das Ziel, planerische Abwägungen zu unterlaufen, sondern sie ergänzen sie. Von einem Ausverkauf staatlicher Rechte kann auch nicht die Rede sein, denn der Staat bürgt dem Bürger gerade vertragliche Pflichten auf.

Spätestens durch die Einführung von § 11 Abs. 1 Satz 2 Nr. 4 BauGB durch das EAG Bau 2004 dürfte aber durch den Gesetzgeber klargestellt worden sein, dass Verträge mit dem Ziel, z. B. klimaschonende Energieformen zu forcieren, zulässig sind. Diskutiert wird auch, ob ein unzulässiger „Kontrahierungszwang" erzeugt werde. Dies wird aber abgelehnt.[292] Hieran lässt sich aber allenfalls denken, wenn ansonsten auf dem Markt keine Baugrundstücke im Gemeindegebiet erhältlich wären.[293]

Ansonsten wird betont, es gäbe die zivilrechtliche Vertragsfreiheit. Bei öffentlich-rechtlichen Verträgen ergäben sich die Grenzen aus den gesetzlichen Bestimmungen.[294] Die grundsätzliche Zulässigkeit folge aus § 54 Satz 1 VwvfG. Dieser erklärt den öffentlich-rechtlichen Vertrag für zulässig, soweit nicht Rechtsvorschriften entgegenstehen. Die Regelung stellt eine

---

290 BVerwG, Urt. v. 05.7.1974 – 4 C 50.72.

291 Vgl. *Krautzberger* in: Ernst/Zinkahn/Bielenberg/Krautzberger, BauGB, 106. Ergänzungslieferung 2012, § 11 Rn. 132, vgl. das Vertragsbeispiel bei *Looman*, „Ausverkauf von Hoheitsrechten" in Verträgen zwischen Bauherren und Gebietskörperschaften, NJW 1996, S. 1439 ff.

292 *Löhr* in: Battis/Krautzberger/Löhr, Baugesetzbuch, 11. Aufl. 2009, § 11 Rn. 21.

293 *Klinski/Longo*, Kommunale Strategien für den Ausbau erneuerbarer Energien im Rahmen des öffentlichen Baurechts, ZNER 2007, S. 41 ff. (44).

294 *Reidt*, Klimaschutz, erneuerbare Energien und städtebauliche Gründe, BauR 2010, S. 2025 ff. (2027).

„Erlaubnis mit Verbotsvorbehalt" dar.[295] § 11 Abs. 2 BauGB normiert ins-besondere zwei Hürden. Zu beachten sei die allgemeine Verhältnismäßig-keit/Angemessenheit (§ 11 Abs. 2 Satz 1 BauGB), wobei aber zu berück-sichtigen sei, dass durch Vertragspflichten auch Vorteile für die Verpflich-teten entstehen könnten.[296] Ferner wird auf das Koppelungsverbot aus § 11 Abs. 2 Satz 2 BauGB verwiesen.[297]

III. Klimaschutz und städtebauliche Verträge

Fraglich ist, wie genau städtebauliche Verträge dem Klimaschutz dienen können. In der Praxis haben sich hier v. a. zwei Möglichkeiten herauskris-tallisiert. Einerseits geht es darum, energetische Standards für Gebäude fest-zulegen, andererseits vertragliche Nutzungspflichten für bestimmte Ener-gieformen zu regeln.[298]

1. Städtebauliche Verträge und energetische Standards

Schon vor der Klimaschutznovelle 2011 und der damit verbundenen Ein-führung von § 11 Abs. 1 Satz 2 Nr. 5 BauGB wurden in der Praxis in Ver-trägen Anforderungen an die energetische Qualität von Gebäuden geregelt.

In der Begründung des „Gesetzes zur Förderung des Klimaschutzes bei der Entwicklung in den Städten und Gemeinden" wird dies zwar nicht aus-drücklich erwähnt, es wird aber davon ausgegangen, dass die Neuregelung

---

295 *Stelkens/Bonk/Sachs*, Verwaltungsverfahrensgesetz, 7. Aufl. 2008, Rn. 90.

296 *Reidt*, Klimaschutz, erneuerbare Energien und städtebauliche Gründe, DauR 2010, S. 2025 ff. (2033), unter Verweis auf *Klinski/Longo*, Kommunale Strategien für den Ausbau erneuerbarer Energien im Rahmen des öffentlichen Baurechts, ZNER 2007, S. 41 ff. (45).

297 *Klinski/Longo*, Kommunale Strategien für den Ausbau erneuerbarer Energien im Rahmen des öffentlichen Baurechts, ZNER 2007, S. 41 ff. (45).

298 Vgl. *Denny/Spangenberger*, Rechtliche Umsetzung energiebezogener Planungsin-halte, UPR 1999, S. 331 ff. (334); *Krautzberger*, Städtebauliche Verträge zur Um-setzung klimaschützender und energieeinsparender Zielsetzungen, DVBl. 2008, S. 737 ff. Beispiel für die vertragliche Verpflichtung, Solarenergie zu nutzen: Vell-marer Städtebaulicher Solarvertrag, abgedruckt bei *Longo*, Neue Örtliche Energie-versorgung als kommunale Aufgabe, S. 377 ff.

eine „Betonung" der Möglichkeiten vertraglichen Klimaschutzes darstellt. Wörtlich heißt es:

„Das Instrument des städtebaulichen Vertrages eignet sich auf Grund seiner vielfältigen Gestaltungsmöglichkeiten in besonderer Weise für die klimagerechte Stadtentwicklung. Zur Betonung dieser Gestaltungsmöglichkeiten soll § 11 Absatz 1 Nr. 4 BauGB dahingehend präzisiert werden, dass die Errichtung und Nutzung von Anlagen zur dezentralen und zentralen Erzeugung, Verteilung, Nutzung oder Speicherung von Strom, Wärme oder Kälte aus erneuerbaren Energien oder Kraft-Wärme-Kopplung Gegenstand eines städtebaulichen Vertrages sein kann. In einer neuen Nummer 5 des § 11 Absatz 1 BauGB sollen die Anforderungen an die energetische Qualität von Gebäuden aufgenommen werden."[299] Der Gesetzgeber stellt also in seiner Begründung nochmals klar, dass die Neuaufnahme von § 11 Abs. 1 Satz 2 Nr. 5 BauGB nur eine Betonung bereits vorher bestehender Möglichkeiten war.

Praktisch ging und geht es um Folgendes: Die Gemeinde veräußert Bauland und regelt in den Grundstückskaufverträgen Pflichten für den Käufer. Dabei werden Anforderungen an die energetische Qualität des Bauwerks geregelt, die über die gesetzlichen Vorgaben deutlich hinausgehen.

Vorgaben an die energetische Qualität von Gebäuden sind für den Klimaschutz von enormer Bedeutung. Die Literatur verweist unter Bezug auf die Europäische Kommission darauf, dass auf Wohngebäude und den Dienstleistungssektor, der zum größten Teil Gebäude nutzt, etwa 40 % des Endenergieverbrauchs in der Europäischen Union entfallen. Sind die Vorgaben an den Energieverbrauch von Gebäuden also strenger, können der Endenergieverbrauch und die mit seiner Erzeugung verbundenen Emissionen erheblich gesenkt werden.[300]

Die EU hat in diesem Zusammenhang die sog. „Gebäude-Richtlinie" erlassen.[301] Perspektivisches Ziel soll es nach entsprechenden Beschlüssen

---

299 Deutscher Bundestag, Drucksache 17/6076, S. 7.

300 Vgl. *Stock* in: Danner/Theobald, Energierecht, 74. Ergänzungslieferung 2012, EnEV, Einführungen, Rn 1.

301 Ehemals Richtlinie 2002/91/EG des Europäischen Parlaments und des Rates vom 16.12.2002 über die Gesamtenergieeffizienz von Gebäuden Zuletzt geändert durch VO (EG) Nr. 1137/2008 des EP und des Rates vom 22.10.2008 (ABl.Nr. L 3111, 46), nunmehr: Richtlinie 2010/31/EU des Europäischen Parlaments und des Rates vom 19.5.2010 über die Gesamtenergieeffizienz von Gebäuden, siehe hierzu: *Wüstermann*, Die Vorgaben der Europäischen Union im Bereich der Energieeffizienz, S. 132 ff.

sein, dass ab 2019 Gebäude der Öffentlichen Hand einen „nahezu Null Energiebedarf" haben, d. h., nicht mehr zu klimaschädlichen Emissionen führen sollen.[302] Die Richtlinie bezeichnet diese Gebäude in Art. 9 als Niedrigstenergiegebäude. Für privat errichtete Gebäude soll die Pflicht nur leicht verzögert ab 2021 gelten. Koch verweist darauf, dass 25-30 % der gesamten CO_2-Emissionen durch den Endenergiebedarf von Gebäuden verursacht würden.[303]

Gesetzliche Vorgaben in Deutschland die energetische Qualität von Wohnhäusern betreffend existieren in Gestalt der Energieeinsparverordnung[304]. Diese wird nach ihrer Eingangsformel erlassen auf Grund mehrerer Vorschriften des Energieeinsparungsgesetzes.[305] Die Energieeinsparverordnung wurde bereits mehrfach geändert. Zuletzt erging die sog. Energieeinsparverordnung 2009 – kurz EnEV 2009. Sie bedarf in Zukunft einer Anpassung an die neue Gebäuderichtlinie der EU, diese ist nach ihrem Art. 28 bis um 9.7.2012 gesetzlich umzusetzen.

Zweck der Verordnung ist die Einsparung von Energie im Zusammenhang mit der Gebäudenutzung[306]. § 3 EnEV 2009 regelt die Anforderungen an Wohngebäude. Im Zusammenhang mit der Anlage 1 zur EnEV 2009 ergibt sich für ein Gebäude jeweils rechnerisch ein zulässiger Höchstwert des Jahres-Primärenergiebedarfs.

Dabei gilt die EnEV 2009 nicht nur für Neugebäude, wie sich aus den §§ 9, 10 EnEV 2009 ergibt. Dort finden sich auch Regelungen für die Änderung, Erweiterung und den Ausbau von Gebäuden (§ 9) sowie für die Nachrüstung von Heizungsanlagen (§ 10). Trotz dieser gesetzlichen Vorgaben an die energetische Qualität von Gebäuden bleibt aber ein Spielraum, indem die Gemeinden über die gesetzlichen Pflichten hinaus im Vertrag Regelungen schaffen können. So können beispielsweise „Plusenergie"-Häuser ermöglicht werden. Diese Häuser schaffen ihrem Namen nach eine positive Energiebilanz, indem sie mehr Energie erzeugen, als sie verbrauchen.

---

302 Stellungnahme zum Vorschlag der EU-Kommission: BT- Drucksache 16/13412.
303 *Koch*, Klimaschutzrecht, NVwZ 2011, S. 641 ff. (644).
304 Verordnung über energiesparenden Wärmeschutz und energiesparende Anlagentechnik bei Gebäuden; siehe hierzu: *Söfker*, Bebauungsplan, Energieeinsparverordnung und Erneuerbare-Energien-Wärmegesetz, UPR 2009, S. 81 ff.
305 § 1 Abs. 2, § 2 Abs. 2 und 3, § 3 Abs. 2, sowie § 4, jeweils in Verbindung mit § 5 und § 5a Satz 1 und 2 Energieeinsparungsgesetz.
306 Grundlegend: *Moser*, Klimaschutz durch die Energieeinsparverordnung, Baden-Baden 2011.

2. Verträge und Nutzungspflichten für Erneuerbare Energien/ klimaschonende Energieformen

In der Vergangenheit wurden in städtebaulichen Verträgen auch Nutzungspflichten für Erneuerbare Energien auferlegt. So konnten die Käufer von Grundstücken z. B. verpflichtet werden, insbesondere Solaranlagen zu installieren.[307] Fraglich ist, ob dieses durch das EEWärmeG in Zukunft noch von Bedeutung ist.[308] Sicherlich gibt das EEWärmeG künftig Mindestnutzungspflichten für Erneuerbare Energien vor, um den Energiebedarf von Gebäuden zu decken. Jedoch lassen sich einerseits in Verträgen weitergehende Verpflichtungen machen und andererseits können die Kommunen ergänzende Regelungen in den Bereichen treffen, wo das EEWärmeG Lücken hat. Auch eine Pflicht zum Anschluss an KWK-Anlagen wurde immer wieder thematisiert als Gegenstand eines städtebaulichen Vertrages.[309]

---

307 *Denny/Spangenberger*, Rechtliche Umsetzung energiebezogener Planungsinhalte, UPR 1999, S. 331 ff. (334), *Klinski/Longo*, Kommunale Strategien für den Ausbau erneuerbarer Energien im Rahmen des öffentlichen Baurechts, ZNER 2007, S. 41 ff. (44).

308 *Müller*, in: Müller/Oschmann/Wustlich, Erneuerbare-Energien-Wärmegesetz, Einleitung, Rn. 63. München 2010.

309 *Koch/Mengel*, Gemeindliche Kompetenzen für Maßnahmen des Klimaschutzes, DVBl. 2000, S. 953 ff. (960).

Kapitel 3 – Klimaschutz durch übergeordnete Planungsvorgaben

A. Berücksichtigung und Bewertung überörtlicher Klimaschutzziele

I. Einleitung

Das Raumordnungsrecht flankiert die Planungen der Kommunen. Dies ergibt sich im BauGB aus § 1 Abs. 4 BauGB, die Bauleitpläne sind nach dieser Regelung den Zielen der Raumordnung anzupassen. Diese trifft insbesondere auch Regelungen z. B. für Großkraftwerke. Kraftwerke, seien sie erneuerbar oder klassische fossile Kraftwerke, sind in der Regel raumbedeutsam.[310] Wie genau müssen die Kommunen in der Abwägung bei der Erstellung von Bauleitplänen, die z. B. Großkraftwerke ermöglichen, auf die Belange des Klimas eingehen? Wann erweisen sich hier Bauleitpläne als gerichtlich angreifbar? Größere Diskussionen hierüber hat es auf Grund des Widerstands gegen ein neugeplantes Steinkohlekraftwerk in der nordrheinwestfälischen Gemeinde Datteln gegeben. Das OVG Münster hatte in einem Normenkontrollverfahren über die Rechtmäßigkeit des zu Grunde liegenden Bebauungsplans der Stadt Datteln für das Kraftwerk zu entscheiden.[311] Dabei spielten mehrere Gesichtspunkte eine Rolle. Insbesondere spielte auch

---

310 Hierzu: *von Seht*, Eine neue Raumordnung: erforderlich für den Klimaschutz, RaumPlanung 153 (2010), S. 277 ff. (277), der mögliche Vorgaben der Landesplanung für die Regionalplanung darstellt und auf die Vorteile für die Regionen eingeht.

311 OVG NRW, Urt. v. 3.9.2009, 10 D 121/07.NE, abgedruckt in Kurzfassung mit Anmerkung von *Klinger*, Kuhe statt Kühltürme, ZUR 2009, S. 597 ff.; ebenso abgedruckt in NuR 2009, S. 801 ff., mit Anmerkungen von *Versteyl*, S. 819 f.; siehe auch *Verheyen*, Die Bedeutung des Klimaschutzes bei der Genehmigung von Kohlekraftwerken und bei der Zulassung des Kohleabbaus, ZUR 2010, S. 403 ff.; sowie *Goppel*, Anmerkung zu OVG NRW, Urt. v. 3.9.2009 -10 D 121/07.NE – Bebauungsplan E.ON Kraftwerk der Stadt Datteln ist unwirksam = DVBl. 2009, S. 1592 ff. Siehe hierzu auch: *Frenz*, Umwelt- und Klimaschutz in der Wirtschaftskrise, WIVerw 2010, S. 74 ff. (S. 81), der eine Abwägung des Gerichts mit den Belastungen für die Wirtschaft vermisst.
Das Bundesverwaltungsgericht hat Beschwerden über die Nichtzulassung der Revision zurückgewiesen, BVerwG, Beschluss v. 16.3.2010, Az. 4 BN 66/09, abgedruckt in NVwZ 2010, S. 1246 ff.

eine Rolle, wie die Vorgaben der Raumordnung eingehalten wurden. Nach § 1 Abs. 4 BauGB sind die Bauleitpläne an die Ziele der Raumordnung anzupassen.

Konkret war u. a. ein anderer Standort im geltenden Landesentwicklungsplan (LEP) als Gebiet für Energieerzeugung ausgewiesen.[312] Hier war also fraglich, ob die örtliche Planung mit überörtlicher Planung vereinbar war. Das Kraftwerk war bzw. ist ein Investitionsbau für eine Summe von 1,2 Mrd. EUR und soll bzw. sollte das größte Monoblock-Steinkohlekraftwerk Europas werden.[313] Auch auf Grund dieser beträchtlichen Größe und des damit verbundenen hohen Treibhausgasausstoßes ist es sicherlich zu einer erhöhten Aufmerksamkeit für das Bauvorhaben gekommen. Gegen den Bebauungsplan der Stadt Datteln wurde ein Normkontrollverfahren erhoben, seitens eines Landwirtes mit einem 1,3 km vom Plangebiet entfernt liegenden Hof.[314] Die Stadt Datteln verfolgte mit der Planung insbesondere auch das Ziel, ein aus dem Jahre 1964 stammendes Kraftwerk bestehend aus drei Blöcken und einer elektrischen Leistung von 300 MW zu ersetzen.

Für die Beurteilung der Rechtmäßigkeit des Bebauungsplanes wurden Vorschriften der Raumordnung bzw. Raumplanung herangezogen. „Einfallstor" für die Notwendigkeit, die Raumordnung bei den Bauleitplänen zu berücksichtigen, ist die Regelung aus § 1 Abs. 4 BauGB, hiernach sind die Bauleitpläne an die Ziele der Raumordnung anzupassen.

Deren Struktur soll hier kurz vorgestellt werden. Auf Bundesebene existiert das Raumordnungsgesetz, kurz ROG. Dieses sieht in § 8 Abs. 7 ROG Gebietsfestlegungen zur Raumstruktur vor, danach können Vorranggebiete (Nr. 1), Vorbehaltsgebiete (Nr. 2) und Eignungsgebiete (Nr. 3) festgelegt werden. In Vorranggebieten ist das Gebiet bestimmten Nutzungen vorrangig vorbehalten, andere Nutzungen müssen damit vereinbar sein. Im Gegensatz dazu erlaubt ein Vorbehaltsgebiet eine Abwägung, bestimmten raumbedeutsamen Funktionen oder Nutzungen soll (lediglich) in der Abwägung mit anderen Nutzungen ein besonderes Gewicht beigemessen werden.

---

312 Dies einleitend betonend: *Versteyl*, Anmerkung zum Urteil des OVG Münster vom 3.9.2009 – 10 D 121/07.NE – zum geplanten E.ON-Kraftwerk Datteln, NuR 2009, S. 819 f.

313 *Klinger*, Kühe statt Kühltürme, ZUR 2009, 602.

314 Dies ergibt sich aus dem Tatbestand des Urteils, OVG NRW, Urt. v. 3.9.2009, 10 D 121/07.NE, Rn. 3. (Die zitierten Randnummern beziehen sich auf einen Abruf des vollständigen Urteils in der Rechtsprechungsdatenbank unter http://www.justiz.nrw.de/).

Eignungsgebiete kennzeichnen sich v. a. durch eine „Außenwirkung", die darin zugelassenen raumbedeutsamen Maßnahmen oder Nutzungen sind an anderer Stelle im Plan nicht zulässig. § 8 Abs. 7 Satz 2 ROG regelt, dass bei Vorranggebieten für raumbedeutsame Nutzungen festgelegt werden kann, dass diese zugleich die Wirkung von Eignungsgebieten für raumbedeutsame Maßnahmen oder Nutzungen haben.

In Nordrhein-Westfalen existiert das Landesplanungsgesetz, kurz LPlG. Ferner existieren ein textliches Landesentwicklungsprogramm (LePro), das nach § 16a LPlG als Gesetz beschlossen wird, sowie ein Landesentwicklungsplan, der eine Rechtsverordnung darstellt, die vom Landtag mitbeschlossen wird, § 17 Abs. 2 LPlG.

Auch der Landesentwicklungsplan, kurz LEP, enthält aber neben zeichnerischen Darstellungen ebenfalls textliche Darstellungen. Auf regionaler Ebene existieren die Regionalpläne, § 18 f. LPlG, die von den Regionalräten beschlossen werden. Vorliegend war neben der planerischen Standortvorgabe auch maßgeblich, dass sowohl der LEP als auch das LePro Regelungen bezüglich der Energiepolitik enthalten bzw. enthielten.[315]

II. Inhalte des Urteils des OVG Münster – Steinkohlekraftwerk Datteln

1. Vereinbarkeit mit Raum- und Landesplanung

a) Standortwahl

Das OVG entschied, der Bebauungsplan stehe nicht in Einklang mit den Zielen der Raumplanung, was nach § 1 Abs. 4 BauGB erforderlich sei.[316] Es fehle an einer Anpassung an die Ziele des LEP – des Landesentwicklungs-

---

315 Zu den Möglichkeiten, Klimaschutz in der Raumordnung der Länder zu verankern, siehe: *Klinger/Wegener*, Klimaschutzziele in der Raumordnung – Zugleich ein Beitrag zum Entwurf des Klimaschutzgesetzes Nordrhein-Westfalen, NVwZ 2011, S. 905 ff.

316 OVG NRW, Urt. v. 3.9.2009, 10 D 121/07.NE, Rn. 75. Zur Raumplanung siehe die Kommentierung von *Spannowsky/Runkel/Goppel*, Raumordnungsgesetz, Kommentar, 1. Aufl. 2010. Eine Einführung in das Raumordnungsrecht und das Landesplanungsrecht am Beispiel des Urteils bieten *Jarass/Schnittker/Milstein*, Schwerpunktbereich – Einführung in das Raumordnungs- und Landesplanungsrecht, JuS 2011, S. 215 ff.

plans.[317] Zur eigentlichen planerischen Feststellung des Kraftwerks an einem anderen Standort führt das OVG aus: Die zeichnerische Festlegung eines Standortes für die Energieerzeugung im LEP ca. 5 km nördlich des streitgegenständlichen Geltungsbereichs des Bebauungsplanes sei ein Ziel der Raumordnung. Ziele der Raumordnung seien gemäß § 3 Nr. 2 ROG verbindliche Vorgaben. Nach den textlichen Erläuterungen zum LEP 1978 und 1995 sowie allgemeinen raumplanerischen Kriterien bewirke die zielförmige Festsetzung letztlich eine Vorrangplanung.[318] Der ausgewiesene Standort werde für die vorgesehene Nutzung als Kraftwerksstandort im festgesetzten Bereich gesichert, der Landesplaner bewerte den festgelegten Standort als besser als andere Standorte.[319]

Im Regelfall komme eine Planung an anderer Stelle nicht in Betracht, wenn der LEP im Gemeindegebiet selbst eine Fläche als Kraftwerksstandort in Kenntnis der regionalen Besonderheiten ausweise. Ohne nähere Begründung oder Auseinandersetzung mit den Gebietskategorien aus § 8 Abs. 7 führt das OVG aus, es liege auch keine bloße Innenwirkung vor. Hier geht das OVG also davon aus, dass die Planung an der konkreten Stelle nicht nur für diese Stelle maßgeblich ist, sondern dass die Nutzung nur dort zulässig sein soll, also rundherum eine Außenwirkung entfaltet, die die Nutzung andernorts ausschließt. Nähere Ausführungen macht das OVG aber hierzu nicht.

Das ausgewählte Gebiet für die Errichtung eines Steinkohlekraftwerks liege außerhalb des im LEP festgelegten Standortes.[320] Diese Abweichung sei aber im Plan nicht einmal thematisiert worden.[321] Die Anpassung an die Ziele der Landesplanung werde auch dadurch nicht entbehrlich, dass der Regionalplan Münster (auch) das ausgewählte Plangebiet als möglichen Standort für die Energieerzeugung darstelle.[322] Der Regionalplan sei nämlich selbst insoweit wegen Verstoßes gegen § 19 Abs. 1 S. 1 LPlG NRW[323] unwirksam. Der Regionalplan passe hier nicht zum LEP. Die Stadt Datteln, als Antragsgegnerin in dem Normenkontrollverfahren,

---

317 OVG NRW, Urt. v. 3.9.2009, 10 D 121/07.NE, Rn. 80 ff.
318 OVG NRW, Urt. v. 3.9.2009, 10 D 121/07.NE, Rn. 89.
319 OVG NRW, Urt. v. 3.9.2009, 10 D 121/07.NE, Rn. 91 ff.
320 OVG NRW, Urt. v. 3.9.2009, 10 D 121/07.NE, Rn. 97.
321 OVG NRW, Urt. v. 3.9.2009, 10 D 121/07.NE, Rn. 97.
322 OVG NRW, Urt. v. 3.9.2009, 10 D 121/07.NE, Rn. 103 ff.
323 In der jetzigen Gesetzesfassung nach dem Gesetz zur Änderung des Landesplanungsgesetzes NRW (LPlG) und weiterer Vorschriften vom 16.3.2010 entspricht dies der jetzigen Regelung in § 18 LPlG NRW.

habe hier aber das hierarchische Verhältnis von Regional- und Landesplanung nicht erkannt und sich zu sehr an die Regelungen des Regionalplans
gebunden gefühlt.[324] Dessen ministerielle Genehmigung helfe nicht. Für
Abweichungen des Regionalplanes von der Landesplanung stehe allein das
Zielabweichungsverfahren nach § 24 Abs. 1 LPlG[325] zur Verfügung, das
u. a. eine Zustimmung des zuständigen Landtagsausschusses und der fachlich zuständigen Ministerien vorsehe.[326]

b) Einhaltung energiepolitischer Ziele

Außerdem rügt das OVG, die textlichen Vorgaben des LEP seien nicht beachtet worden. Ungeachtet dessen, ob es sich um Ziele i. S. v. § 3 Abs. 2 ROG
handele oder lediglich um Grundsätze der Raumordnung nach § 3
Abs. 3 ROG, reiche die Auseinandersetzung damit nicht. Wären es Ziele der
Raumordnung, wäre der Bebauungsplan mangels Anpassung an diese unwirksam (§§ 3 Abs. 2 und 3 ROG, 1 Abs. 4 BauGB). Handele es sich hingegen um Grundsätze, fehle es an einer Abwägung, der Bebauungsplan wäre
wegen Verstoßes gegen das Abwägungsgebot unwirksam.[327] Das Landesentwicklungsprogramm – LEPro[328] – sehe auch für den Bereich Energieversorgung bestimmte Ziele vor. Das OVG verweist hier auf § 26
Abs. 2 LEPro[329], wonach es anzustreben sei, dass insbesondere einheimische und regenerative Energieträger eingesetzt werden.[330] Auch der Landesentwicklungsplan mache hierzu Ausführungen. Gemäß dem Plansatz
D.II.2.1 des LEP sollten insbesondere heimische Primärenergieträger zur

---

324 OVG NRW, Urt. v. 3.9.2009, 10 D 121/07.NE, Rn. 105.
325 In der jetzigen Gesetzesfassung nach dem Gesetz zur Änderung des Landespla-
     nungsgesetzes NRW (LPlG) und weiterer Vorschriften vom 16.3.2010 entspricht
     dies der jetzigen Regelung in § 16 LPlG NRW.
326 OVG NRW, Urt. v. 3.9.2009, 10 D 121/07.NE, Rn. 109.
327 OVG NRW, Urt. v. 3.9.2009, 10 D 121/07.NE, Rn. 110 ff.
328 LEPro ist die Kurzbezeichnung für das „Gesetz zur Landesentwicklung (Landes-
     entwicklungsprogramm – LEPro)".
329 Die Vorschrift wurde noch 2009 aufgehoben durch Art. 2, Zweites Gesetz zur Än-
     derung der gesetzlichen Befristungen im Zuständigkeitsbereich des Ministeriums
     für Wirtschaft, Mittelstand und Energie vom 17.12.2009 (GV. NRW. S. 874), in
     Kraft getreten am 24.12.2009. Zur Begründung siehe Landtag NRW, Drucksache
     14/10387.
330 OVG NRW, Urt. v. 3.9.2009, 10 D 121/07.NE, Rn. 113.

Stromerzeugung eingesetzt werden, regenerative Energien müssten stärker genutzt werden.

Zudem folge aus dem „Ziel"[331] D.II.2.4. des LEP und den Vorbemerkungen und Erläuterungen, dass bei der künftigen Energieversorgung der CO_2-Problematik in herausgehobener Weise Rechnung zu tragen sei. So seien Möglichkeiten der Energieeinsparung sowie der Steigerung der Energieproduktivität in bestehenden Anlagen im Hinblick auf die energiewirtschaftlichen Ziele zu prüfen. Zusätzlich müssten die dezentralen Erzeugungspotenziale sinnvoll erschlossen werden, um ihre ökologischen und energetischen Vorteile, etwa durch Kraftwärmekopplung und Abwärmeverwertung, zu nutzen.[332]

Das OVG legt der Gemeinde sodann faktisch überörtliche Erwägungspflichten für eine nachhaltige Energiepolitik auf. Es führt aus, die Vorgaben der Landesplanung zielten wegen völkerrechtlicher Vorgaben zumindest auch auf eine Reduktion von Treibhausgasen. Eine solche Reduktion sei mit dem angefochtenen Bebauungsplan jedoch nicht sichergestellt. Es lasse sich nicht absehen, welche weiteren Kraftwerkskapazitäten auf Grund der Inbetriebnahme des Kraftwerkes vom Markt genommen würden. Der beschließende Rat sei davon ausgegangen, durch den Neubau des Kohlekraftwerks Datteln würden ausschließlich bereits bestehende und veraltete Kraftwerke ersetzt, es könne folglich nicht zur Produktion von Überkapazitäten kommen. Tatsächlich sei jedoch nicht ansatzweise sichergestellt, dass das Kraftwerk, das selbst einen erheblichen Ausstoß von Treibhausgasen verursachen werde, insgesamt zu einer Reduzierung beitrage.[333] Außerdem fehle es an einer Auseinandersetzung damit, ob entsprechend § 26 Abs. 2 LEPro NRW einheimische Energieträger eingesetzt werden würden, wenn das Kraftwerk 40 Jahre in Betrieb bliebe, es aber eine absehbare Einstellung der Steinkohleförderung in Deutschland gäbe.

Zudem verfehle der Bebauungsplan das Ziel des LEP, nutzbare Potenziale der kombinierten Strom- und Wärmeerzeugung wirksam zu erschließen. Für

---

331 Das OVG selbst bedient sich der ausdrücklichen Hervorhebung durch Anführungszeichen, wohl um zu verdeutlichen, dass es von einem Ziel der Raumordnung ausgeht.

332 OVG NRW, Urt. v. 3.9.2009, 10 D 121/07.NE, Rn. 114 unter Wiedergabe des Textes des LEP.

333 OVG NRW, Urt. v. 3.9.2009, 10 D 121/07.NE, Rn. 117 ff.

die Zukunft sei die Abnahme nicht ausreichend gesichert, für eine Trasse fehle es an einem dafür erforderlichen Planfeststellungsverfahren.[334]

Wäre der Regionalplan wirksam, würden zudem auch dessen Vorgaben nicht eingehalten. Es fehle an einem „quantitativ gleichen Flächentausch", Waldflächen würden nicht durch Waldflächen ersetzt, ein geplanter Grünstreifen sei nicht als Waldbereich gesichert.[335]

2. Verletzung der allgemeinen Abwägung

Das OVG führt weiterhin aus, der Bebauungsplan leide unter mehreren beachtlichen Abwägungsfehlern und verletze das Abwägungsgebot nach § 1 Abs. 7 BauGB. Der Rat habe bei seiner Planung das Gefahrenpotenzial, das von dem Nebeneinander des Kraftwerks und schutzwürdiger Bereiche ausginge, „weitestgehend ausgeklammert".[336]

Die Stadt habe die Anforderungen des § 50 BImSchG im Hinblick auf die notwendige Risikovorsorge grundlegend verkannt. Danach müssten bei raumbedeutsamen Planungen und Maßnahmen die zu nutzenden Flächen einander so zugeordnet werden, dass die Auswirkungen von schweren Unfällen i. S. der Seveso-II-Richtlinie auf schutzbedürftige Gebiete soweit wie möglich vermieden werden.[337] Die Stadt hätte dies im Bebauungsplan berücksichtigen müssen und Gebiete genauer erwähnen und prüfen müssen, habe aber eine „Problemverlagerung ins immissionsschutzrechtliche Verfahren" vorgezogen.[338] Es sei nicht zu erkennen gewesen, dass sich der Plangeber im erforderlichen Umfang damit auseinandergesetzt habe, welche schutzwürdigen Gebiete i. S. v. § 50 Satz 1 BImSchG im Hinblick auf die erforderlichen Abstände zu betrachten waren.[339] Das OVG spricht von

---

334 OVG NRW, Urt. v. 3.9.2009, 10 D 121/07.NE, Rn. 123 ff.
335 OVG NRW, Urt. v. 3.9.2009, 10 D 121/07.NE, Rn. 133.
336 OVG NRW, Urt. v. 3.9.2009, 10 D 121/07.NE, Rn. 138.
337 OVG NRW, Urt. v. 3.9.2009, 10 D 121/07.NE, Rn. 139. Hierzu: *Moench/Henning*, Störfallschutz in Bauleitplanung und Baugenehmigungsverfahren – Verhindert Seveso II die Nachverdichtung in Ballungsräumen? -, DVBL 2009, S. 807 ff.; *Hellriegel/Schmitt*, Bitte Abstand halten! Sicherheitsabstände im Planungs- und Störfallrecht, NuR 2010, S. 98 ff.
338 OVG NRW, Urt. v. 3.9.2009, 10 D 121/07.NE, Rn. 158.
339 OVG NRW, Urt. v. 3.9.2009, 10 D 121/07.NE, Rn. 189.

einem „vollständigen Abwägungsausfall im Hinblick auf die Anforderungen des § 50 BImSchG unter dem Gesichtspunkt des Störfallschutzes".[340]

Unter anderem stört sich das Gericht auch an der Begründung für einen Verzicht auf Festsetzungen. Zudem greift die offenbar tragende Begründung für den Verzicht auf Festsetzungen nach § 9 Abs. 1 Nr. 23, 24 BauGB. Die Stadt sehe hiervon im Wesentlichen mit der Begründung ab, sie wolle die größere Flexibilität des immissionsschutzrechtlichen Anlagengenehmigungsverfahrens auch in der Überwachung nicht einschränken. Der Festsetzung von Mindeststandards und -anforderungen stehe dieses Anliegen aber nicht entgegen.[341]

Mit Blick auf das Naturschutzrecht sieht das OVG u. a. nicht ausreichend geprüft, ob die Verwirklichung der Bauleitplanung keine nachteiligen Auswirkungen auf ein ca. 4,5 km entferntes FFH-Gebiet hat.[342] Für einen Flächenausgleich könne sie nicht einmal den konkreten Flächenbedarf zuverlässig beurteilen.[343] Im Weiteren führt das OVG noch zahlreiche Gründe auf, die zu Abwägungsmängeln führen würden.[344]

3. Zusammenfassung

Zusammenfassend kritisiert das OVG folglich, dass der Bebauungsplan nicht in Einklang mit dem Landesentwicklungsplan steht, der auch einen anderen Standort vorsehe. Der Regionalplan stehe ebenfalls im Widerspruch hierzu. Der Rat habe außerdem die Ziele der Energiepolitik aus dem Landesentwicklungsplan und dem Landesentwicklungsprogramm nicht hinreichend beachtet. Außerdem sei das Störfallrisiko nicht ausreichend bewertet worden und insgesamt sei eine mangelhafte Abwägung vorgenommen worden.

---

340 OVG NRW, Urt. v. 3.9.2009, 10 D 121/07.NE, Rn. 205.
341 OVG NRW, Urt. v. 3.9.2009, 10 D 121/07.NE, Rn. 241.
342 OVG NRW, Urt. v. 3.9.2009, 10 D 121/07.NE, Rn. 244 ff.
343 OVG NRW, Urt. v. 3.9.2009, 10 D 121/07.NE, Rn. 259.
344 OVG NRW, Urt. v. 03. September 2009, 10 D 121/07.NE, Rn. 284 ff.

III. Bewertung des Urteils

1. Bewertung zur Vereinbarkeit mit der Raumordnung

Die Beurteilungen des Gerichts zur Vereinbarkeit des Bebauungsplanes mit der Raumordnung/Raumplanung sind in der Literatur auf Kritik gestoßen.[345] Umstritten ist die Abgrenzung von „Zielen der Raumplanung" zu den „Grundsätzen der Raumplanung".[346] Die Ziele der Raumplanung sind grundsätzlich verbindlich, was sich aus § 3 Nr. 2 ROG ergibt. Hingegen sind die Grundsätze der Raumplanung nach § 3 Nr. 3 ROG Vorgaben für nachfolgende Abwägungs- oder Ermessensentscheidungen.[347] Vorliegend ist umstritten, ob die Annahme des OVG zutreffend ist, das Kraftwerk könne nur an dem Standort realisiert werden, den es im LEP habe.[348] Dafür ist maßgeblich, ob es sich bei der Festsetzung eben um ein Ziel der Raumordnung oder „nur" um einen Grundsatz handelt.[349]

Das Gericht hat, wie ausgeführt, die Planung einer Vorrangfläche angenommen, die eine Planung an anderer Stelle ausschließe. Diese Annahme hat das OVG allerdings nicht näher begründet, obwohl an ihr Zweifel bestehen. Handelte es sich bei der Ausweisung des Kraftwerks aber wirklich um eine Vorrangfläche oder aber „nur" um eine „Vorbehaltsfläche"? Beide Kategorien sind in § 8 Abs. 7 ROG vorgesehen. § 8 Abs. 7 Nr. 1 ROG regelt Vorranggebiete als Gebiete, die für bestimmte raumbedeutsame Funktionen oder Nutzungen vorgesehen sind und andere raumbedeutsame Nutzungen in diesem Gebiet ausschließen. § 8 Abs. 7 Nr. 2 ROG regelt Vorbehaltsgebiete als Gebiete, in denen bestimmten raumbedeutsamen Funktionen oder Nutzungen bei der Abwägung mit konkurrierenden raumbedeutsamen Nutzungen besonderes Gewicht beizumessen ist.

---

345 Insbesondere: *Goppel*, Anmerkung zu OVG NRW, Urt. v. 3.9.2009 -10 D 121/07.NE – Bebauungsplan.E.ON Kraftwerk der Stadt Datteln ist unwirksam = DVBl. 2009, S. 1592 ff.

346 *Jarass/Schnittker/Milstein*, Schwerpunktbereich – Einführung in das Raumordnungs- und Landesplanungsrecht, JuS 2011, S. 215 ff. (220).

347 Hierzu u. a. *Stüer*, Handbuch des Bau- und Fachplanungsrechts, 4. Aufl. 2009, Rn. 235 ff.

348 OVG NRW, Urt. v. 3.9.2009, 10 D 121/07.NE, Rn. 89 ff.

349 Dies für den konkreten Fall betonend: *Jarass/Schnittker/Milstein*, Schwerpunktbereich – Einführung in das Raumordnungs- und Landesplanungsrecht, JuS 2011, S. 215 ff. (220).

Goppel kritisiert, das OVG habe mit mangelhafter juristischer Begründung eine Vorrangfläche angenommen.[350] Außerdem habe es diese falsch juristisch bewertet. Mache man sich das Ergebnis des OVG nämlich zu eigen, so werde mit der Festlegung eines Vorranggebietes die Wirkung ausgelöst, dass der mit dem Vorrang belegte Belang bzw. die mit dem Vorrang belegte Nutzung alle anderen Nutzungen innerhalb des Gebietes ausschließe, soweit sie diesem Belang oder dieser Nutzung entgegenstünden. Dies sei aber eben eine „Innenwirkung" für dieses Gebiet und entfalte eben keinen Ausschluss außerhalb des Gebietes.[351] Er verweist insoweit auf die Möglichkeit der Festsetzung von Eignungsgebieten, denen im Vergleich zu Vorrangflächen eben eine solche Außenwirkung zukomme. Der Plangeber könne nach § 8 Abs. 7 Satz 2 ROG das Vorranggebiet ausdrücklich zugleich mit der Wirkung eines Eignungsgebietes ausstatten und damit dann dem Vorranggebiet zu seiner Innenwirkung zugleich auch die Ausschlusswirkung des Eignungsgebietes nach außen verleihen. Die Regelung des § 8 Abs. 7 Satz 2 ROG ginge ins Leere, wenn das Vorranggebiet per se bereits den Ausschluss nach außen zur Folge hätte, da die im neuen ROG dem Eignungsgebiet ausdrücklich zugesprochene Innenwirkung hinter der des Vorranggebietes zurückbleibe und somit allein keine Verbindung von Vorranggebiet und Eignungsgebiet gerechtfertigt hätte.[352] Deutlich kritisierend führt *Goppel* wörtlich aus: „Ist demnach die Annahme einer mit einem Vorranggebiet verbundenen Ausschlusswirkung nach außen im Ergebnis schlichtweg falsch, so entbehren unbeschadet dessen auch die hierfür herangezogenen Argumente jeder rechtlichen und fachlichen Nachvollziehbarkeit. Letztlich liefe die Argumentation des Gerichts, so man ihr überhaupt einen Ansatz

---

350 *Goppel*, Anmerkung zu OVG NRW, Urt. v. 3.9.2009 – 10 D 121/07.NE – Bebauungsplan. E.ON Kraftwerk der Stadt Datteln ist unwirksam = DVBl. 2009, S. 1592 ff. (1592). Er verweist auf folgende Ausführungen des OVG: „Nach den textlichen Erläuterungen zum LEP 1978 und 1995 sowie allgemeinen raumplanerischen Kriterien bewirkt die zielförmige Festsetzung letztlich eine Vorrangplanung. Der ausgewiesene Standort wird für die vorgesehene Nutzung als Kraftwerksstandort gegen etwaige entgegenstehende Planungen nachgeordneter Planungsträger im festgesetzten Bereich gesichert." Diese finden sich in Rn. 89 des Urteils.
351 *Goppel*, Anmerkung zu OVG NRW, Urt. v. 3.9.2009 – 10 D 121/07.NE – Bebauungsplan. E.ON Kraftwerk der Stadt Datteln ist unwirksam = DVBl. 2009, S. 1592 ff. (1592 f.).
352 *Goppel*, Anmerkung zu OVG NRW, Urt. v. 3.9.2009 – 10 D 121/07.NE – Bebauungsplan. E.ON Kraftwerk der Stadt Datteln ist unwirksam = DVBl. 2009, S. 1592 ff. (1593).

von Schlüssigkeit zubilligen mag, darauf hinaus, dass entgegen dem Wortlaut des Gesetzes mit der Festlegung eines Vorrangs für eine Nutzung zwangsläufig der Wille zu dessen Ausschluss außerhalb verbunden sein müsse. Diese Annahme ist unzutreffend."[353]

Die Kritik an der Entscheidung ist sicherlich insoweit zutreffend, als dass nicht klar begründet wird, warum an anderer Stelle eine Realisierung zwingend ausgeschlossen sein soll, und als dass keinerlei genaue juristische Auseinandersetzung mit den Gebietskategorien aus § 8 Abs. 7 ROG vorgenommen wird. Für die Frage, inwieweit Belange des Klimas berücksichtigt werden müssen, spielt die Standortausweisung zwar direkt keine Rolle, gleichwohl zeigt die Gerichtsentscheidung, dass Kommunen in der Bauleitplanung vor dem Dilemma stehen können, dass Regionalplan und darüberstehende Landesplanung nicht in Einklang stehen. Hier muss sich die Gemeinde dem Grunde nach für eine planerische Entscheidung entscheiden und ist dem Risiko einer anderen gerichtlichen Bewertung ausgeliefert.

2. Bewertung der Berücksichtigung energiepolitischer Ziele

Das OVG hat die energiepolitischen Ziele übergeordneter Planung in begrüßenswerter Weise im Rahmen der Auseinandersetzung mit den Zielen der Raumordnung und der Landesplanung berücksichtigt. Eine Auseinandersetzung mit dem Klimaschutz erfolgt allerdings auch nur dem Rahmen der Prüfung des § 1 Abs. 4 BauGB. Dies ist zwar konsequent, aber dennoch unzureichend. Konsequent, weil Belange des Klimas und der Energie als Ziele der Raumordnung vorgegeben und durch die Bauleitplanung umzusetzen sind.[354] Unzureichend jedoch, weil ansonsten die Belange des Klimas, die im BauGB geregelt sind, vom OVG nicht geprüft worden sind.

Auf den Klimaschutz als Belang der Abwägung (Gliederungspunkt II. des Urteils, Rn. 135 ff.) im Rahmen von § 1 Abs. 7 BauGB geht das OVG interessanterweise nicht ein. Ebenso wenig wird auf die Klimaschutzklausel in § 1 Abs. 5 BauGB eingegangen. Auch wird nicht darauf eingegangen, dass § 1 Abs. 6 Nr. 7f BauGB die sparsame und effiziente Nutzung von Energie

---

353 *Goppel*, Anmerkung zu OVG NRW, Urt. v. 3.9.2009 – 10 D 121/07.NE – Bebauungsplan. E.ON Kraftwerk der Stadt Datteln ist unwirksam = DVBl. 2009, S. 1592 ff. (1593).

354 Dies betonend: *Mitschang*, Die Belange von Klima und Energie in der Bauleitplanung, NuR 2008, S. 601 ff. (610).

als Belange des Umweltschutzes zum Gegenstand der Abwägung im Rahmen der Bauleitplanung macht. Indirekt kritisiert das OVG aber, dass die Begründung für den Verzicht auf Festsetzungen etwa nach § 9 Abs. 1 Nr. 23, 24 BauGB zu kurz erfolgt sei.[355]

3. Bewertung der Anforderungen an die Abwägung

Fraglich ist, welche Schlüsse aus dem Urteil für die Rolle des Klimaschutzes in der Abwägung der Bauleitplanung geschlossen werden können. *Verheyen* schlussfolgert, aus der Bedeutung, die das Urteil den klimarelevanten Planungsleitsätzen bzw. Grundsätzen der Raumordnung zuweise, könne gefolgert werden, dass der globale Klimaschutz auch im Rahmen des § 1 Abs. 7 BauGB als Abwägungsbelang von den Gemeinden ernster genommen werden müsse, als dies bislang der Fall gewesen sei.[356]

Dies ist eine bloße Prognose. Grundsätzlich sollten die Gerichte jedoch den Willen des Gesetzgebers, den Klimaschutz in der Bauleitplanung und Raumplanung zu verankern, sehen und ernster als bisher nehmen. Dass der Klimaschutz zweimal im BauGB gestärkt wurde, namentlich durch die Novellen 2004 und 2011, zeigt, dass der Gesetzgeber ihn als Belang gestärkt sehen will. Es muss also eine deutliche Auseinandersetzung in der Abwägung mit den Belangen des Klimaschutzes erkennbar sein, mindestens, wenn es um die Realisierung von Projekten mit erheblichem Treibhausgasausstoß geht. Zwar ist das Klima ein Belang, der wie andere Belange auch, weggewogen werden kann,[357] und der Klimaschutz genießt hier keinen höheren Stellenwert als andere Belange, eine genauere Abwägung sollte aber von den Gerichten zunehmend eingefordert werden, sonst würden auch die Intentionen des Gesetzgebers missachtet.

Mit Blick auf den Klimaschutz als Abwägungsbelang kann das Urteil also positiv bewertet werden und als Vorbild für weitere gerichtliche Abwägungsüberprüfungen dienen. Die Vielzahl der vom Gericht im Einzelnen kritisierten Punkte ist dabei erheblich. In der Literatur wird insbesondere

---

355 OVG NRW, Urt. v. 3.9.2009, 10 D 121/07.NE, Rn. 241 ff.

356 *Verheyen*, Die Bedeutung des Klimaschutzes bei der Genehmigung von Kohlekraftwerken und bei der Zulassung des Kohleabbaus, ZUR 2010, S. 403 ff. (406).

357 Zum Problem des „Wegwägens" von Umweltbelangen siehe: *Krautzberger/Stüer*, Städtebaurecht 2004: Umweltprüfung und Abwägung. Vom schlichten Wegwägen zum Grundsatz der nachhaltigen Trauerarbeit, in DVBl. 2004, S. 914 ff.

begrüßt, dass damit die „Ersatz-These" der Kommunen wegfalle.[358] Hiermit ist gemeint, dass die Stadt Datteln im konkreten Fall, die Kommunen aber auch generell häufig beim Bau von Kraftwerken argumentieren, dass die neu geplanten Anlagen effizienter seien als ältere. Durch deren Ersatz sei also dem Klima gedient. Insbesondere auch im vorliegenden Fall in Datteln ging es tatsächlich darum, die neue Anlage am Standort eines alten Kraftwerks zu bauen, dieses also tatsächlich gewissermaßen zu ersetzen.

Einerseits erscheint es begrüßenswert, dass die Kommunen nach der Auffassung des OVG[359] nicht mehr so pauschal argumentieren können. Soweit das Gericht aber kritisiert, dass der Rat argumentiert habe, es könne wegen des Ersatzes nicht zu einer Überproduktion kommen, dies sei aber nicht sichergestellt, legt es den kommunalen Räten aber auch hohe Argumentationspflichten auf. Können die Kommunen wirklich insoweit im Zwang sein, die gesamte überörtliche Energiepolitik begründen und erläutern zu müssen? Das Gericht selbst erwähnt, dass es um das „größte Monoblock-Kraftwerk Europas" ginge.[360] Dies wird vermutlich eine erhebliche Bedeutung haben und auch deshalb sind sicherlich hohe Maßstäbe an die Abwägung vom Gericht angelegt worden.

Klinger weist dogmatisch darauf hin, dass „rügefähige Rechtspositionen" bezüglich des Klimaschutzes bisher nicht anerkannt seien, aber die Besonderheit des Normenkontrollverfahrens dazu führe, dass die gerichtliche Entscheidungsbefugnis eben nicht allein auf die privaten Belange des Antragstellers beschränkt sei.[361] Dies bedeutet zutreffend, dass Bürger sich wehren können gegen Bebauungspläne, allerdings reicht es nicht, wenn sie ihre Rügen nur darauf stützen, die Belange des Klimas seien nicht gewahrt. Sie müssen eben private Belange i. S. d. BauGB für eine Klagebefugnis vortragen, allerdings prüft dann das Gericht eben nicht nur diese Belange, sondern objektiv alle Rechtsverstöße, insbesondere die gesamte Abwägung. Er weist deshalb auch zutreffend darauf hin, dass es hierdurch zu „Zufälligkeiten in der Rechtmäßigkeitsprüfung" gegen immissionsschutzrechtliche Vorhaben komme. Würden die Vorhaben ohne Bebauungsplan, also nur im Rahmen von §§ 34, 35 BauGB realisiert, käme die objektive Normenkontrolle näm-

---

358 Wörtlich: *Verheyen*, Die Bedeutung des Klimaschutzes bei der Genehmigung von Kohlekraftwerken und bei der Zulassung des Kohleabbaus, ZUR 2010, S. 403 ff. (404).
359 OVG NRW, Urt. v. 3.9.2009, 10 D 121/07.NE, Rn. 118 ff.
360 OVG NRW, Urt. v. 3.9.2009, 10 D 121/07.NE, Rn. 100.
361 *Klinger*, Kühe statt Kühltürme, ZUR 2009, S. 603 ff.

lich nicht in Betracht.[362] Anfechtungsklagen setzen eben nach § 113 Abs. 1 Satz 1 VwGO die Verletzung eigener Rechte voraus.

Im Rahmen der Normenkontrolle besteht aber eine vollumfängliche objektive Rechtsüberprüfung und bei größeren Projekten dürfte regelmäßig die Notwendigkeit planerischer Grundlagen bestehen. Die Gerichte haben somit die Möglichkeit, Klimaschutzbelange ausführlich zu prüfen. Sie können dabei auf Grundlage von § 1 Abs. 4 BauGB die Anpassung an die Ziele der Raumordnung überprüfen, hier also überörtlich festgelegte Energiepolitik prüfen, und sie können im Rahmen der Abwägung nach § 1 Abs. 7 BauGB die Klimaschutzbelange prüfen. Wenn klimaschützende Ziele der Raumordnung festgelegt sind, besteht eigentlich eine Pflicht zur Anpassung. Ebenso ist der Klimaschutz als Abwägungsbelang im Rahmen von § 1 Abs. 7 BauGB zu prüfen. Die Gemeinden müssen daher für eine rechtssichere Bebauungsplanung eine ausreichende Auseinandersetzung in der Planbegründung vornehmen. Die Gerichte können das Urteil des OVG zum Anlass nehmen, stärker als bisher hinzuschauen.

Natürlich sind die Belange des Klimaschutzes als Gegenstand der Abwägung kraft Natur der Sache nicht vorrangig und können im Rahmen der Abwägung im Einzelfall weniger stark als andere Belange bewertet werden.[363] Der Klimaschutz kann also „weggewogen" werden.[364]

---

362 *Klinger*, Kühe statt Kühltürme, ZUR 2009, S. 603 ff. (603). Gleichwohl dürften größere Vorhaben stets auf planerischer Grundlage eines Bauleitplanes geschehen.

363 *Mitschang*, Die Belange von Klima und Energie in der Bauleitplanung, NuR 2008, S. 601 ff. (612).

364 Diese Formulierung verwendet *Verheyen*, Die Bedeutung des Klimaschutzes bei der Genehmigung von Kohlekraftwerken und bei der Zulassung des Kohleabbaus, ZUR 2010, S. 403 ff.

B. Stärkung der Klimaschutzbelange durch neue Regelungen in der Raumordnung?

I. Auswirkungen des Datteln-Urteils

Ob und inwieweit das Projekt noch realisierbar ist, soll vorliegend nicht näher thematisiert werden.[365] Der Gesetzgeber hat auf das zuvor besprochene Urteil reagiert, indem er die Vorgaben reduziert hat. Das Gericht hat die Vorgaben der Raumordnung ernst genommen mit Blick auf den Klimaschutz, dies hatte der Gesetzgeber jedoch wohl selbst offenbar nicht gewollt. Die damalige schwarz-gelbe Landesregierung hat infolge des Urteils nämlich die energiepolitischen Ziele zurückgefahren. § 26 LePro NRW wurde gestrichen.[366] Die im Anschluss neu gewählte Landesregierung hat sich hingegen zum Ziel gesetzt, den Klimaschutz noch stärker, auch in der Raumordnung/Landesplanung, zu integrieren.[367] Die Raumordnung hat dabei für die Planung der Kommunen auf Grund des Anpassungsgebotes in § 1 Abs. 4 BauGB eine erhebliche Wirkung, weshalb betrachtet werden soll, inwieweit die Länder durch Klimaschutz in der Raumordnung mittelbar auf die Planung der Kommunen einwirken können.

---

365 *Klinger*, Kühe statt Kühltürme, ZUR 2009, S. 603 ff. (604) prognostiziert, „ dass das Vorhaben als eine der – neben dem Atomkraftwerk Mülheim-Kärlich – größten Investitionsruinen Deutschlands enden wird". Er argumentiert, dass die Abstandsprobleme blieben und sich nicht „wegwägen" ließen.

366 Die Vorschrift wurde noch 2009 aufgehoben durch Art. 2, Zweites Gesetz zur Änderung der gesetzlichen Befristungen im Zuständigkeitsbereich des Ministeriums für Wirtschaft, Mittelstand und Energie vom 17.12.2009 (GV. NRW. S. 874), in Kraft getreten am 24.12.2009. Zur Begründung siehe Landtag NRW, Drucksache 14/10387.

367 Sieh hierzu: *Klinger/Wegener*, Klimaschutzziele in der Raumordnung – Zugleich ein Beitrag zum Entwurf des Klimaschutzgesetzes Nordrhein-Westfalen, NVwZ 2011, S. 905 ff.

II. Klimaschutz durch Raumordnung

Grundsätzlich ist umstritten, ob in der Raumplanung Klimaschutz gesetzlich geregelt werden kann bzw. wie weit die Regelungen gehen dürfen.[368] *Reidt* betont, dass die Raumordnung Raumnutzungskonflikte lösen solle, davon abgekoppelt könne aber mit der Raumordnungsplanung weder Klimaschutzpolitik betrieben noch ein sonstiges politisches Ziel verfolgt werden. Hierfür seien allein die entsprechenden Fachgesetze einschlägig.[369] Er schreibt, die Raumordnungsplanung könne nicht, „gleichsam wie ein trojanisches Pferd, ge- bzw. missbraucht werden, um von der Raumnutzung abgekoppelte Klimaschutz-, Wirtschaftspolitik o. ä. zu betreiben".[370]

Einige Regelungen das Klima betreffend finden sich im ROG, insbesondere seit dessen Änderung 2008/2009. *Klinger* und *Wegener* stellen auf den Gesetzeswortlaut bzw. diese Regelungen ab.[371] § 1 Abs. 1 Satz 2 Nr. 1 ROG regele, dass durch die Raumordnung „unterschiedliche Anforderungen an den Raum aufeinander abzustimmen und die auf der jeweiligen Planungsebene auftretenden Konflikte auszugleichen" seien. § 1 Abs. 2 bringe zum Ausdruck, dass es hierbei auch um den Umweltschutz ginge. In § 1 Abs. 2 ROG heißt es, dass „Leitvorstellung […] eine nachhaltige Raumentwicklung [ist], die die sozialen und wirtschaftlichen Ansprüche an den Raum mit seinen ökologischen Funktionen in Einklang bringt und zu einer dauerhaften, großräumig ausgewogenen Ordnung mit gleichwertigen Lebensverhältnissen in den Teilräumen führt".

§ 2 Abs. 2 Nr. 6 ROG benennt seit der Gesetzesreform 2009[372] als Grundsatz der Raumordnung, dass „der Raum […] in seiner Bedeutung für die Funktionsfähigkeit der Böden, des Wasserhaushalts, der Tier- und Pflan-

---

368 *Klinger/Wegener*, Klimaschutzziele in der Raumordnung – Zugleich ein Beitrag zum Entwurf des Klimaschutzgesetzes Nordrhein-Westfalen, NVwZ 2011, S. 905 ff.; *Beckmann*, Klimaschutz durch Landesplanung – Anmerkungen zum Entwurf eines Klimaschutzgesetzes NRW, NWVBl. 2011, S. 249 ff.; *Reidt*, Regelungsmöglichkeiten und -grenzen in Raumordnungsplänen – dargestellt am Beispiel des Klimaschutzes, DVBl 2011, S. 789 ff.

369 *Reidt*, Regelungsmöglichkeiten und -grenzen in Raumordnungsplänen – dargestellt am Beispiel des Klimaschutzes, DVBl 2011, S. 789 ff. (789).

370 *Reidt*, Regelungsmöglichkeiten und -grenzen in Raumordnungsplänen – dargestellt am Beispiel des Klimaschutzes, DVBl 2011, S. 789 ff. (793).

371 *Klinger/Wegener*, Klimaschutzziele in der Raumordnung – Zugleich ein Beitrag zum Entwurf des Klimaschutzgesetzes Nordrhein-Westfalen, NVwZ 2011, S. 905 ff.

372 Siehe hierzu die Drucksache 16/10292 des Bundestages.

zenwelt sowie des Klimas einschließlich der jeweiligen Wechselwirkungen zu entwickeln, zu sichern oder, soweit erforderlich, möglich und angemessen, wiederherzustellen"[373] sei. Die Literatur spricht insoweit davon, dass der allgemeine Klimaschutz damit zu einem bedeutsamen Abwägungsbelang für die Raumordnungsplanung geworden sei.[374]

Aus dem Wortlaut ergibt sich eine doppelte Funktion der Raumordnung mit Blick auf den Klimawandel. Es sollen Maßnahmen ergriffen werden, die dem Klimawandel entgegenwirken, und solche, die der Anpassung an den (erfolgten) Klimawandel dienen.[375] Es geht also sowohl um Vorsorge als auch um Anpassung. Soweit raumbedeutsame Vorhaben Einfluss auf das Klima haben, ist der Vorsorgegedanke zu beachten, allgemein gilt folglich, dass die Planung den Klimawandel und dessen Folgen im Blick haben muss.

Die Gesetze zur Raumordnung in den Ländern, in der Regel als Landesplanungsgesetz bezeichnet, enthalten ebenfalls Aussagen zum Klimaschutz. Weitgehend geschieht dies in NRW infolge des erwähnten Klimaschutzgesetzes. Wie bereits erwähnt, ist strittig, inwieweit Regelungen zum Klimaschutz hier möglich sind.[376] Insbesondere ist strittig, ob allgemeine Klimaschutzziele geregelt werden können.

III. Klimaschutzgesetz NRW

Das Klimaschutzgesetz in NRW hat eine langwierige Entwicklungsgeschichte. Mit Blick auf seine Regelungen ließe sich fast schon fragen: Was lange währt, wird endlich gut?

---

373 Siehe zu den Regelungen im ROG ausführlich, allerdings nicht mehr dem aktuellen Gesetzesstand entsprechend: *Mitschang*, Die Belange von Klima und Energie in der Raumordnung,DVBl 2008, S. 745 ff.

374 *Spannowsky/Runkel/Goppel*, Raumordnungsgesetz, Kommentar, 2010, § 2, Rn. 143.

375 *Klinger/Wegener*, Klimaschutzziele in der Raumordnung – Zugleich ein Beitrag zum Entwurf des Klimaschutzgesetzes Nordrhein-Westfalen, NVwZ 2011, S. 905 ff. (906).

376 *Klinger/Wegener*, Klimaschutzziele in der Raumordnung – Zugleich ein Beitrag zum Entwurf des Klimaschutzgesetzes Nordrhein-Westfalen, NVwZ 2011, S. 905 ff.; *Beckmann*, Klimaschutz durch Landesplanung – Anmerkungen zum Entwurf eines Klimaschutzgesetzes NRW, NWVBl. 2011, S. 249 ff.; *Reidt*, Regelungsmöglichkeiten und -grenzen in Raumordnungsplänen – dargestellt am Beispiel des Klimaschutzes, DVBl 2011, S. 789 ff.

In der 15. Wahlperiode des Landtags unter der rot-grünen Minderheits-regierung gab es bereits 2011 einen ersten Entwurf für das Klimaschutzge-setz[377]. Zuvor hatte es auch schon einen diskutierten Arbeitsentwurf bzw. Referentenentwurf gegeben, der auf öffentliche Kritik stieß.[378] Durch die vorzeitige Neuwahl 2012 und den Grundsatz der Diskontinuität konnte der 2. Entwurf jedoch im Parlament nicht mehr verabschiedet werden. In der 16. Wahlperiode wurde dann erneut ein Gesetzesentwurf eingebracht.[379] Dieser ist dann zu Jahresbeginn 2013[380] schließlich vom Landesparlament verab-schiedet worden.

Das Gesetz hat folgende Inhalte:

Es benennt gleich zuvorderst in § 1 als seinen Zweck die Festlegung von Klimaschutzzielen. Diese werden in § 3 festgelegt. Nach § 3 Abs. 1 des Kli-maschutzgesetzes soll die Gesamtsumme der Treibhausgasemissionen in Nordrhein-Westfalen bis zum Jahr 2020 um mindestens 25 % und bis zum Jahr 2050 um mindestens 80 % im Vergleich zu den Gesamtemissionen des Jahres 1990 verringert werden.[381] Zeitgleich mit dem Erlass des Klima-schutzgesetzes wird das Landesplanungsgesetz NRW geändert werden, dies sieht Art. 2 des Gesetzes vor.

Insbesondere wird in § 12 Landesplanungsgesetz ein neuer Absatz ein-gefügt, § 12 Abs. 6 Landesplanungsgesetz. Nach diesem sind in den Raum-ordnungsplänen die räumlichen Erfordernisse des Klimaschutzes und der Anpassung an den Klimawandel als Ziele und Grundsätze der Raumordnung festzulegen. In § 12 Abs. 6 Satz 2 Landesplanungsgesetz wird festgelegt, dass zur raumordnerischen Umsetzung des § 3 Klimaschutzgesetz NRW die dort genannten Klimaschutzziele als raumbezogene Ziele und als Grundsät-ze umzusetzen und/oder nachgeordneten Planungsebenen entsprechende räumliche Konkretisierungsaufträge zu erteilen sind.

Der dem Gesetz zu Grunde liegende Gesetzesentwurf in der 16. Wahl-periode unterscheidet sich in den erfolgten weiteren Änderungen des

---

377 Lt-Drs. 15/2953.
378 Entwurf vom 22.2.2011. Berichterstattung findet sich unter http://www.welt.de/pr int/wams/nrw/article12710444/Widerstand-gegen-Oeko-Revolution.html, zuletzt abgerufen am 23.12.2012.
379 Lt-Drs. 16/127.
380 23.1.2013.
381 Ursprünglich war sogar eine Reduktion um 95% bis 2050 angedacht, die zu Gunsten eines politischen Kompromisses aufgegeben wurde; taz-die tageszeitung vom 20.10.2011, „Entschärfter Gesetzentwurf", abgerufen am 20.1.2012 unter http://w ww.taz.de/!80312/.

Landesplanungsgesetzes leicht vom Entwurf der 15. Wahlperiode. In § 12 Abs. 7 Landesplanungsgesetz wurde auf Grundlage des Entwurfes geregelt, dass die Raumordnungspläne auch diejenigen Festlegungen des Klimaschutzplans NRW umsetzen müssen, die gemäß § 6 Abs. 6 Klimaschutzgesetz NRW für verbindlich erklärt worden sind, soweit sie durch Ziele oder Grundsätze der Raumordnung gesichert werden können. In der Begründung des Gesetzesentwurfes wird auf den Unterschied zu dem Gesetzesentwurf der 15. Wahlperiode nicht eingegangen. In der Begründung heißt es lediglich: „Um der besonderen Bedeutung des Klimaschutzes Rechnung zu tragen, wird nun durch den neu eingefügten Absatz verdeutlicht, dass die Raumordnungspläne auch die Voraussetzung dafür schaffen müssen, dass die verbindlichen Vorgaben des Klimaschutzplans entsprechend § 8 Absatz 6 ROG umgesetzt werden. Die Festlegungen im Raumordnungsplan erfolgen, wenn möglich, über Ziele, sonst über Grundsätze der Raumordnung. Durch diese Festlegungen, die nach § 4 ROG festgelegte Bindungswirkung für die jeweils nachfolgenden Planungsträger und damit u. a. auch für die Bauleitpläne entfalten, werden die Voraussetzungen dafür geschaffen, dass auf den nachfolgenden Planungsebenen die Vorgaben des Klimaschutzplans zum Tragen kommen."[382]

In der 15. Wahlperiode war im Gesetzesentwurf noch eine ähnlichere Regelung für § 17 Abs. 1 Satz 3 Landesplanungsgesetz vorgesehen, dort hieß es aber unklarer: „Der Landesentwicklungsplan schafft die Voraussetzungen dafür, dass die gemäß § 6 Absatz 6 Klimaschutzgesetz Nordrhein-Westfalen für verbindlich erklärten Vorgaben des Klimaschutzplans raumordnerisch umgesetzt werden."[383]

Auf Grund der Tatsache, dass sich hier erstmals ein Bundesland umfangreich systematisch mit dem Klimaschutz auseinandersetzt, sich selbst verpflichtet und Klimaschutzziele zu Zielen und Grundsätzen der Raumordnung machen möchte, sollen die verschiedenen rechtlichen Auffassungen zu den geplanten Regelungen näher betrachtet werden, insbesondere auch aus Sicht verschiedener Autoren. Für die Kommunen dürfte sich insbesondere die Frage stellen, wie sich die landesweit gesetzten Ziele und die Regelungen der Raumordnung auf örtliches Handeln auswirken.

Verschiedene Stimmen in der Literatur setzen sich erstmals mit der Frage auseinander, ob bzw. inwieweit Klimaschutzziele im Rahmen der Landes-

---

382 Lt-Drs. 16/127, S. 25.
383 Lt-Drs. 15/2953, S. 13, S. 27.

raumordnung vorgegeben werden können. Dabei stellen sich verschiedene neue Fragestellungen. Fraglich ist hier, ob allgemeine klimapolitische Ziele einen „Raumbezug" haben, d. h., ob sie Regelungsgegenstand der Raumordnung sein können. Ferner ist fraglich, ob solche allgemeinen Zielsetzungen durch ein Bundesland möglich sind oder ob Zielvorgaben des Klimaschutzes nur dem Bund bzw. der EU möglich sind und diese mit dem Emissionshandel eine abschließende Steuerung über den zulässigen Umfang von Emissionen vorgenommen haben. Im Rahmen der Festlegung von Zielen und Grundsätzen der Raumordnung erfolgt zudem eine planerische Abwägung. Fraglich ist deshalb, ob eine allgemeine Vorgabe mit dieser Abwägung vereinbar ist.

1. Auffassung von Klinger/Wegener

Klinger/Wegener setzen sich mit den Gesetzesentwürfen auseinander und halten die dort angedachten (und nunmehr verabschiedeten) Regelungen in den Entwürfen für ein Klimaschutzgesetz in NRW für zulässig und sehen auch den nötigen Raumbezug bzw. den ihrer Auffassung nach erforderlichen „raumbezogenen Ansatz". Dieser liege vor, wenn über eine allgemeine Raumzuweisung hinaus konkrete Anforderungen an eine ökologisch vertretbare Raumnutzung gestellt würden. Es ginge um die Koordination von Raum- bzw. Bodennutzungsansprüchen, geregelt werde der Raumnutzungskonflikt zwischen klimaverträglichen und klimaunverträglichen raumrelevanten Planungen und Maßnahmen. Es dürften nur noch solche Maßnahmen Raum in Anspruch nehmen, deren Potenzial an klimaschädlichen Emissionen in zulässiger Weise dem Klimaschutzziel entspreche.[384]

Die Regelungen über den Treibhausgashandel seien nicht abschließend und stünden der Festlegung von verbindlichen Klimaschutzzielen daher nicht entgegen. Zwar könne man grundsätzlich argumentieren, dass die Emissionshandelsrichtlinie der Einführung nationaler Grenzwerte entgegenstehe, ebenso die Richtlinie 2010/75/EU über Industrieemissionen. Den Mitgliedstaaten sei es aber nach Art. 193 AEUV erlaubt, verstärkte Schutz-

---

384 *Klinger/Wegener*, Klimaschutzziele in der Raumordnung – Zugleich ein Beitrag zum Entwurf des Klimaschutzgesetzes Nordrhein-Westfalen, NVwZ 2011, S. 905 ff. (906).

maßnahmen beizubehalten oder zu ergreifen, z. B. Vorschriften für die Treibhausgasemission.[385]

Folgerichtig argumentieren *Klinger/Wegener* auch bei den erlassenen bundesrechtlichen Regelungen. Das Treibhausgas-Emissionsgesetz (TEHG) und das Zuteilungsgesetz (ZuG) widersprächen dem Klimaschutzgesetz NRW nicht. Sie regelten zwar abschließend die Umsetzung des europäischen Emissionshandelssystems in nationales Recht, dieses sei aber eben nicht abschließend.[386]

Klinger/Wegener halten die getroffenen Regelungen damit grundsätzlich für möglich und sehen sie als zulässig an. Zugleich weisen sie aber darauf hin, dass die Schwierigkeit in einer rechtmäßigen Abwägung im Rahmen der Landesplanung liege. Es müsse planerisch begründet werden, warum die Klimaschutzziele als Ziele der Landesplanung und nicht als Grundsätze ausgestaltet würden. Sie weisen zudem auf die für die Festlegung von Zielen der Raumordnung geltende Abwägungspflicht hin. Die dem Land zukommende Ermächtigung zur (Raumordnungs-)Planung umfasse notwendig die Einräumung planerischer Gestaltungsfreiheit. Diese unterliege jedoch den rechtsstaatlichen Bindungen des Abwägungsgebots. Hier weisen sie exemplarisch auf offene praktische Fragen hin. Plakativ werfen sie die Frage auf, ob etwa ein Bebauungsplan für ein allgemeines Wohngebiet mit einem Kindergarten nicht mehr aufgestellt werden könne, wenn die Planfeststellung für eine Autobahn die vorhandenen Treibhausgas-Kapazitäten „verbraucht" habe und die Planung des Kindergartens zu zusätzlichen Treibhausgasemissionen führe.[387]

2. Auffassung von Reidt

Reidt verweist differenziert darauf, dass zwar der Klimaschutz ein ausdrücklich geregelter Grundsatz der Raumordnung sei und auch Maßnahmen

---

385 *Klinger/Wegener*, Klimaschutzziele in der Raumordnung – Zugleich ein Beitrag zum Entwurf des Klimaschutzgesetzes Nordrhein-Westfalen, NVwZ 2011, S. 905 ff. (908).

386 *Klinger/Wegener*, Klimaschutzziele in der Raumordnung – Zugleich ein Beitrag zum Entwurf des Klimaschutzgesetzes Nordrhein-Westfalen, NVwZ 2011, S. 905 ff. (909).

387 *Klinger/Wegener*, Klimaschutzziele in der Raumordnung – Zugleich ein Beitrag zum Entwurf des Klimaschutzgesetzes Nordrhein-Westfalen, NVwZ 2011, S. 905 ff. (909 f.).

zum Klimaschutz raumrelevant seien könnten,[388] es müsse jedoch immer um die „überörtliche und fachübergreifende Entwicklung, Ordnung und Sicherung des Raums gehen. Davon abgekoppelt könnten einzelne Belange selbst dann jedoch nicht Gegenstand von Raumordnungsplänen seien, wenn sie als Grundsätze der Raumordnung in § 2 ROG oder anderswo benannt seien.[389] Er kommt daher zu dem Ergebnis, der Klimaschutz könne zwar Anlass, nicht hingegen unmittelbarer Regelungsgegenstand der Raumordnungsplanung seien, da der Klimaschutz keine unmittelbare Bedeutung für Raumnutzungskonflikte, konkret für die räumliche Zuordnung von miteinander nicht harmonierenden Nutzungen, habe.[390]

3. Auffassung von Beckmann und Schink

Beckmann, der für die Landesvereinigung der Unternehmensverbände Nordrhein-Westfalen ein Rechtsgutachten zum Klimaschutzgesetz erstellt hat, setzt sich näher mit dem Begriff „Ziele der Raumordnung" auseinander.[391] Angemerkt sei, dass seine Ausführungen allerdings zum Referentenentwurf des Klimaschutzgesetzes ergangen sind.

Was die gesetzliche Festlegung von Zielen der Raumordnung angeht, meint *Beckmann*, Raumordnungsziele träfen als landesplanerische Letztentscheidung eine auf der landesplanerischen Ebene nicht mehr ergänzungsbedürftige Aussage und seien nicht nur eine Abwägungsdirektive für die nachgeordneten Planungsträger. Angesichts dieser Funktion handele es sich bei einer Planaussage nur dann um ein Ziel der Raumordnung, wenn die Aussagen hinreichend konkret und grundsätzlich konfliktfrei seien.[392]

Er führt weiterhin aus, dass Ziele der Raumordnung ausschließlich in Raumordnungsplänen aufgestellt würden, weil sie das Ergebnis einer planerischen Abwägung seien. Er verweist deshalb darauf, dass es sich bei den

---

388 *Reidt*, Regelungsmöglichkeiten und -grenzen in Raumordnungsplänen – dargestellt am Beispiel des Klimaschutzes, DVBl 2011, S. 789 ff. (792).
389 *Reidt*, Regelungsmöglichkeiten und -grenzen in Raumordnungsplänen – dargestellt am Beispiel des Klimaschutzes, DVBl 2011, S. 789 ff. (793).
390 *Reidt*, Regelungsmöglichkeiten und -grenzen in Raumordnungsplänen – dargestellt am Beispiel des Klimaschutzes, DVBl 2011, S. 789 ff. (795).
391 *Beckmann*, Klimaschutz durch Landesplanung – Anmerkungen zum Entwurf eines Klimaschutzgesetzes NRW, NWVBl. 2011, S. 249 ff.
392 *Beckmann*, Klimaschutz durch Landesplanung – Anmerkungen zum Entwurf eines Klimaschutzgesetzes NRW, NWVBl. 2011, S. 249 ff.

gesetzlichen Regelungen (§ 4 Klimaschutzgesetz im 1. Entwurf) nicht um Ziele der Raumordnung handele, weil das Klimaschutzgesetz kein Raumordnungsplan sei. Es genüge daher nicht, Klimaschutzziele in NRW durch einen formalen Gesetzgebungsakt zu Zielen der Raumordnung zu erklären.[393]

Soweit sich diese Kritik insoweit allerdings noch auf § 4 des zunächst diskutierten Entwurfs eines Klimaschutzgesetzes bezieht, so greift sie nicht bezüglich des 2. Entwurfs und des letztlich verabschiedeten Gesetzes. Insbesondere unterscheidet sich dieses zum 1. Entwurf dahingehend, dass eben auch das Landesplanungsgesetz geändert wird und dass es z. B. insbesondere in § 17 Abs. 1 Satz 3 Landesplanungsgesetz heißt, dass der Landesentwicklungsplan die Voraussetzungen dafür schafft, dass die gemäß § 6 Abs. 6 Klimaschutzgesetz Nordrhein-Westfalen für verbindlich erklärten Vorgaben des Klimaschutzplans raumordnerisch umgesetzt werden.

Somit ist *Beckmann* hier eindeutig zu entgegnen, dass die von ihm geforderte planerische Abwägung ausdrücklich geschehen soll. Dies räumt er in seinem später erschienenen Rechtsgutachten im Juli 2011 auch ein.[394]

Er konzentriert sich daher in seiner Kritik darauf, dass vorrangige Regelungen im Bundesrecht mit dem TEHG existierten. Daraus folge, dass die Klimaschutzziele des Landes nicht auf Unternehmen angewandt werden könnten, die am Emissionshandel teilnähmen.[395]

Er kritisiert auch die mangelnde rechtliche Bestimmtheit der Klimaschutzziele.[396] Als problematisch sieht er es insbesondere an, dass alle

---

393 *Beckmann*, Klimaschutz durch Landesplanung – Anmerkungen zum Entwurf eines Klimaschutzgesetzes NRW, NWVBl. 2011, S. 249 ff. (252).

394 *Beckmann*, Klimaschutz in Nordrhein-Westfalen, Zum Entwurf eines Gesetzes zur Förderung des Klimaschutzes in NRW mit Stand vom 21.6.2011, Rechtsgutachten im Auftrage der Unternehmer NRW Landesvereinigung der Unternehmensverbände NRW e. V., abgerufen unter http://www.unternehmernw.net/dateien/publikati onen/Rechtsgutachten-Klimaschutzgesetz.pdf am 4.2.2012, S. 5.

395 *Beckmann*, Klimaschutz in Nordrhein-Westfalen, Zum Entwurf eines Gesetzes zur Förderung des Klimaschutzes in NRW mit Stand vom 21.6.2011, Rechtsgutachten im Auftrage der Unternehmer NRW Landesvereinigung der Unternehmensverbände NRW e. V., abgerufen unter http://www.unternehmernw.net/dateien/publikati onen/Rechtsgutachten-Klimaschutzgesetz.pdf am 4.2.2012, S. 38 f.

396 *Beckmann*, Klimaschutz in Nordrhein-Westfalen, Zum Entwurf eines Gesetzes zur Förderung des Klimaschutzes in NRW mit Stand vom 21.6.2011, Rechtsgutachten im Auftrage der Unternehmer NRW Landesvereinigung der Unternehmensverbände NRW e. V., abgerufen unter http://www.unternehmernw.net/dateien/publikati onen/Rechtsgutachten-Klimaschutzgesetz.pdf am 4.2.2012, S. 9 f.

öffentlichen Stellen, die das Klimaschutzgesetz zu beachten hätten, insbesondere die Träger der Regionalplanung und der Bauleitplanung unmittelbar auf die Klimaschutzziele des Gesetzes verpflichtet würden. Die Klimaschutzziele gälten unabhängig davon, ob und inwieweit bereits ein Klimaschutzplan beschlossen, Klimaschutzkonzepte aufgestellt und dementsprechende Ziele und Grundsätze der Raumordnung festgelegt worden seien. Er meint offenbar, die Ziele müssten zunächst konkretisiert werden, indem er fordert, die Verbindlichkeit von Klimaschutzzielen nicht an den Anfang – vor der Erarbeitung eines Klimaschutzplans und von Klimaschutzkonzepten – zu stellen, sondern lediglich diese Ziele in einem Planungsprozess zu initiieren, an dessen Ende als Ergebnis auch verbindliche Klimaschutzziele stehen könnten.

Beckmann beruft sich in seiner Kritik auch auf Schink, der insbesondere auch der Meinung ist, dass die landesrechtliche Festlegung von verbindlichen Klimaschutzzielen bedenklich sei, weil mit dem Emissionshandelsrecht, insbesondere mit dem TEHG und dem ZuG 2012, abschließende vorrangige Regelungen ergangen seien.[397] *Schink* ist auch der Meinung, dass Klimaschutzziele in Form von verbindlichen gesetzlichen Vorgaben zur CO_2-Minderung keine Ziele der Raumordnung sein könnten. Raumordnung bedeute Überörtlichkeit und Überfachlichkeit. Die Raumordnung habe aber kein „allgemeinpolitisches Mandat". Raumordnung müsse immer auch die Ordnung des Raumes bezwecken und dürfe sich nicht als „Reparaturbetrieb für anderweitig als nicht gelungen empfundene einfachgesetzliche Lösungen gerieren". Genau dies geschehe jedoch, würden landesrechtliche Klimaschutzziele zu Zielen der Raumordnung erklärt. Denn dann würde das als unzureichend empfundene Emissionshandelsrecht durch die gesetzlichen Minderungsziele „quasi aufgefüllt" und über die Landesplanung so operationalisiert und verändert, dass nicht Zertifikate, sondern das landesrechtlich festgelegte Emissionskontingent über die Zulassungsfähigkeit von Kraftwerken und Industrieanlagen entscheide. Ein solches Vorgehen liege nicht in der Kompetenz der Raumordnung.[398]

Dem ist zu entgegnen, dass schon jetzt die Raumordnung dazu führen kann und konkret führt, dass Anlagen ggf. nicht errichtet werden können, wenn für sie kein Standort zur Verfügung steht. Den Kritikern, die die man-

---

397 *Schink,* Regelungsmöglichkeiten der Bundesländer im Klimaschutz, UPR 2011, S. 91 ff. (93 f.).
398 *Schink,* Regelungsmöglichkeiten der Bundesländer im Klimaschutz, UPR 2011, S. 91 ff. (98).

gelnde Bestimmtheit kritisieren, ist auch entgegenzuhalten, dass es sich bei dem Klimaschutzgesetz nach dem Verständnis der Landesregierung um ein „Rahmengesetz" handeln soll. Ausdrücklich wird dieses Verständnis in § 6 des Klimaschutzgesetzes deutlich, denn nach § 6 Abs. 2 konkretisiert der Klimaschutzplan die notwendigen Maßnahmen zur Erreichung der Klimaschutzziele nach § 3. In den Entwürfen heißt es in den allgemeinen Erläuterungen zum Gesetz ausdrücklich: „Es legt die Klimaschutzziele der Landesregierung verbindlich fest und setzt den gesetzlichen Rahmen für einen detaillierten Klimaschutzplan, welcher die notwendigen Strategien und Maßnahmen sowie auch sektorale Ziele sowie Zwischenziele enthalten wird."[399]

4. Auffassung von Ekardt

Ekardt hält den Kritikern entgegen, dass Fehlen von Ergebnissen höherrangiger Klimapolitik im Bund und auf völkerrechtlicher Ebene werfe die Frage auf, ob nicht regionale Einheiten wie die Bundesländer hier eine Anstoßfunktion hätten. Er spricht von einer „Art Auffang-Erfüllungsfunktion".[400]

Er betont auch, dass mit dem Erlass eines Klimaschutzgesetzes kein Widerspruch zu Regelungen des Treibhausgasemissionshandels bestehe und daher die Bundesländer durchaus Regelungen treffen könnten.[401] Zwar gebe es in Art. 9 der Richtlinie 2010/75/EU über Industrieemissionen (IED-RL) eine explizite Regelung dahingehend, dass ergänzende ordnungsrechtliche Klimagas-Grenzwerte von den Mitgliedstaaten nicht erlassen werden dürften, dies beziehe sich jedoch lediglich auf explizite Anforderungen im Rahmen der Genehmigung von Industrieanlagen. Art. 6 und Art. 17 IED-RL erlaubten jedoch allgemeinverbindliche Vorschriften in Bezug auf Anlagen,

---

399 Drucksache 15/2953 des Landtags NRW, S. 16 ; Drucksache 16/127 des Landtags NRW, S. 16.

400 *Ekardt*, Zur Vereinbarkeit eines Landesklimaschutzrechts mit dem Bundes-, Verfassungs- und Europarecht, UPR 2011, S. 371 ff. (374). Der Beitrag war auch Gegenstand einer öffentlichen Anhörung des Ausschusses für Klimaschutz, Umwelt, Naturschutz, Landwirtschaft und Verbraucherschutz, des Ausschusses für Kommunalpolitik und des Ausschusses für Wirtschaft, Mittelstand und Energie am 23.1.2012 des Landtags NRW – Landtags-Drucksache 15/1163.

401 *Ekardt*, Zur Vereinbarkeit eines Landesklimaschutzrechts mit dem Bundes-, Verfassungs- und Europarecht, UPR 2011, S. 371 ff. (374).

also auch solche des Raumordnungsrechts.[402] Langfristige Regelungen über Treibhausgasemissionen sehe der Emissionshandel nicht vor. So seien die verbindlichen Ziele des Emissionshandels derzeit nur bis 2020 festgelegt. Das Handelssystem sei außerdem auch seinem Anwendungsbereich nach begrenzt, indem es lediglich bestimmte Industrieanlagen abbilde. Ausgenommen sei damit die Mehrzahl der immissionsschutzrechtlich genehmigungsbedürftigen Anlagen. Allerdings räumt *Ekardt* ein, dass die erfassten Anlagen bezogen auf Nordrhein-Westfalen etwa zwei Drittel der landesweiten Emissionen verursachten. Der Wärme- und Verkehrssektor bliebe jedoch größtenteils unberücksichtigt, damit müsse hier Platz für landesgesetzliche Regelungen existieren. Das stärkste Argument, dass Art. 9 der Richtlinie 2010/75/EU über Industrieemissionen (IED-RL) die Landesregierung nicht am Gesetzeserlass hindere, ergebe sich zudem aus Art. 193 AEUV. Dieser gestehe es den Mitgliedstaaten zu, für den Bereich des Umweltrechts weitergehende Anforderungen als die EU zu normieren.[403]

Er diskutiert auch, ob nicht die völkerrechtlichen, europarechtlichen und deutschen Menschenrechte eine deutlich intensivierte Klimapolitik erzwingen müssten, und zwar eine solche, die sich am Ziel mittelfristig gleicher (globaler) Emissionsrechte orientiere.[404] Er fordert hier ein gewisses Umdenken, indem er schreibt, für die rechtliche Beurteilung einer landesgesetzlichen Initiative wie in NRW sei dieser grundrechtliche Hinweis auch deshalb wichtig, weil sonst speziell im deutschen Grundrechtsdiskurs Klimapolitik im Wesentlichen als Freiheitsbeschränkung auftauche – statt als intertemporal und global wirkende Freiheitsermöglichung verstanden zu werden.[405]

Gegen eine Ausschlusswirkung der Emissionshandelsregelungen gegenüber einer Landesklimagesetzgebung spreche auch das EU-Wasserrecht mit seinen mittelbar klimaschützenden Wirkungen. Dessen mittelbaren Wirkungen gingen potenziell über den Emissionshandel in seiner gegenwärtigen Form hinaus und sprächen in systematischer Auslegung dafür, da ansonsten

---

402 *Ekardt*, Zur Vereinbarkeit eines Landesklimaschutzrechts mit dem Bundes-, Verfassungs- und Europarecht, UPR 2011, S. 371 ff. (374).
403 *Ekardt*, Zur Vereinbarkeit eines Landesklimaschutzrechts mit dem Bundes-, Verfassungs- und Europarecht, UPR 2011, S. 371 ff. (375).
404 *Ekardt*, Zur Vereinbarkeit eines Landesklimaschutzrechts mit dem Bundes-, Verfassungs- und Europarecht, UPR 2011, S. 371 ff. (376).
405 *Ekardt*, Zur Vereinbarkeit eines Landesklimaschutzrechts mit dem Bundes-, Verfassungs- und Europarecht, UPR 2011, S. 371 ff. (376).

ein unlösbarer europarechtsinterner Normwiderspruch entstehe, keine strikte Ausschlusswirkung anzunehmen.[406] Die EU-Wasserrahmenrichtlinie und deren Tochterrichtlinie begrenzten die Möglichkeit der Neuerrichtung von Kohlekraftwerken oder deren Erneuerung auf Grund von Quecksilberemissionen. Die Richtlinien schrieben ein strenges Verbesserungsgebot und Verschlechterungsverbot sowie zusätzlich spezifische Vorgaben und Grenzwerte für bestimmte Stoffe vor. Dies bestärkt *Ekardt* in seiner Meinung, dass das Unionsrecht der z. B. in NRW geplanten Gesetzgebung zum Klimaschutz letztlich entweder nur begrenzte oder sogar nahezu keine Hindernisse in den Weg stelle.[407]

Mit Blick auf die Vereinbarkeit der landesrechtlichen Regelungen mit dem Grundgesetz nimmt er ferner die Gesetzgebungskompetenz und den Bestimmtheitsgrundsatz näher in den Blick. Hier betont er zunächst, dass auf Grundlage von Art. 74 Abs. 1 Nr. 24 GG und Art. 74 Abs. 1 Nr. 11 GG eine weitreichende Gesetzgebungskompetenz des Bundes für den Klimaschutz bestehe.[408] Allein der Umstand, dass der Bund ein Gesetz auf dem Gebiet der konkurrierenden Gesetzgebung erlassen habe, führe jedoch noch nicht zum Eintritt der Sperrwirkung. Unter Betrachtung der Regelungen des BImSchG und des Treibhausgas-Emissionshandelsgesetzes führt er aus, man könne sogar bezweifeln, dass ein solches Bundesgesetz für allgemeine Klimaziele überhaupt existiere.[409] Die erlassenen Regelungen verböten nach ihrem Wortlaut nicht generell Klimaziele, und sie verböten auch nicht jedwede Regelungen, die in irgendeiner Weise für Industrieanlagen, die dem Emissionshandel unterlägen, von Bedeutung seien. Ebenso wenig seien Regelungen für gesellschaftliche Bereiche oder Wirtschaftssektoren, die dem Emissionshandel gar nicht unterfielen, verboten. Die Regelungen des § 5 Abs. 1 BImSchG verböten vielmehr Treibhausgasgrenzwerte und ähnlich gelagerte, konkret anlagenbezogene Normierungen.[410] In den nicht abschließend geregelten Bereichen dürften die Länder zwar zumindest keine Rege-

---

406 *Ekardt*, Zur Vereinbarkeit eines Landesklimaschutzrechts mit dem Bundes-, Verfassungs- und Europarecht, UPR 2011, S. 371 ff. (376).

407 *Ekardt*, Zur Vereinbarkeit eines Landesklimaschutzrechts mit dem Bundes-, Verfassungs- und Europarecht, UPR 2011, S. 371 ff. (376f).

408 *Ekardt*, Zur Vereinbarkeit eines Landesklimaschutzrechts mit dem Bundes-, Verfassungs- und Europarecht, UPR 2011, S. 371 ff. (377).

409 *Ekardt*, Zur Vereinbarkeit eines Landesklimaschutzrechts mit dem Bundes-, Verfassungs- und Europarecht, UPR 2011, S. 371 ff. (377).

410 *Ekardt*, Zur Vereinbarkeit eines Landesklimaschutzrechts mit dem Bundes-, Verfassungs- und Europarecht, UPR 2011, S. 371 ff. (377).

lungen treffen, die im Widerspruch zu dem erkennbaren Regelungswillen des Bundesgesetzgebers stünden, sie dürften aber sehr wohl ergänzende Regelungen treffen, soweit der Bund von seiner konkurrierenden Gesetzgebungskompetenz eben keinen Gebrauch gemacht habe.[411]

Soweit die Gesetzgebung wegen der notwendigen verfassungsrechtlichen Bestimmtheit kritisiert werde, könne man nur bei vordergründiger Betrachtung meinen, dass die allgemeine Klimaschutz-Vorrangregelung und die allgemeine Verpflichtung aller öffentlichen Stellen sowie der Landesregierung, sich am Klimaschutz zu orientieren, ein Bestimmtheitsproblem hätten. Wesentlich sei hier nämlich, dass das Klimaschutzgesetz auf eine doppelte Konkretisierung hin angelegt sei: in erster Linie über den zu verabschiedenden Klimaschutzplan, in zweiter Linie aber auch durch die entsprechend weiterzuentwickelnde Raumordnung.[412] Die hiermit gewählte Regelungstechnik, zunächst Umweltziele rechtsverbindlich festzulegen und diese später weiter zu konkretisieren, verbreite sich unter dem Einfluss des Europarechts immer stärker und sei weder atypisch noch unzulässig. Könne sich dennoch einmal im konkreten Fall nicht bestimmen lassen, was rechtlich verlangt sei, bliebe die Option, im Wege verfassungskonformer Auslegung eine einschränkende, geltungserhaltende Interpretation der betreffenden Landesrechtsnormen vorzunehmen. Bei einer entsprechenden Auslegung und einer weiteren Konkretisierung scheitere die nordrhein-westfälische Landesklimaschutzregelung somit auch nicht am Bestimmtheitsgrundsatz des deutschen Verfassungsrechts.[413]

5. Auffassung von Schulte

Auch *Schulte* hält in einer kurzen Stellungnahme für eine öffentliche Anhörung des Landtags bzw. dessen zuständigen Fachausschüssen die Rege-

---

411 *Ekardt*, Zur Vereinbarkeit eines Landesklimaschutzrechts mit dem Bundes-, Verfassungs- und Europarecht, UPR 2011, S. 371 ff. (377f).
412 *Ekardt*, Zur Vereinbarkeit eines Landesklimaschutzrechts mit dem Bundes-, Verfassungs- und Europarecht, UPR 2011, S. 371 ff. (378).
413 *Ekardt*, Zur Vereinbarkeit eines Landesklimaschutzrechts mit dem Bundes-, Verfassungs- und Europarecht, UPR 2011, S. 371 ff. (378).

lungen des Klimaschutzgesetzes NRW für möglich.[414] Für den Bereich der Raumordnung, auf den sich der Schwerpunkt des Klimaschutzgesetzentwurfes beziehe, bestehe mit Blick auf die konkurrierende Gesetzgebungsbefugnis des Bundes ein Abweichungsrecht der Länder gem. Art. 72 Abs. 3 GG, ohne dass in Art. 72 Abs. 3 Nr. 4 GG eine Einschränkung für die Abweichung benannt werde. Die geplanten Regelungen seien auch im Rahmen der Raumordnung möglich. Im Schrifttum werde ein erweiterter Begriff der Raumordnung vertreten. Dieser gehe bezüglich der Umweltbelange über die bloße Sicherung von Freiräumen zum Erhalt der Naturraumpotenziale hinaus. Eine deutlich ökologische Orientierung zeige sich etwa in § 2 Abs. 2 Nr. 6 S. 1 und 6 ROG. Den räumlichen Erfordernissen des Klimawandels sei Rechnung zu tragen, sowohl durch Maßnahmen, die dem Klimawandel entgegenwirken, als auch durch solche, die der Anpassung an den Klimawandel dienten. Deshalb regle das raumordnerische Klimaschutzziel den Raumnutzungskonflikt zwischen klimaverträglichen und klimaunverträglichen raumrelevanten Planungen und Maßnahmen. Dies sei im Kern eine originäre Aufgabe der Raumordnung, da es sich hierbei um nichts anderes als um die Koordination von Raum- bzw. Bodennutzungsansprüchen handle.[415] Argumente für eine enge Auslegung des Raumordnungsbegriffes würden nicht überzeugen: Die Befürchtungen einer Ersatzgesetzgebung oder eines allgemeinpolitischen Mandates erscheine auf den ersten Blick schwerwiegend, verkenne aber die komplexen Anforderungen an die Raumplanung. Mittels Raumplanung solle gerade durch planerische Gestaltung die Entwicklung und Belastung der natürlichen Umwelt so gesteuert werden, dass Gefährdungen und Schädigungen soweit wie möglich vermieden würden. Allein die Fachplanungen könnten nicht alle mit dem Klimaschutz verbundene Aspekte berücksichtigen; dies würde sie deutlich überfordern.[416]

---

414 Stellungnahme von *Schulte* für die öffentliche Anhörung des Ausschusses für Klimaschutz, Umwelt, Naturschutz, Landwirtschaft und Verbraucherschutz, des Ausschusses für Kommunalpolitik und des Ausschusses für Wirtschaft, Mittelstand und Energie am 23.1.2012 des Landtags NRW – Landtags-Drucksache 15/1309.

415 Stellungnahme von *Schulte* für die öffentliche Anhörung des Ausschusses für Klimaschutz, Umwelt, Naturschutz, Landwirtschaft und Verbraucherschutz, des Ausschusses für Kommunalpolitik und des Ausschusses für Wirtschaft, Mittelstand und Energie am 23.1.2012 des Landtags NRW – Landtags-Drucksache 15/1309, S. 4.

416 Stellungnahme von *Schulte* für die öffentliche Anhörung des Ausschusses für Klimaschutz, Umwelt, Naturschutz, Landwirtschaft und Verbraucherschutz, des Ausschusses für Kommunalpolitik und des Ausschusses für Wirtschaft, Mittelstand und Energie am 23.1.2012 des Landtags NRW – Landtags-Drucksache 15/1309, S. 4.

Schulte sieht auch keine Kompetenzprobleme mit Blick auf die Regelungen des Bundes im BImSchG, des TEHG und des ZuG. Er zitiert hier wörtlich die Begründung zu § 6 Abs. 3 des Gesetzesentwurfes zum Klimaschutzgesetz, gemäß dem „bei der Erarbeitung des Klimaschutzplanes Wirkungsbeiträge und Wechselwirkungen von Instrumenten zur Emissionsminderung auf europäischer Ebene und Bundesebene darzustellen und zu berücksichtigen sind. Dies gilt insbesondere für den europäischen Emissionshandel. Dabei sind keine eigenen ordnungsrechtlichen Vorgaben des Landes Nordrhein-Westfalen für den Emissionshandelssektor gemeint, sondern dessen Einbezug in die Betrachtung der Entwicklung der Gesamtsumme von Treibhausgasemissionen."

Damit werde klargestellt, dass die Kritik, der Landesgesetzgeber wolle von den Anlagenbetreibern über das TEHG hinausgehende Maßnahmen zur Emissionsminderung verlangen, nicht zutreffend sei. Richtig sei hingegen, dass der Landesgesetzgeber zu diesem Gesetz flankierende Maßnahmen ergreifen möchte, um seine Klimaschutzziele zu erreichen.[417]

Schulte sieht auf der Ebene des Gesetzes kein Problem bezüglich des verfassungsrechtlichen Bestimmtheitsgrundsatzes, der Gesetzentwurf enthalte noch keine erkennbaren Belastungen für den einzelnen Grundrechtsadressaten, so dass auch die Anforderungen an die Bestimmtheit noch relativ gering seien.

6. Auffassung von Schlacke

Im Rahmen der Anhörung im Landtag hat auch *Schlacke* eine ausführliche rechtliche Bewertung vorgelegt.[418] Sie erläutert zunächst insbesondere den Unterschied zur Gesetzgebung anderer Bundesländer, namentlich Hamburg. Das hamburgische Klimaschutzgesetz enthalte im Gegensatz zum NRW-Entwurf keine verbindlichen Klimaschutzziele, auch nicht die Verpflichtung zum Erlass eines Klimaschutzplans. Es regele Maßnahmen zur sparsamen

---

417 Stellungnahme von *Schulte* für die öffentliche Anhörung des Ausschusses für Klimaschutz, Umwelt, Naturschutz, Landwirtschaft und Verbraucherschutz, des Ausschusses für Kommunalpolitik und des Ausschusses für Wirtschaft, Mittelstand und Energie am 23.1.2012 des Landtags NRW – Landtags-Drucksache 15/1309, S. 5.
418 Stellungnahme von *Schlacke* für die öffentliche Anhörung des Ausschusses für Klimaschutz, Umwelt, Naturschutz, Landwirtschaft und Verbraucherschutz, des Ausschusses für Kommunalpolitik und des Ausschusses für Wirtschaft, Mittelstand und Energie am 23.1.2012 des Landtags NRW – Landtags-Drucksache 15/1286.

Verwendung von Energie, wie etwa eine Beschränkung für den Neuanschluss elektrischer Heizungen, und verpflichte die Freie und Hansestadt Hamburg zur Energieeinsparung in öffentlichen Gebäuden sowie zur Berücksichtigung des Energieverbrauchs von Anlagen und Geräten im Bereich der Beschaffung.[419]

Sie sieht eine Gesetzgebungskompetenz des nordrhein-westfälischen Gesetzgebers als gegeben an, kritisiert aber, dass die Gesetzesbegründung die Gesetzgebungskompetenz knapp und allein mit Art. 70 GG begründe. Sie erläutert die unterschiedlichen in Betracht kommenden Kompetenztitel des Grundgesetzes und sieht eine Gesetzgebungskompetenz des Landes NRW aus dem Recht der Luftreinhaltung gem. Art. 74 Abs. 1 Nr. 24 GG als gegeben an. Die vorgesehenen Änderungen des LPlG NRW könnten sich auf Art. 74 Abs. 1 Nr. 31 GG (Recht der Raumordnung) stützen.[420]

Schlacke begründet dies damit, dass der Bundesgesetzgeber bislang kein Klimaschutzgesetz verabschiedet habe, das ähnliche Regelungsgehalte wie der nordrhein-westfälische Gesetzesentwurf enthalte. In Bezug auf das erlassene TEHG, das BImSchG sowie das ZUG führt sie lediglich sehr knapp aus, diese Gesetze enthielten keine Klimaschutzziele und auch keine Verpflichtung zum Erlass eines Klimaschutzplans. Auf die Tatsache, dass diese Gesetze dazu dienen sollen, Klimaschutzziele im Rahmen einer globalen und europäischen Strategie zu erreichen, geht sie – zumindest an dieser Stelle – nicht ein.[421] Die Änderungen des Landesplanungsgesetzes NRW könnten sich auf die Abweichungsbefugnis gem. Art. 72 Abs. 3 S 1 Nr. 4 GG stützten. Obgleich Schlacke hier zunächst also nicht genauer auf das Verhältnis des nordrhein-westfälischen Gesetzesentwurfes zum Bundesrecht eingeht bzw.

---

419 Stellungnahme von *Schlacke* für die öffentliche Anhörung des Ausschusses für Klimaschutz, Umwelt, Naturschutz, Landwirtschaft und Verbraucherschutz, des Ausschusses für Kommunalpolitik und des Ausschusses für Wirtschaft, Mittelstand und Energie am 23.1.2012 des Landtags NRW – Landtags-Drucksache 15/1286, S. 11.

420 Stellungnahme von. *Schlacke* für die öffentliche Anhörung des Ausschusses für Klimaschutz, Umwelt, Naturschutz, Landwirtschaft und Verbraucherschutz, des Ausschusses für Kommunalpolitik und des Ausschusses für Wirtschaft, Mittelstand und Energie am 23.1.2012 des Landtags NRW – Landtags-Drucksache 15/1286, S. 16 f.

421 Stellungnahme von *Schlacke* für die Öffentliche Anhörung des Ausschusses für Klimaschutz, Umwelt, Naturschutz, Landwirtschaft und Verbraucherschutz, des Ausschusses für Kommunalpolitik und des Ausschusses für Wirtschaft, Mittelstand und Energie am 23.1.2012 des Landtags NRW – Landtags-Drucksache 15/1286, S. 17.

keine Überschneidungen dazu sieht und eine Gesetzgebungskompetenz damit bejaht, thematisiert sie dann doch noch, wie das Verhältnis zum „Bundesklimaschutzrecht" ist.[422] Sie begibt sich damit in einen gewissen Wertungswiderspruch, wenn sie einerseits zunächst feststellt, der Bund habe nicht umfassend von seiner Gesetzgebungskompetenz Gebrauch gemacht, es dann jedoch es als notwendig ansieht, zu überprüfen, in welchem Verhältnis der nordrhein-westfälische Gesetzesentwurf zum Bundesrecht steht. Sie formuliert selbst: „Die Klimaschutzziele des § 3 KlimaSchG-E NRW sowie der Klimaschutzplan nach § 6 KlimaSchG könnten gegen das TEHG und ZuG verstoßen, wenn hierdurch das Emittieren von Treibhausgasen an zusätzliche über diese Gesetze hinausgehende Anforderungen geknüpft würde."[423]

Auch *Schlacke* betont dann jedoch, die Klimaschutzziele in § 3 des Gesetzesentwurfes seien ausschließlich für die Landesregierung verbindlich. Es ginge auch nicht um unmittelbar verbindliche Voraussetzungen für Anlagenbetreiber.[424] Sodann geht sie auf die Beiträge von Klinger/Wegener sowie Schink ein, um die Argumente von Klinger/Wegener zu teilen.

Sie prüft dann die Vereinbarkeit der Änderung des Landesplanungsgesetzes mit Blick auf das Raumordnungsgesetz. Sie setzt sich ebenfalls mit der Unterscheidung und den Definitionen für Grundsätze und für Ziele der Raumordnung auseinander. *Schlacke* betont insbesondere, dass die geplante Regelung in § 12 Abs. 6 S. 2 LPlG, die zur „Umsetzung" der Klimaschutzziele des § 3 im Gesetzesentwurf in Raumordnungsplänen verpflichte, nicht im Gegensatz zum ROG stehe.

---

422 Stellungnahme von *Schlacke* für die öffentliche Anhörung des Ausschusses für Klimaschutz, Umwelt, Naturschutz, Landwirtschaft und Verbraucherschutz, des Ausschusses für Kommunalpolitik und des Ausschusses für Wirtschaft, Mittelstand und Energie am 23.1.2012 des Landtags NRW – Landtags-Drucksache 15/1286, S. 16 f.

423 Stellungnahme von *Schlacke* für die öffentliche Anhörung des Ausschusses für Klimaschutz, Umwelt, Naturschutz, Landwirtschaft und Verbraucherschutz, des Ausschusses für Kommunalpolitik und des Ausschusses für Wirtschaft, Mittelstand und Energie am 23.1.2012 des Landtags NRW – Landtags-Drucksache 15/1286, S. 21.

424 Stellungnahme von *Schlacke* für die öffentliche Anhörung des Ausschusses für Klimaschutz, Umwelt, Naturschutz, Landwirtschaft und Verbraucherschutz, des Ausschusses für Kommunalpolitik und des Ausschusses für Wirtschaft, Mittelstand und Energie am 23.1.2012 des Landtags NRW – Landtags-Drucksache 15/1286, S. 22.

Die Klimaschutzziele seien hiernach umzusetzen; sie seien aber nicht unmittelbar bindend. Eine solche Bindungswirkung sei auch mit der erforderlichen raumordnerischen Abwägung im Rahmen einer Zielfestlegung nicht vereinbar, hierbei sei abschließend abzuwägen, was sich aus § 7 Abs. 2 S. 1, 2. Hs. ROG ergebe.[425]

Kritisch sieht sie die Verknüpfung der Raumordnung mit der Verordnungsermächtigung in § 6 Abs. 6 des Gesetzesentwurfes. Werde von der Rechtsverordnungsermächtigung gem. § 6 Abs. 6 des Gesetzesentwurfes Gebrauch gemacht, so habe der Landesentwicklungsplan die entsprechenden Vorgaben raumordnerisch nach § 17 Abs. 1 S. 3 LPlG auf Grundlage des Gesetzesentwurfes umzusetzen.[426]

Sie betont nochmals, dass Ziele der Raumordnung immer einer Abwägung bedürften. Ziele der Raumordnung könnten daher nicht ohne jeweilige vorherige Abwägung im Rahmen von § 6 des Gesetzesentwurfes oder als Rechtsverordnung auf der Grundlage von § 6 Abs. 6 des Gesetzesentwurfes erlassen werden. Zwar schlössen § 6 des Gesetzesentwurfes und der Erlass einer Rechtsverordnung auf der Grundlage von § 6 Abs. 6 des Gesetzesentwurfes nicht explizit eine erforderliche Abwägung aus, es sei jedoch aus rechtssystematischer Perspektive zweifelhaft, ob durch einen Klimaschutzplan oder eine ihn ergänzende Rechtsverordnung Ziele der Raumordnung festgelegt werden sollten. Adäquater erscheine es, derartige Festlegungen der Raumordnung, insbesondere der Landesentwicklungsplanung, vorzubehalten.[427] Folge man dieser systematischen Trennung zwischen Aufstellung von Klimaschutzplan und Landesentwicklungsplan sowie weiteren Raumordungsplänen, so komme es auch nicht zu weiteren „Kollisionen" mit

---

425 Stellungnahme von *Schlacke* für die öffentliche Anhörung des Ausschusses für Klimaschutz, Umwelt, Naturschutz, Landwirtschaft und Verbraucherschutz, des Ausschusses für Kommunalpolitik und des Ausschusses für Wirtschaft, Mittelstand und Energie am 23.1.2012 des Landtags NRW – Landtags-Drucksache 15/1286, S. 25.

426 Stellungnahme von *Schlacke* für die öffentliche Anhörung des Ausschusses für Klimaschutz, Umwelt, Naturschutz, Landwirtschaft und Verbraucherschutz, des Ausschusses für Kommunalpolitik und des Ausschusses für Wirtschaft, Mittelstand und Energie am 23.1.2012 des Landtags NRW – Landtags-Drucksache 15/1286, S. 15 und S. 26.

427 Stellungnahme von *Schlacke* für die öffentliche Anhörung des Ausschusses für Klimaschutz, Umwelt, Naturschutz, Landwirtschaft und Verbraucherschutz, des Ausschusses für Kommunalpolitik und des Ausschusses für Wirtschaft, Mittelstand und Energie am 23.1.2012 des Landtags NRW – Landtags-Drucksache 15/1286, S. 26.

dem raumordnungsrechtlich gebotenen Abwägungsgebot. Ziele und Maßnahmen eines Klimaschutzplans könnten gleichwohl als Belang(e) in eine Abwägung über Ziele des Landesentwicklungsplans Eingang finden.

Zweifel bestünden auch hinsichtlich der geplanten Fassung von § 12 Abs. 6 S. 2 LPlG NRW auf Grund der Verwendung des Wortes „ansonsten". Dies könne eine Art Rangverhältnis in dem Sinne vorsehen, dass in erster Linie die Klimaschutzziele in Form von Zielen der Raumordnung und zweitrangig als Grundsätze der Raumordnung formuliert werden sollten. Ein solches Rangverhältnis sei aber durch das ROG nicht vorgesehen und widerspreche dem raumordnerischen Abwägungsgebot. Schlacke rät daher, das Wort zu streichen.[428] Ihrem Rat wurde im Rahmen des neuen Gesetzesentwurfes in der 16. Wahlperiode gefolgt.[429]

7. Stellungnahme/Zusammenfassung

Klimaschutzziele der Bundesländer in der Raumordnung als festgelegte Grundsätze oder Ziele der Raumordnung unterliegen mithin verschiedenen rechtlichen Bedenken. Zum einen müssen die Regelungen kompetenziell möglich sein. Zum anderen müssen sie mit dem Europäischen Emissionshandelsrecht in Einklang stehen und dürfen auch nicht dem Recht des Bundes widersprechen. Die rechtsstaatlichen Grundsätze einer Abwägung müssen beachtet werden.

Lediglich *Reidt* hat grundsätzliche Bedenken, wenn er ausführt, der Klimaschutz könne nicht unmittelbarer Regelungsgegenstand der Raumordnungsplanung sein. *Klinger/Wegener* ist jedoch zuzustimmen, dass

---

428 Stellungnahme von *Schlacke* für die öffentliche Anhörung des Ausschusses für Klimaschutz, Umwelt, Naturschutz, Landwirtschaft und Verbraucherschutz, des Ausschusses für Kommunalpolitik und des Ausschusses für Wirtschaft, Mittelstand und Energie am 23.1.2012 des Landtags NRW – Landtags-Drucksache 15/1286, S. 27.

429 Lt-Drs. 16/127. Dort heißt es nunmehr in der angedachten Fassung für § 12 Abs. 6 Satz 2: „Zur raumordnerischen Umsetzung des § 3 Klimaschutzgesetz Nordrhein-Westfalen sind die genannten Klimaschutzziele als raumbezogene Ziele und Grundsätze umzusetzen und/oder nachgeordneten Planungsebenen entsprechende räumliche Konkretisierungsaufträge zuerteilen." In der Lt-Drs. 15/2953 heißt es noch: „Zur raumordnerischen Umsetzung des § 3 Klimaschutzgesetz Nordrhein-Westfalen sind die genannten Klimaschutzziele als raumbezogene Ziele und ansonsten als Grundsätze umzusetzen und/oder nachgeordneten Planungsebenen entsprechende räumliche Konkretisierungs-aufträge zu erteilen.".

Klimaschutzregelungen in der Raumordnung dann zulässig sind, wenn konkrete Anforderungen an eine Raumnutzung gestellt werden. Solange nur abstrakt darüber diskutiert wird und noch keine überprüfbaren Pläne, etwa ein Landesentwicklungsplan auf der Grundlage des Gesetzesentwurfes, vorliegen, bleibt die Diskussion darüber, welche Regelungen zu Gunsten des Klimas möglich sind und noch den „raumbezogenen" Ansatz" haben, allerdings theoretisch.

Zulässig sein muss es jedenfalls, dass die Bundesländer sich verbindliche Klimaschutzziele setzen. Es passt nicht zu der großen Herausforderung, den Klimawandel zu bekämpfen, wenn allein darauf gesetzt wird, dass der Emissionshandel als System dies meistert. Dies ist auch europarechtskonform. Der Argumentation von Klinger/Wegener ist zuzustimmen, dass es Art. 193 AEUV erlaubt, verstärkte Schutzmaßnahmen beizubehalten oder zu ergreifen, eben auch Vorschriften für die Treibhausgasemission. Zudem gehe es bei Regelungen, wie sie dem Gesetzesentwurf von NRW zu Grunde lägen, eben nicht um konkrete anlagenbezogene Vorgaben, wie *Ekardt* zu Recht betont.

Unter Bezugnahme auf die Gesetzesbegründung legt *Schulte* in seiner Stellungnahme dies ebenfalls dar. Ausdrücklich sollen danach keine eigenen ordnungsrechtlichen Vorgaben des Landes Nordrhein-Westfalen für den Emissionshandelssektor betrieben werden, sondern er soll mitbetrachtet werden in der Entwicklung der Gesamtsumme von Treibhausgasemissionen.

Problematischer erscheinen indes die in Bezug auf die raumordnerische Abwägung aufgegriffenen Fragen. Wie ausgeführt, hat *Beckmann* Bedenken dahingehend, dass es nicht genüge, Klimaschutzziele in NRW durch einen formalen Gesetzgebungsakt zu Zielen der Raumordnung zu erklären.

Dies deckt sich mit der Argumentation von *Schlacke*, dass es problematisch sei, dass nach § 17 Abs. 1 S. 3 LPlG auf Grundlage des Gesetzesentwurfes der Landesentwicklungsplan die entsprechenden Vorgaben einer Verordnung auf Grundlage von § 6 Abs. 6 des Gesetzesentwurfes umzusetzen habe.

Bei näherer Betrachtung des Wortlauts und der Begründung des Gesetzes bestehen aber eigentlich keine Bedenken. Denn in der Begründung zum Gesetzesentwurf wird deutlich, dass eine Abwägung beim Landesentwicklungsplan ausdrücklich geschehen soll und dass keineswegs Vorgaben 1:1 übernommen werden sollen. So heißt es in der Begründung wörtlich:

„Die Festsetzungen des Klimaschutzplanes werden dabei nicht selbst im Landesentwicklungsplan über Ziele oder Grundsätze umgesetzt. Vielmehr werden durch Festlegungen im Landesentwicklungsplan, die entweder als

Ziel oder Grundsatz erfolgen und die nach § 4 ROG festgelegte Bindungswirkung für die nachfolgenden Planungsträger und damit auch für die Regionalpläne und die Bauleitpläne entfalten, die Voraussetzungen dafür geschaffen, dass auf den nachfolgenden Planungsebenen die Vorgaben des
Klimaschutzplanes zum Tragen kommen."[430]

Zusammenfassend lässt sich daher sagen, dass ein Gesetz wie der nordrhein-westfälische Gesetzesentwurf möglich ist. Die Kommunen wären
dann auf Grundlage des § 1 Abs. 4 BauGB an Vorgaben der Raumordnung
im Rahmen ihrer Bauleitplanung gebunden. Viele Fragen dürften sich allerdings noch im Detail stellen. Am Beispiel von NRW dürfte sich z. B. auch
die Frage stellen, ob im Rahmen der Gebietsentwicklungsplanung alle Regionen gleich betrachtet werden sollen bei dem Ziel von Einsparungen oder
ob es Unterschiede, z. B. nach dem Ansiedlungsgrad der Industrie, geben
soll. Praktisch dürfte sich die Frage stellen, ob es zu einem Verdrängungswettbewerb der Planungen im „Kampf um Emissionen" kommt oder ob
„nur" dargestellt wird, dass es ohnehin auf Grund einer Vielzahl von Maßnahmen zu der erwünschten Minderung von Treibhausgasen kommt.

---

430 Drucksache 15/2953 des Landtags NRW, S. 24 f.

Kapitel 4 – Beförderung der Nah- und Fernwärme und Steuerung Erneuerbarer Energien

A. Möglichkeiten und Grenzen des kommunalen Anschluss- und Benutzungszwangs

I. Allgemeines

Unter verschiedenen Voraussetzungen können die Kommunen örtlich einen Anschluss- und Benutzungszwang regeln. Von Bedeutung ist er bei der Einsparung von Treibhausgasen v. a., wenn es um die Wärmeversorgung geht.[431] Die Nutzung von Wärme, die bei Produktionsprozessen oder bei der Stromerzeugung praktisch als „Abfall" übrig bleibt, ist besonders wünschenswert. Ohnehin erzeugte Wärme kann durch eine Nah- oder Fernwärmeversorgung genutzt werden. Wird sie an Verbraucher/-innen geliefert, entstehen dort Einsparungen von Ressourcen für die Wärmeerzeugung.

Fraglich ist daher, ob in diesem Bereich ein Anschluss- und Benutzungszwang seitens der Kommune an das Nah- oder Fernwärmenetz aus Gründen des Klimaschutzes geschehen kann. Als Allgemeinwohlbelang zur Rechtfertigung eines Anschluss- und Benutzungszwangs kommt z. B. der „Schutz der Volksgesundheit" in Betracht.[432] Ein Anschluss- und Benutzungszwang aus Gründen des globalen Umwelt- und Klimaschutzes wird in der Literatur unter Bezugnahme auf die Rechtsprechung mangels Bezug zur örtlichen Gemeinschaft als grundsätzlich unzulässig angesehen.[433] Jedoch wird dem Landesgesetzgeber zugestanden, ausdrückliche Regelungen zu treffen, um den Kommunen die Möglichkeit zu geben, einen Anschluss- und Benutzungszwang aus Gründen des globalen Umwelt- und Klimaschutzes zu regeln. Als Beispiele werden z. B. Baden-Württemberg und Schleswig-Holstein genannt.[434]

---

431 Siehe hierzu: *Müller*, Das neue Wärmeschutzgesetz als Instrument deutscher Klimaschutzpolitik, ZNER 2008, S. 132 ff.
432 *Henneke/Ritgen*, Kommunales Energierecht, 8.2 (S. 104 f.).
433 *Henneke/Ritgen*, Kommunales Energierecht, 8.3.1 (S. 105).
434 *Henneke/Ritgen*, Kommunales Energierecht, 8.3.1 (S. 105).

Soweit die Kommunalverfassungen diese Möglichkeit jedoch nicht ausdrücklich eröffnen, weisen *Henneke/Ritgen* darauf hin, dass umstritten sei,
ob ein Erlass von entsprechenden Regelungen der Kommunen mit § 16 EE-
WärmeG begründet werden könne.[435] In der Begründung des Gesetzesentwurfes werde darauf verwiesen, dass der Klima- und Ressourcenschutz nunmehr in allen Bundesländern als Rechtfertigungsgrund für einen Anschluss-
und Benutzungszwang möglich sei. Der Bundesrat habe aber darauf hingewiesen, dass die Regelung des Kommunalrechts allein den Bundesländern
obliege.[436]

II. § 16 EEWärmeG als „Begründungserweiterung"

§ 16 EEWärmeG ist eine dogmatisch ungewöhnliche Norm. Es handelt sich
um Bundesrecht, die Vorschrift knüpft aber an das Landesrecht an. Nach
§ 16 EEWärmeG können die Kommunen von den Regelungen des Landesrechts zur Begründung eines Anschluss- und Benutzungszwangs an das Nah-
oder Fernwärmenetz auch zum Zwecke des Klimaschutzes Gebrauch machen.

In der Tat heißt es in der Gesetzesbegründung zum EEWärmeG: „Auf-
grund der in den Ländern bereits bestehenden allgemeinen Ermächtigungsgrundlagen zum Anschluss- und Benutzungszwang wird durch § 16 keine
neue bundesrechtliche Ermächtigungsgrundlage geschaffen, sondern es
werden vielmehr die bestehenden Ermächtigungsgrundlagen auch für den
Klima- und Ressourcenschutz geöffnet. […]. In den Gemeindeordnungen
aller Bundesländer bestehen bereits Ermächtigungsgrundlagen, um den An-
schluss- und Benutzungszwang an ein Nah- oder Fernwärmenetz vorzuschreiben. Unsicherheit besteht indes, ob der Zwang auch aus globalen Klimaschutzgründen angeordnet werden kann. Einige Kommunen können bereits jetzt auf ausdrückliche Regelungen zurückgreifen, welche sie zum Erlass eines Anschluss- und Benutzungszwangs im Sinne des Klimaschutzes
ermächtigen. In den meisten Bundesländern jedoch existieren derzeit nur
Generalklauseln, wobei trotz höchstrichterlicher Entscheidungen noch offen
ist, ob ein Anschluss- und Benutzungszwang gerade aus Gründen des

---

435 *Henneke/Ritgen*, Kommunales Energierecht, 8.3.3 (S. 106).
436 *Henneke/Ritgen*, Kommunales Energierecht, 8.3.3 (S. 106) unter Verweis auf die
    entsprechende Drucksache BT-Drs. 16/8149, S. 29 zu § 16 bzw. dort S. 37 Stel-
    lungnahme des Bundesrates.

Klimaschutzes erlassen werden kann. Um letzte Rechtsunsicherheiten zu beseitigen, soll es § 16 ausdrücklich ermöglichen, dass alle Gemeinden und Gemeindeverbände unter Berufung auf den Zweck und das Ziel des § 1 einen Anschluss- und Benutzungszwang erlassen können [...]."[437]

Hingegen sah der Bundesrat einen Eingriff in die Gesetzgebungsbefugnis der Bundesländer. Er nahm eindeutig Stellung und lehnt die Regelung in § 16 EEWärmeG ab:

„§ 16 des Gesetzentwurfs enthält eine Regelung zum Anschluss- und Benutzungszwang der Gemeinden und Gemeindeverbände. Hierzu besteht keine Gesetzgebungskompetenz des Bundes. In der Begründung des Gesetzentwurfs wird dazu ausgeführt, dass ,durch § 16 keine neue bundesrechtliche Ermächtigungsgrundlage geschaffen, sondern [...] vielmehr die bestehenden Ermächtigungsgrundlagen auch für den Klima- und Ressourcenschutz geöffnet' werden (S. 29 ähnlich, S. 19 Abschnitt VIII dritter Absatz mit Blick auf Art. 14 GG). Mit dem beabsichtigten Gesetz greift der Bundesgesetzgeber in die durch das Grundgesetz ausschließlich den Ländern belassene Kompetenz der Materie des Kommunalrechts ein [...]. Die Länder haben durchgängig die Voraussetzungen für einen Anschluss- und Benutzungszwang in den Gemeindeordnungen geregelt (Nordrhein-Westfalen in § 9 der Gemeindeordnung NRW). Die Gemeindeordnungen legen fest, aus welchen Anlässen und in welchem Umfang und mit welchen Ausnahmen und zu welchen Zwecken eine Gemeinde ermächtigt wird, einen Anschluss- und Benutzungszwang – gestützt auf die jeweilige Gemeindeordnung – zu beschließen. Zu Änderungen oder Erweiterungen von Regelungen der Gemeindeordnung ist ausschließlich der Landesgesetzgeber befugt, nicht jedoch der Bund. Auch bedarf es keiner bundesgesetzlichen Regelung, um die Länder zu ermächtigen, in ihren Gemeindeordnungen zu bestimmen, dass von einem Anschluss- und Benutzungszwang auch zum Zweck des Klima- und Ressourcenschutzes Gebrauch gemacht werden kann. Dies könnte der Landesgesetzgeber bereits jetzt. Bezeichnenderweise wird im Gesetzentwurf nicht dargelegt, dass die Länder dies zurzeit nicht könnten und daher den Ländern mit dem beabsichtigten Gesetz diese Kompetenz/Ermächtigung erst verliehen werden müsste. [...]. Darüber hinaus ist der Bund nach Art. 84 Abs. 1 Satz 7 des Grundgesetzes gehindert, Gemeinden und Gemeindeverbänden durch Bundesgesetz Aufgaben zu übertragen. Auch in einer Ermächtigung wie in § 16 liegt im weiteren Sinn eine Aufgabenüber-

---

437 BT-Drs. 16/8149, S. 29.

tragung, da den Kommunen zumindest aufgegeben wird, verantwortungs-voll über den Gebrauch dieser Ermächtigung zu entscheiden und ggf. tätig zu werden. Da der Bund somit seine Kompetenz überschritten hat, ist § 16 zu streichen."[438]

In der Literatur wird die Zulässigkeit der Regelung in § 16 EEWärmeG überwiegend bejaht, die Rechtsauffassung des Bundesrates wird somit nicht geteilt.

1. Auffassung von Wustlich

Wustlich begrüßt die Regelung in § 16 EEWärmeG als Klarstellung.[439] § 16 EEWärmeG bewirke eine Ausdehnung der Begründungsmöglichkeiten für die Festsetzung eines Anschluss- und Benutzungszwangs und belasse im Übrigen die Ausgestaltung dem Landes- und Kommunalrecht, das unver-ändert Anwendung finde. Unsicherheiten in den Ländern und der Rechtsprechung würden damit beseitigt. Er geht dabei auf ein Urteil des Bundes-verwaltungsgerichts einen Anschluss- und Benutzungszwang betreffend ein.[440] Das Urteil setzt sich mit der zu Grunde liegenden gesetzlichen Re-gelung in Schleswig-Holstein auseinander, § 17 Abs. 2 der Schleswig-Hol-steinischen Gemeindeordnung. Danach durfte die Gemeinde bei dringendem öffentlichen Bedürfnis durch Satzung für die Grundstücke ihres Gebiets den Anschluss an die Wasserversorgung, die Abwasserbeseitigung, die Abfall-entsorgung, die Versorgung mit Fernwärme, die Straßenreinigung und ähn-liche, der Gesundheit und dem Schutz der natürlichen Grundlagen des Le-bens dienende öffentliche Einrichtungen vorschreiben, ebenso die Benut-zung dieser Einrichtungen.

---

438 BT-Drs. 16/8149, S. 37.
439 *Wustlich*, Das Erneuerbare-Energien-Wärmegesetz – Ziel, Inhalt und praktische Auswirkungen NVwZ 2008, S. 1041 ff. (1045).
440 BVerwG, Urt. v. 25.1.2006 – 8 C 13.05, abgedruckt in ZUR 2006, S. 364 ff. Nach Abdruck des Urteils findet sich eine Anmerkung von *Schnutenhaus/Günther*, ZUR 2006, S. 367 ff.

2. Auffassung von Kahl

Kahl sieht in § 16 EEWärmeG im Ergebnis eine doppelte Funktion. Die Vorschrift diene in den Bundesländern, deren Ermächtigungsgrundlagen für den Anschluss- und Benutzungszwang einen Klimaschutzbezug ausdrücklich regele, der Klarstellung. In den Bundesländern mit Regelungen ohne Klimaschutzbezug habe sie eine „Erweiterungsfunktion".[441]

Auch *Kahl* wirft die Frage auf, ob ein Verstoß gegen das Kompetenzgefüge des Grundgesetzes mit der Regelung in § 16 EEWärmeG vorliege.[442] Er weist darauf hin, dass in einem früheren Gesetzesentwurf eine ausdrückliche Ermächtigungsgrundlage zu Gunsten der Gemeinden vorgesehen war. Er sieht jedoch eine Sachgesetzgebungskompetenz als gegeben an. Aus der Kompetenz des Bundes für die Luftreinhaltung in Art. 74 Abs. 1 Nr. 24 GG folge, dass dem Landesgesetzgeber die Entscheidung gegen einen Klimaschutzbelang bei der Regelung des Anschluss- und Benutzungszwanges verweigert sei.[443] Dem ist entgegenzuhalten, dass er nicht näher darauf eingeht, dass der Landesgesetzgeber nicht gezwungen ist, einen Anschluss- und Benutzungszwang zu regeln, und so verstanden keine erweiternde Regelung in § 16 EEWärmeG zu sehen wäre, sondern eine Regelungseinschränkung für die Länder. Im Rahmen der konkurrierenden Gesetzgebung werden „Teilregelungen" jedoch als zulässig angesehen. In der Kommentierung heißt es, es stehe im Ermessen des Bundesgesetzgebers, wie weit er innerhalb einer Kompetenz nach Art. 74 GG eine Regelung treffe. Er könne daher ein Sachgebiet des Art. 74 GG teilweise regeln und den Rest der Regelung den Ländern belassen.[444] Zwar könne der Bundesgesetzgeber auf Grund einer Kompetenz nach Art. 74 GG nicht die Länder verpflichten, Gesetze zu erlassen. Er könne Länder jedoch insofern verpflichten, als dass er vor-

---

441 *Kahl*, Kommunaler Anschluss- und Benutzungszwang an Fernwärmenetze aus Klimaschutzgründen – Die Auswirkungen von § 16 EEWärmeG auf das Landesrecht insbesondere in Baden-Württemberg, VBlBW 2011, S. 53 ff. (58).

442 *Kahl*, Kommunaler Anschluss- und Benutzungszwang an Fernwärmenetze aus Klimaschutzgründen – Die Auswirkungen von § 16 EEWärmeG auf das Landesrecht insbesondere in Baden-Württemberg, VBlBW 2011, S. 53 ff. (55).

443 *Kahl*, Kommunaler Anschluss- und Benutzungszwang an Fernwärmenetze aus Klimaschutzgründen – Die Auswirkungen von § 16 EEWärmeG auf das Landesrecht insbesondere in Baden-Württemberg, VBlBW 2011, S. 53 ff. (55).

444 *Maunz* in: Maunz/Dürig, Art. 74 GG, Rn. 32, ähnlich: *Seiler*, in: BeckOK GG, Art. 72, Rn 4, Stand: 01.4.2012.

schreiben könne, welchen Inhalt ein Landesgesetz haben müsse, falls es dann erlassen werde.[445]

3. Auffassung von Ennuschat/Volino

Ennuschat/Volino sehen in § 16 EEWärmeG eine „eingeschränkte Rechtsgrundverweisung".[446] Es müssten einige Tatbestandsmerkmale der landesrechtlichen Regelung vorliegen, andere würden durch § 16 EEWärmeG überlagert. Der Klima- und Ressourcenschutz reihe sich damit in jedem Bundesland in die Liste der öffentlichen Belange ein, die einen kommunalen Anschluss- und Benutzungszwang hinsichtlich Fernwärme rechtfertigen könnten. Im Übrigen greife § 16 EEWärmeG auf die Rechtsfolge der landesrechtlichen Regelungen zurück. Nicht näher gehen sie damit auf die Frage ein, ob eine eingeschränkte Rechtsgrundverweisung des Bundes auf Landesregelungen grundsätzlich denkbar ist oder ob das Konstrukt einer eingeschränkten Rechtsgrundverweisung nicht nur innerhalb eines Gesetzgebers (Bund oder Land) denkbar ist. Sie diskutieren zwar auch, ob eine Gesetzgebungskompetenz des Bundes vorliege, und begründen diese ebenfalls aus der Kompetenz des Bundes für die Luftreinhaltung in Art. 74 Abs. 1 Nr. 24 GG, eben aber nicht näher, ob eine bundesrechtliche Regelung landesrechtliche Regelungen ergänzen oder teilweise verdrängen kann, oder ob nicht auch die konkurrierende Gesetzgebung erfordert, dass der Bund eine deutliche Ermächtigungsgrundlage selbst erlässt.

4. Auffassung von Ekardt/Heitmann

Ekardt/Heitmann teilen die Argumentation der Gesetzesbegründung und sehen den Anwendungsbereich von § 16 EEWärmeG ebenfalls darin, dass die landesrechtlichen Generalklauseln, die die Kommunen ermächtigen einen Anschluss- und Benutzungszwang zu regeln, auch zum Zwecke des

---

445 *Maunz* in: Maunz/Dürig, Art. 74 GG, Rn. 20; ähnlich *Seiler*, in: BeckOK GG, Art. 72, Rn 4, Stand: 1.4.2012.

446 *Ennuschat/Volino*, § 16 EEWärmeG und der kommunalrechtliche Anschluss- und Benutzungszwang für Fernwärme, CuR 2009, S. 90 ff. (93 f.).

Klima- und Ressourcenschutzes genutzt werden könnten.[447] Auch sie sind der Meinung, es ginge bei der Regelung weniger um das Kommunalrecht, als vielmehr um die Luftreinhaltung. Der Schwerpunkt der Regelung liege nicht in der kommunalen Versorgung. Ein Verstoß gegen Art. 84 Abs. 1 Satz 7 GG könne nicht vorliegen, da die Gemeinden zu nichts verpflichtet würden.[448]

5. Stellungnahme

§ 16 EEWärmeG ist verfassungskonform und dem Bund steht eine entsprechende Gesetzgebungskompetenz zu. Es trifft zu, dass § 16 EEWärmeG keine kommunalrechtliche Regelung ist, sondern eine Regelung zum Zwecke des Klimaschutzes, die der Bund auf Grund seiner Kompetenz für die Luftreinhaltung in Art. 74 Abs. 1 Nr. 24 GG erlassen kann. Zwar ist § 16 EE-WärmeG keine ausdrückliche gesetzliche Ermächtigung für die Kommunen, sondern setzt eine solche im Landesrecht voraus, eine solche Regelungstechnik ist dem Bund jedoch möglich. Dass § 16 EEWärmeG notwendig ist, zeigt die Rechtsprechung. Erst in jüngerer Vergangenheit hatte das VG Schwerin über die Rechtmäßigkeit einer kommunalen Satzung zu entscheiden, die einen Anschluss- und Benutzungszwang für Fernwärme regelte.[449]

Es entschied, dass die Satzung unwirksam sei, soweit ein Anschluss- und Benutzungszwang für Fernwärme vorgesehen sei. Ein solcher Anschluss- und Benutzungszwang laut Satzung könne nämlich nicht damit gerechtfertigt werden, dass hierdurch ein Beitrag zum Klimaschutz erbracht werde. Die Anordnung des Anschluss- und Benutzungszwangs zur Verbesserung des globalen Klimaschutzes sei nicht von der Ermächtigungsgrundlage in § 15 Abs. 1 Satz 1 KV M-V gedeckt. Denn nach dieser Vorschrift könne die Gemeinde für die Grundstücke ihres Gebiets den Anschluss zur Versorgung mit Fernwärme und die Benutzung dieser Einrichtung vorschreiben, wenn ein dringendes öffentliches Bedürfnis bestehe. Dieses aber sei nicht mit einem globalen Klimaschutz gleichzusetzen, sondern das öffentliche Bedürfnis könne nur mit dem Schutze der Gesundheit der (örtlichen) Bevöl-

---

447 *Ekardt/Heitmann*, Probleme des EEWärmeG bei Neubauten, ZNER 2009, S. 346 ff. (354).
448 *Ekardt/Heitmann*, Probleme des EEWärmeG bei Neubauten, ZNER 2009, S. 346 ff. (354).
449 VG Schwerin, Urt. v. 21.9.2011 – 7 A 1085/08 = BeckRS 2012, 46711.

kerung begründet werden. Die kommunale Selbstverwaltungsgarantie der Gemeinden sei grundsätzlich dahingehend zu verstehen, dass sich der Kompetenzbereich der Gemeinden – positiv – auf alle Angelegenheiten der örtlichen Gemeinschaft beschränke, aber auch – negativ – durch diese begrenzt werde. Etwas anderes könne sich im konkreten Fall auch (noch) nicht aus § 16 EEWärmeG ergeben, da die Regelung im Zeitpunkt der Beratung und Veröffentlichung der neuen Satzungsteile der Fernwärmesatzung im Herbst 2008 noch nicht in Kraft getreten sei. Gleichwohl führt auch das VG Schwerin aus, dass grundsätzliche Erwägungen nicht gegen die Anwendung dieser bundesgesetzlichen Vorschrift in Ergänzung der landesrechtlichen Vorgaben sprächen.

B. *Möglichkeiten der Förderung und Steuerung Erneuerbarer Energien,*
   insbesondere von Windenergieanlagen

I. Grundlagen der Standortsteuerung

Nicht zuletzt gilt, dass für die Kommunen erheblicher Gestaltungsspielraum in der Beförderung bzw. Ansiedlungspolitik für Erneuerbare Energien besteht. Grundsätzlich gilt hier eine Privilegierung für die Erzeugung im Außenbereich, mit der der Gesetzgeber die Wertung vorgibt, dass bestimmten Energieformen Raum zu geben ist. Nach § 35 Abs. 1 Nr. 5 BauGB ist danach ein Vorhaben zulässig, dass der Erforschung, Entwicklung oder Nutzung der Wind- oder Wasserenergie dient, wenn öffentliche Belange nicht entgegenstehen. Die Nutzung von Biomasse wird in § 35 Abs. 1 Nr. 6 BauGB geregelt, die Nutzung der Solarenergie in § 35 Abs. 1 Nr. 8 BauGB. Von besonderer Bedeutung ist die Steuerung der Windenergie, die auch in Binnenstandorten inzwischen hohe Bedeutung hat.

§ 35 Abs. 3 Satz 3 BauGB gibt den Kommunen mit dem sog. „Planvorbehalt"[450] die Möglichkeit, einen wichtigen entgegenstehenden Belang zu gestalten. Öffentliche Belange stehen danach einem Vorhaben in der Regel auch dann entgegen, soweit hierfür durch Darstellungen im Flächennut-

---

450 Dieser inzwischen gängige Begriff für die Regelung in § 35 Abs. 3 Satz 3 BauGB findet sich u. a. bei *Krautzberger* in: Battis/Krautzberger/Löhr, Baugesetzbuch, 11. Aufl. 2009, § 35 Rn. 74.

zungsplan eine Ausweisung an anderer Stelle erfolgt ist. *Stüer* spricht seinerseits von einem „Darstellungsprivileg".[451]

Den Kommunen wird also eine Planungsmöglichkeit gegeben, jedenfalls solange nicht die übergeordnete Raumordnung Standorte für Windenergieanlagen als Ziele der Raumordnung ausweist, was § 35 Abs. 3 Satz 3 BauGB ebenfalls ausdrücklich ermöglicht.[452] Macht die Raumordnung von § 35 Abs. 3 Satz 3 BauGB gebrauch, muss die Kommune über § 1 Abs. 4 BauGB ihre Pläne an diese Ziele der Raumordnung anpassen. Trifft die Raumordnung keine Regelungen und legt solche Ziele nicht fest, bleibt es aber bei der kommunalen Planungshoheit und die Kommunen können vom Planvorbehalt in § 35 Abs. 3 Satz 3 BauGB Gebrauch machen.[453]

Weist die Kommune also gezielt Standorte für die Windenergie aus, so bedeutet dies, dass an allen anderen Standorten in der Kommune ihr in der Regel diese konzentrierte(n) Ausweisung(en) als Belang entgegengehalten werden kann/können. So können die Kommunen durch die gezielte Ausweisung solcher „Konzentrationszonen" die Windenergie im Gemeindegebiet steuern und sichergehen, dass keine „Verspargelung"[454] entsteht, Windenergie eben also nicht flächendeckend im Außenbereich vorkommt, sondern eben an gezielten Standorten. Diese Planungsregelung kann dadurch gezielt Windparks, also die Ansammlung mehrerer Windenergieanlagen in räumlicher Nähe, befördern.

---

451 *Stüer*, Handbuch des Bau- und Fachplanungsrechts, 4. Aufl. 2009, Rn. 2733.

452 Hierzu: *Stüer*, Handbuch des Bau- und Fachplanungsrechts, 4. Aufl. 2009, Rn. 2742 ff.; *Gatz*, Windenergieanlagen in der Verwaltungs- und Gerichtspraxis, 1. Aufl. 2009, S. 63 ff.

453 Hierzu: *Gatz*, Windenergieanlagen in der Verwaltungs- und Gerichtspraxis, 1. Aufl. 2009, S. 37 ff.

454 Dieser plastische Begriff findet sich u. a. bei *Kohls* in: Danner/Theobald, Energierecht, 74. Ergänzungslieferung 2012, XIII. Baurecht, B 1. Planung und Zulassung von Energieanlagen, Rn. 230; bei *Beckmann*, Windenergieanlagen (WEA) – eine kritische Gesamtschau dieses erneuerbaren Energiesegments, KommJur 2012, S. 170 ff.; bei *Hornmann*, Windkraft – Rechtsgrundlagen und Rechtsprechung, NVwZ 2006, S. 969 ff.; bei *Sydow*, Neues zur planungsrechtlichen Steuerung von Windenergiestandorten, NVwZ 2010, S. 1534 ff.

II. Anforderungen an Steuerungen – Verbot der Verhinderungsplanung

Grundsätzlich gelten an eine Ausweisung mit den Rechtswirkungen von § 35 Abs. 3 Satz 3 BauGB nach dem Gesetz keine speziellen Anforderungen, insbesondere gibt es keine zusätzlichen Verfahrensregelungen, sondern es gelten die allgemeinen Regeln über die Aufstellung eines Flächennutzungsplanes.[455] Jedoch stellt die Rechtsprechung besondere Anforderungen an die Abwägung. Dies begründet die Rechtsprechung insbesondere mit der Privilegierung der Windenergie, die durch die Planung nach § 35 Abs. 3 Satz 3 BauGB eingeschränkt wird.[456] Hintergrund ist bzw. war, dass viele Kommunen mit der Nutzung des Planvorbehaltes eine Verhinderungsplanung betreiben wollten. Mit der Ausweisung von Konzentrationszonen an eher ungeeigneten Standorten sollte erreicht werden, dass das Gemeindegebiet frei von Windenergieanlagen bleibt.[457]

Dieser Praxis schob das Bundesverwaltungsgericht 2002 mit einem grundlegenden Urteil einen Riegel vor.[458] In einem der Leitsätze heißt es deutlich: „Der Gemeinde ist es verwehrt, durch die Darstellung von Flächen, die für die vorgesehene Nutzung objektiv ungeeignet sind oder sich in einer Alibifunktion erschöpfen, Vorhaben im Sinne § 35 Abs. 1 Nrn. 2 bis 6 BauGB (hier: Windkraftanlagen) unter dem Deckmantel der Steuerung in Wahrheit zu verhindern." Das Bundesverwaltungsgericht führte in der Begründung näher aus, die gemeindliche Entscheidung müsse nicht nur Auskunft darüber geben, von welchen Erwägungen die positive Standortzuweisung getragen werde, sondern auch deutlich machen, welche Gründe es rechtfertigen, den übrigen Planungsraum von Windkraftanlagen freizuhalten. Dies folge schon daraus, dass es die Aufgabe des Flächennutzungsplans sei, ein gesamträumliches Entwicklungskonzept für das Gemeindegebiet zu erarbeiten.[459]

---

455 Dies betonend *Gatz*, Windenergieanlagen in der Verwaltungs- und Gerichtspraxis, 1. Aufl. 2009, S. 37 Rn. 63.

456 *Gatz*, Windenergieanlagen in der Verwaltungs- und Gerichtspraxis, 1. Aufl. 2009, S. 43 Rn. 77.

457 Dieser tatsächliche Hintergrund wird bei *Kohls* in: Danner/Theobald, Energierecht, 74. Ergänzungslieferung 2012, XIII. Baurecht, B 1. Planung und Zulassung von Energieanlagen, Rn. 230 erläutert. Näheres zur sog. „Verhinderungsplanung" erläutert *Gatz*, Windenergieanlagen in der Verwaltungs- und Gerichtspraxis, 1. Aufl. 2009, S. 270 Rn. 661 ff.

458 BVerwG, Urt. v. 17.12.2002 – 4 C 15.01, abgedruckt in ZfBR 2003, S. 370 ff.

459 BVerwG, Urt. v. 17.12.2002 – 4 C 15.01, abgedruckt in ZfBR 2003, S. 370 ff. (374).

Handelte es sich bei diesem Urteil noch um eine inzidente Überprüfung der planungsrechtlichen Grundlagen im Rahmen einer Untätigkeitsklage, erklärte das Bundesverwaltungsgericht später eine Normenkontrolle direkt gegen den Flächennutzungsplan für zulässig, wenn dieser Regelungen nach § 35 Abs. 3 Satz 3 BauGB treffe.[460] Hierbei argumentierte das BVerwG wie folgt: Der Einwand, ein Flächennutzungsplan stelle – anders als ein Bebauungsplan – für sich betrachtet keine rechtssatzmäßige Regelung zulässiger Bodennutzungen dar, greife nicht durch. Zwar besäßen nach ständiger Rechtsprechung des BVerwG Darstellungen eines Flächennutzungsplans aus sich heraus keine unmittelbare rechtliche Bindungswirkung gegenüber privaten Dritten, dies gelte jedoch nur, soweit der Flächennutzungsplan als sog. vorbereitender Bebauungsplan verstanden werde.[461]

Das Gericht führt weiter aus, mit der Schaffung des § 35 Abs. 3 Satz 4 BauGB (Anmerkung: jetzt Satz 3) durch die BauGB-Novelle vom 30.7.1996 sei der Gesetzgeber jedoch einen Schritt weiter gegangen. Er habe bestimmten Darstellungen des Flächennutzungsplans einen Grad rechtlicher Verbindlichkeit beigemessen, der den herkömmlichen Wirkungskreis des Flächennutzungsplans deutlich überschreite.[462] Vielmehr würden die Darstellungen des Flächennutzungsplans auf Grundlage von § 35 Abs. 3 Satz 3 BauGB nach ihrem materiellrechtlichen Inhalt und ihrem Regelungsanspruch Rechtswirkungen haben, die der Bindungskraft von Festsetzungen eines Bebauungsplans gleichkämen. Daher bestehe unter Rechtsschutzgesichtspunkten eine planwidrige Regelungslücke, die eine analoge Anwendung von § 47 Abs. 1 Nr. 1 VwGO erlaube.[463]

Mithin ergibt sich aus diesen beiden dargestellten Grundsatzurteilen des Bundesverwaltungsgerichts, dass an die Steuerung nach § 35 Abs. 3 Satz 3 BauGB einerseits Anforderungen zu stellen sind, die keine „Verhinderungsplanung" zulassen, und andererseits, dass die Planung in einem Normenkontrollverfahren auch durch Bürger angegriffen werden kann, weshalb auch deshalb für die Gemeinden planerische Sorgfalt gefragt ist.

---

460 BVerwG, Urt. v. 26.4.2007, 4 CN 3.06, abgedruckt in ZfBR 2007, S. 570 ff.
461 BVerwG, Urt. v. 26.4.2007, 4 CN 3.06, abgedruckt in ZfBR 2007, S. 570 ff. (571).
462 BVerwG, Urt. v. 26.4.2007, 4 CN 3.06, abgedruckt in ZfBR 2007, S. 570 ff. (571).
463 BVerwG, Urt. v. 26.4.2007, 4 CN 3.06, abgedruckt in ZfBR 2007, S. 570 ff. (572).

III. Umfang und Reichweite der planerischen Begründung

1. Schlüssige Planungskonzeption und Raumverschaffung in substanzieller Weise

Die Anforderungen an die Abwägung für die Kommunen, die sich aus dem dargestellten Grundsatzurteil ergeben, sind nachfolgend in weiteren Urteilen aufgegriffen und zum Teil konkretisiert worden. Bereits ein Jahr nach seinem ersten Grundsatzurteil nahm das Bundesverwaltungsgericht zu den Anforderungen mit Blick auf § 35 Abs. 3 Satz 3 BauGB erneut Stellung, Gegenstand war ein Raumordnungsplan.[464] Das BVerwG forderte eine „schlüssige gesamträumliche Planungskonzeption". Es konkretisierte den Gesetzeszweck der Regelung und führte aus: „Der Ausschluss der Anlagen auf Teilen des Plangebiets lässt sich nach der Wertung des Gesetzgebers nur rechtfertigen, wenn der Plan sicherstellt, dass sich die betroffenen Vorhaben an anderer Stelle gegenüber konkurrierenden Nutzungen durchsetzen."[465] Ohne näher zu erläutern, wann dies der Fall ist, führt das Gericht aus: „Der Planungsträger muss der Privilegierungsentscheidung des Gesetzgebers Rechnung tragen, indem er der privilegierten Nutzung in substanzieller Weise Raum schafft. Nur auf diese Weise kann er den Vorwurf einer unzulässigen „Negativplanung" entkräften."[466]

Das OVG Koblenz hat die Anforderungen an die Abwägung präzisiert.[467] Es hat ausgeführt, die öffentlichen Belange, die für die negative Wirkung der planerischen Darstellung ins Feld geführt würden, seien mit dem Anliegen, der Windenergienutzung an geeigneten Standorten eine Chance zu geben, die ihrer Privilegierung gerecht werde, abzuwägen. Der Ausschluss von für die Windenergienutzung geeigneten Standorten müsse sich demnach aus den konkreten örtlichen Gegebenheiten nachvollziehbar herleiten lassen.

---

464 BVerwG, Urt. v. 13.3.2003 – 4 C4.02, abgedruckt in ZfBR 2003, S. 464 ff.
465 BVerwG, Urt. v. 13.3.2003 – 4 C4.02, abgedruckt in ZfBR 2003, S. 464 ff. (465).
466 Vielmehr führt das Gericht eindeutig aus, dass die Frage, ob der privilegierten Nutzung in substanzieller Weise Raum gegeben wird, im Einzelfall zu prüfen ist. Es führt wörtlich aus: „Wo die Grenze zur unzulässigen „Negativplanung" verläuft, lässt sich nicht abstrakt bestimmen. Ob diese Grenze überschritten ist, kann nur angesichts der tatsächlichen Verhältnisse im jeweiligen Planungsraum entschieden werden." (ZfBR 2003, S. 464 ff. (468.)).
467 OVG Koblenz, Urt. v. 26.11.2003 – 8 A 10814/03.OVG, abgedruckt in ZNER 2004. S. 82 ff.

Das BVerwG hat diese Anforderungen der Rechtsprechung anderer Oberwaltungsgerichte in seine Rechtsprechung übernommen und wiederum präzisiert.[468] Die Ausarbeitung eines Planungskonzepts für die Ausweisung von Konzentrationszonen auf der Ebene des Abwägungsvorgangs vollziehe sich abschnittsweise. Im ersten Abschnitt seien diejenigen Bereiche als „Tabuzonen" zu ermitteln, die sich für die Nutzung der Windenergie nicht eignen würden. Die Tabuzonen ließen sich in zwei Kategorien einteilen, nämlich in Zonen, in denen die Errichtung und der Betrieb von Windenergieanlagen aus tatsächlichen und/oder rechtlichen Gründen schlechthin ausgeschlossen sei („harte Tabuzonen"), und in Zonen, in denen die Errichtung und der Betrieb von Windenergieanlagen zwar tatsächlich und rechtlich möglich sei, in denen nach den städtebaulichen Vorstellungen der Gemeinde aber keine Windenergieanlagen aufgestellt werden sollten („weiche Tabuzonen"). Nach Abzug dieser harten und weichen Tabuzonen blieben sog. Potenzialflächen übrig, die dann für die Darstellung von Konzentrationszonen in Betracht kämen.[469]

Diese Potenzialflächen seien in einem weiteren Arbeitsschritt zu den konkurrierenden Nutzungen in Beziehung zu setzen, d. h., die öffentlichen Belange, die gegen die Ausweisung eines Landschaftsraums als Konzentrationszone sprechen, sind mit dem Anliegen abzuwägen, der Windenergienutzung an geeigneten Standorten eine Chance zu geben, die ihrer Privilegierung gerecht werde. Als Ergebnis der Abwägung müsse der Windenergie eben in substanzieller Weise Raum geschaffen werden. Erkenne die Gemeinde, dass der Windenergie nicht ausreichend substanzieller Raum geschaffen werde, müsse sie ihr Auswahlkonzept nochmals überprüfen und ggf. ändern.[470] Das Bundesverwaltungsgericht hat 2010 zur Beurteilung, ob der Windenergie in substanzieller Weise Raum geschaffen worden ist, wiederum auf den Einzelfall abgestellt und keine verbindliche Vorgabe gemacht. Es führt in diesem Urteil wörtlich aus: „Wo die Grenze zur Verhinderungsplanung verläuft, lässt sich nicht abstrakt bestimmen. Beschränkt sich die Gemeinde darauf, ein einziges Konzentrationsgebiet auszuweisen, ist dies, für sich genommen, noch kein Indiz für einen fehlerhaften Gebrauch der Planungsermächtigung. Auch Größenangaben sind, isoliert betrachtet, als Kriterium ungeeignet. Wann die Grenze zur Verhinderungsplanung

---

468 BVerwG, Beschluss vom 15.9.2009 – 4 BN 25.09, abgedruckt in ZfBR 2010, S. 65 ff. und ZUR 2010, S. 96 f.
469 BVerwG, Beschluss vom 15.9.2009 – 4 BN 25.09, ZUR 2010, S. 96 f. (96).
470 BVerwG, Beschluss vom 15.9.2009 – 4 BN 25.09, ZUR 2010, S. 96 f. (96).

überschritten ist, kann erst nach einer Würdigung der tatsächlichen Verhältnisse im jeweiligen Planungsraum beurteilt werden."[471]

Diese gerichtlichen Wertungen bedeuten, dass die Gemeinden „substanziell Raum" schaffen müssen für die Windenergie, wollen sie Regelungen nach § 35 Abs. 3 Satz 3 BauGB im Flächennutzungsplan treffen. Sie müssen in der Abwägung sauber vorgehen und zu erkennen geben, nach welchen Kriterien Flächen ausgewählt bzw. ausgeschlossen wurden. Fraglich ist, wie genau eine Abgrenzung zwischen den „harten" und „weichen Tabuzonen" erfolgen muss bzw. ob diese dargestellte Methodik im Rahmen der Abwägung zwingend ist.

2. Anforderungen an die Darstellung – Unterscheidung harter und weicher Tabuzonen

a) Rechtsprechung des OVG Berlin-Brandenburg

Im Zusammenhang mit der Frage, welche Anforderungen an die Planung zu stellen sind, wurde auch immer wieder eine jüngere Rechtsprechung des OVG Berlin-Brandenburg thematisiert.[472] Das OVG kommt dabei bei der Prüfung eines sachlichen Teilflächennutzungsplans „Windenergienutzung" zu dem Schluss, dieser verstoße gegen das Abwägungsgebot des § 1 Abs. 7 BauGB. Es erläutert dabei ebenfalls die Vorgehensweise zur Ermittlung von Tabuzonen. Es verstehe die in der Rechtsprechung des Bundesverwaltungsgerichts beschriebene Prüfungsreihenfolge als zwingend und nicht nur als eine sachgerechte Methodik unter mehreren Methoden. Die nach der Methodik im letzten Arbeitsschritt erforderliche Prüfung, ob der Plan ein hinreichendes Flächenpotenzial für die Windenergienutzung gewährleiste und der Windenergie damit „substanziell" Raum verschaffe, setzt die Ermittlung und Bewertung des Größenverhältnisses zwischen der Gesamtfläche der im Flächennutzungsplan dargestellten Konzentrationszonen und derjenigen Potenzialflächen voraus, die sich nach Abzug der „harten" Tabuzonen, d. h. der Flächen, in denen die Errichtung und der Betrieb von Windenergieanlagen aus tatsächlichen oder rechtlichen Gründen schlecht-

---

471 BVerwG, Urt. v. 20.5.2010 – 4 C 7/09, abgedruckt in NVwZ 2010, S. 1561 ff. (1564).
472 OVG Berlin-Brandenburg, Urt. v. 14.9.2010 –2 A 2.10, abgedruckt in: NuR 2011, S. 205 ff.

hin ausgeschlossen sind, ergäben. Im Rahmen der Ausarbeitung ihres Planungskonzepts müsse die planende Gemeinde daher diejenigen Bereiche, in denen die Errichtung und der Betrieb von Windenergieanlagen zwar tatsächlich und rechtlich möglich seien, in denen nach ihren städtebaulichen Vorstellungen aber keine Windenergieanlagen aufgestellt werden sollen („weiche" Tabuzonen), von den „harten" Tabuzonen abgrenzen und dies nachvollziehbar dokumentieren. Zwar sei die Abgrenzung zwischen „harten" und „weichen" Tabuzonen in der Planungspraxis mit Schwierigkeiten verbunden, sie sei aber nicht unmöglich. Denn ungeachtet aller Zweifelsfragen im Einzelnen werde regelmäßig ein mehr oder weniger großer Teil der Außenbereichsflächen im Gemeindegebiet von vornherein nur den „harten" Tabuzonen zugeordnet werden können. Es sei auch nicht zu beanstanden, wenn die planende Gemeinde auch Landschaftsschutzgebiete (§ 26 BNatSchG) sowie Natura 2000-Gebiete (§§ 31 ff. BNatSchG) auf der Planungsebene als „harte" Tabuzonen behandele.

Auch die brandenburgischen Abstandsempfehlungen bezüglich des Tier- und Artenschutzes ordnet das OVG in den Bereich harter Tabuzonen ein. Auch bei den immissionsschutzrechtlich begründeten Mindestabständen zu Siedlungsbereichen hält das Gericht die mit der Abgrenzung der „harten" von den „weichen" Tabuzonen verbundenen Schwierigkeiten für überwindbar.[473] Im konkreten Falle lasse sich weder der Planbegründung noch der zusammenfassenden Erklärung oder den Abwägungsvorschlägen entnehmen, ob es sich bei den „Ausschlussbereichen", die die Gemeinde angenommen habe, um Zonen handele, in denen die Errichtung und der Betrieb von Windenergieanlagen aus tatsächlichen oder rechtlichen Gründen schlechthin ausgeschlossen seien („harte" Tabuzonen), oder um Zonen, in denen die Errichtung und der Betrieb von Windenergieanlagen zwar tatsächlich und rechtlich möglich seien, in denen nach den städtebaulichen Vorstellungen, die die Gemeinde anhand eigener Kriterien entwickeln dürfe,

---

473 OVG Berlin-Brandenburg, Urt. v. 14.9.2010 –2 A 2.10, abgedruckt in: NuR 2011, S. 205 ff.; hierbei räumt das OVG allerdings selbst ein, dass eine trennscharfe Abgrenzung auf der Ebene der Flächennutzungsplanung schon deshalb nicht möglich sei, weil der immissionsschutzrechtlich zwingend erforderliche Abstand nicht abstrakt bestimmt werden könne, sondern von der regelmäßig noch nicht bekannten Leistung, Konstruktion und Anzahl der Windkraftanlagen abhängig sei. Es sei aber ausreichend, wenn die Prognose der Gemeinde, welche Mindestabstände zur Einhaltung der Grenzwertregelungen der TA Lärm erforderlich seien, unter Rückgriff auf Erfahrungswerte vertretbar erscheine.

aber keine Windenergieanlagen aufgestellt werden sollten („weiche" Tabuzonen).[474]

Das OVG setzt sich im Ergebnis vertieft mit der Abgrenzung von „harten" zu „weichen" Tabuzonen auseinander und fordert, dies im Plan ausdrücklich zu kennzeichnen. Dabei begibt es sich in seiner Argumentation selbst in Wertungswidersprüche, indem es selbst Spielräume in der Beurteilung annimmt, deren Überprüfung letztlich gerichtliche Sache ist. Entscheidend dürfte nur sein, ob eine Gemeinde harte Tabuzonen richtig angenommen hat. Ob sie harte Tabuzonen fälschlich als weiche bezeichnet in ihrem Plan, dürfte für das Planergebnis irrelevant sein. Aus § 214 Abs. 1 Nr. 1 BauGB folgt, dass Ermittlungs- und Bewertungsfehler als Verfahrensfehler zu bewerten sind. Sie sind danach nur als offensichtliche Fehler, die auf das Ergebnis des Verfahrens von Einfluss gewesen sein müssen, beachtlich für die Rechtswirksamkeit des Planes. Flankierend findet sich eine Regelung in § 214 Abs. 3 Satz 2 BauGB. Hierin heißt es: „Mängel, die Gegenstand der Regelung in Absatz 1 Satz 1 Nr. 1 sind, können nicht als Mängel der Abwägung geltend gemacht werden; im Übrigen sind Mängel im Abwägungsvorgang nur erheblich, wenn sie offensichtlich und auf das Abwägungsergebnis von Einfluss gewesen sind."

Hieraus folgt, dass eine fälschliche Einordnung harter Tabukriterien als weiche Tabukriterien rechtlich irrelevant sein muss, im Ergebnis wird eine Fläche aus bestimmten Gründen nicht ausgewählt, nur die Begründung unterliegt hier falschen Wertungen.

Umgekehrt bestehen aber Bedenken, wenn eine Gemeinde irrig weiche Kriterien als harte Kriterien beurteilt. Denn dies wirkt sich auf das Ergebnis aus – im Rahmen der Abwägung wird in diesem Fall irrig davon ausgegangen, dass bestimmte Flächen generell nicht in Betracht kommen, obgleich zumindest eine Einordnung als weiche Tabuzone möglich gewesen wäre und möglicherweise sogar eine Ausweisung als Fläche.

Daher erscheint es auch bedenklich und der eigentlichen Intention des Urteils nicht entsprechend, wenn das OVG Berlin-Brandenburg sehr großzügig harte Tabuzonen annimmt. Nach der hier vertretenen Auffassung sind nur von vornherein nicht geeignete Gebiete, die Mindestabständen in keinster Weise genügen würden oder allzu geringe Windhöffigkeit haben, als harte Tabuzonen zu behandeln.

---

474 OVG Berlin-Brandenburg, Urt. v. 14.9.2010 –2 A 2.10, abgedruckt in: NuR 2011, S. 205 ff.

b) Rechtsprechung OVG Sachsen

Dies sieht auch die Rechtsprechung des OVG Sachsen in ähnlicher Weise. Das OVG Sachsen[475] urteilt im konkreten Fall, das Abwägungsergebnis eines Planes sei fehlerhaft, weil der Windenergienutzung im Plangebiet durch die Ausweisung von acht Vorrang-/Eignungsgebieten mit einem Flächenanteil von nur 0,02566 % für insgesamt etwa 25 WEA auf einer Gesamtfläche von 2.554 km², die „im Grundsatz" insgesamt ein technisch nutzbares Windpotenzial aufweise, nicht in substanzieller Weise Raum verschafft werde, wie dies mit Blick auf § 35 Abs. 3 Satz 3 BauGB BauGB erforderlich sei.[476] Es setzt sich aber ausdrücklich mit der Rechtsprechung des OVG Berlin-Brandenburg auseinander und stellt wörtlich fest: „Anders als das Oberverwaltungsgericht Berlin-Brandenburg hält der Senat eine strikte Unterscheidung zwischen den sog. Harten und weichen Tabuzonen bei der gerichtlichen Überprüfung der planerischen Abwägungsentscheidung nicht für geboten. Auch eine gesteigerte Dokumentationspflicht mit einer ‚papiergebundenen Dokumentation' der ‚zentralen Grundlagen' der Planung wie sie das Oberverwaltungsgericht Berlin-Brandenburg [...] fordert, lässt sich weder dem Abwägungsgebot noch dem Planungsvorbehalt des § 35 Abs. 3 Satz 3 BauGB entnehmen."[477] Ferner führt das OVG Sachsen aus, es genüge, wenn sich die Erwägungen des Planungsgebers zur Ermittlung der Konzentrationsflächen im Rahmen der gerichtlichen Kontrolle durch die Begründung des Plans, durch eine Erläuterung der Planung etwa in der mündlichen Verhandlung oder in anderer Weise durch die Verfahrensakten nachweisen ließen.

c) Rechtsprechung des Bundesverwaltungsgerichts – Bestätigung des OVG Berlin-Brandenburg?

Das Bundesverwaltungsgericht hat im Ergebnis das Urteil des OVG Berlin-Brandenburg bestätigt [478] Bedauerlicherweise hat es zwar ausdrücklich klar-

---

475 OVG Sachsen, Urt. v. 19.7.2012- Az.: 1 C 40/11.
476 OVG Sachsen, Urt. v. 19.7.2012- Az.: 1 C 40/11, abgerufen unter http://www.just iz.sachsen.de/ovgentschweb/documents/11C40.pdf am 4.10.2012, dort Rn. 36.
477 OVG Sachsen, Urt. v. 19.7.2012- Az.: 1 C 40/11, abgerufen unter http://www.just iz.sachsen.de/ovgentschweb/documents/11C40.pdf am 4.10.2012, dort Rn. 41.
478 BVerwG 4 CN 1.11 – Urt. v. 13.12.2012.

gemacht, dass eine Tabuzonenplanung erforderlich ist, zu den wichtigen Details und zu der Frage, wie harte von weichen Tabuzonen abzugrenzen sind, jedoch nur wenige Ausführungen gemacht. Es führt lediglich aus: „Nach der Rechtsprechung des Senats vollzieht sich die Ausarbeitung des Planungskonzepts abschnittsweise [...]. In einem ersten Arbeitsschritt sind diejenigen Bereiche als ‚Tabuzonen' zu ermitteln, die für die Nutzung der Windenergie nicht zur Verfügung stehen. Die Tabuzonen lassen sich in ‚harte' und ‚weiche' untergliedern."[479]

Zur Unterscheidung zwischen harten und weichen Tabuzonen wird dann auf das Bestehen von Entscheidungsspielräumen abgestellt, es heißt dann: „Der Begriff der harten Tabuzonen dient der Kennzeichnung von Gemeindegebietsteilen, die für eine Windenergienutzung, aus welchen Gründen immer, nicht in Betracht kommen, mithin für eine Windenergienutzung ‚schlechthin' ungeeignet sind [...], mit dem Begriff der weichen Tabuzonen werden Bereiche des Gemeindegebiets erfasst, in denen nach dem Willen der Gemeinde aus unterschiedlichen Gründen die Errichtung von Windenergieanlagen ‚von vornherein' ausgeschlossen werden ‚soll' [...]. Die Potenzialflächen, die nach Abzug der harten und weichen Tabuzonen übrig bleiben, sind in einem weiteren Arbeitsschritt zu den auf ihnen konkurrierenden Nutzungen in Beziehung zu setzen, d. h. die öffentlichen Belange, die gegen die Ausweisung eines Landschaftsraums als Konzentrationszone sprechen, sind mit dem Anliegen abzuwägen, der Windenergienutzung an geeigneten Standorten eine Chance zu geben, die ihrer Privilegierung nach § 35 Abs. 1 Nr. 5 BauGB gerecht wird."[480]

Ohne auf die hierzu gemachten Wertungen des OVG Berlin-Brandenburg gemachten Wertungen einzugehen, führt das Bundesverwaltungsgericht der Logik seiner Entscheidung folgerichtig aus: „Während harte Tabuzonen kraft Gesetzes als Konzentrationsflächen für die Windenergienutzung ausscheiden, muss der Plangeber eine Entscheidung für weiche Tabuzonen rechtfertigen. Dazu muss er aufzeigen, wie er die eigenen Ausschlussgründe bewertet, d. h. kenntlich machen, dass er – anders als bei harten Tabukriterien – einen Bewertungsspielraum hat, und die Gründe für seine Wertung offen legen."[481]

Das Bundesverwaltungsgericht präzisiert bedauerlicherweise aber nicht, wann harte Tabuzonen vorliegen. Dies, obgleich es genau sieht, dass dieses

---

479 BVerwG 4 CN 1.11 – Urt. v. 13.12.2012 (Rn. 10).
480 BVerwG 4 CN 1.11 – Urt. v. 13.12.2012 (Rn. 10).
481 BVerwG 4 CN 1.11 – Urt. v. 13.12.2012 (Rn. 13).

für die Praxis mehr als wünschenswert wäre. So formuliert das Bundesverwaltungsgericht selbst:

„Der Senat verkennt ebenso wenig wie die Vorinstanz, dass die Abgrenzung zwischen harten und weichen Tabuzonen in der Planungspraxis mit Schwierigkeiten verbunden sein kann. Dem kann jedoch dadurch Rechnung getragen werden, dass vom Plangeber nicht mehr gefordert wird, als was er ‚angemessenerweise' leisten kann." Was sich hierunter genau verbirgt und ob Kommunen hier zur Abgrenzung auf bloße Verwaltungsvorschriften vertrauen können, bleibt damit offen. Sicher dürfte es daher nur sein, wie oben dargestellt, harte Tabuzonen restriktiv anzunehmen. Wie oben ausgeführt, folgt aus der Fehlerfolgenlehre des BauGB, dass eine fälschliche Einordnung harter Tabukriterien als weiche Tabukriterien rechtlich irrelevant sein muss. Im Ergebnis wird eine Fläche aus bestimmten Gründen nicht ausgewählt, nur die Begründung unterliegt hier falschen Wertungen. Umgekehrt bestehen aber Bedenken, wenn eine Gemeinde irrig weiche Kriterien als harte Kriterien beurteilt. Denn dies wirkt sich auf das Ergebnis aus – im Rahmen der Abwägung wird in diesem Fall irrig davon ausgegangen, dass bestimmte Flächen generell nicht in Betracht kommen, obgleich zumindest eine Einordnung als weiche Tabuzone möglich gewesen wäre und möglicherweise sogar eine Ausweisung als Fläche.

3. Umfang des substanziellen Raums für die Windenergie

Herrscht also Streitigkeit über die Frage, wie der Abwägungsvorgang zu dokumentieren ist, und darüber, wie genau Planungsträger weiche und harte Tabuzonen zwingend unterscheiden müssen, bleibt zudem auch noch offen, in welchem Umfang eine Ausweisung erforderlich ist. Bisher existiert in Rechtsprechung und Literatur keine Einigkeit darüber, wie das Erfordernis, der Windenergie in substanzieller Weise Raum zu geben, allgemein definiert werden kann. Es besteht daher für die Kommunen keine messbare Größe, an der sie sich im Rahmen der Planung orientieren könnte.

Das OVG Sachsen stellt in seinem Urteil die Bandbreite der Entscheidungen sehr schön dar und führt in seinem konkretem Fall wörtlich aus: „Die acht festgesetzten Vorrang-/Eignungsgebiete erreichen mit – insoweit unstreitig – 0,02566 % der Gesamtfläche des Plangebiets, das rund 2.554 km² umfasst, nur einen Bruchteil von einem Promille der Fläche der damaligen Planungsregion. Dies liegt deutlich unterhalb jener Flächenanteile, die in der obergerichtlichen Rechtsprechung bislang als ausreichend angesehen wurden. Diese reichen etwa von 1,2 % (BayVGH, Urt. v. 17. November 2011, BayVBl. 2012, 272, 275) über 0,61 % (NdsOVG, NK-Urt. v. 28. Januar 2010-12 KN 65/07 – juris Rn. 45) bis hin zu einem Promille (so VGH BW, NK-Urt. v. 9. Juni 2005 – 3 S 1545/04 -, juris Rn. 54) als dem in der Rechtsprechung bislang niedrigsten anerkannten Flächenanteil."[482]

Gatz formuliert, das Bundesverwaltungsgericht lehne es „beharrlich" ab, ein absolutes Mindestmaß zu fordern,[483] und schlägt selbst vor, dass – auch wenn dieses schwer ermittelbar sei – jedenfalls mindestens noch 1/5 der Anlagen zulässig sein müssten, die im gesamten Außenbereich realisierbar wären, gäbe es keine einschränkende Regelung auf Grundlage von § 35 Abs. 3 Satz 3 BauGB. *Lau* versucht in Auseinandersetzung mit der Rechtsprechung die Spielräume der Gemeinden darzustellen. Es sei „einleuchtend", dass eine Bezugsgröße wegen der Vielgestaltigkeit der Verhältnisse nicht der gesamte Hoheitsbereich des betreffenden Plangebers sein könne.[484] Er versucht die gesetzgeberischen Regelungen in § 35 BauGB als Auslegungsmaßstab heranzuziehen. Aus der gesetzgeberischen Wertung des § 35 Abs. 1 Nr. 5 BauGB sei die Rechtsprechung entstanden und es gehe dabei um die Verteilung von Begründungslasten.

Nach § 35 Abs. 2 BauGB bedürfe es bei der Zulassung von Vorhaben im Außenbereich des Überwiegens der für das Vorhaben sprechenden Belange. Hinsichtlich der in § 35 Abs. 1 BauGB genannten Vorhaben zeichne der Gesetzgeber diese Abwägung jedoch dahingehend vor, dass ein solches Überwiegen gegeben sei. Quantitativ lasse sich dieses Überwiegen mit über 50 % ausdrücken.[485]

Es könne daher davon ausgegangen werden, dass bei einer Ausweisung von mehr als 50 % der im Hoheitsgebiet des betreffenden Plangebers liegenden, fachlich für die Windenergienutzung geeigneten Flächen als Konzentrationszone(n) der Nutzung der Windenergienutzung in substanzieller Weise Raum verschafft werde. Es verblieben dem Plangeber selbst in windbegünstigten Landstrichen dann ja noch nahezu 50 % der Fläche für andere

---

482 OVG Sachsen, Urt. v. 19.7.2012- Az.: 1 C 40/11- Az.: 1 C 40/11, abgerufen unter http://www.justiz.sachsen.de/ovgentschweb/documents/11C40.pdf am 4.10.2012, dort Rn. 48.

483 *Gatz*, Windenergieanlagen in der Verwaltungs- und Gerichtspraxis,1. Aufl. 2009, S. 52 ff.

484 *Lau*, Substanzieller Raum für Windenergienutzung – Abgrenzung zwischen Verhinderungsplanung und zulässiger Kontingentierung, LKV 2012, S. 163 ff.

485 *Lau*, Substanzieller Raum für Windenergienutzung – Abgrenzung zwischen Verhinderungsplanung und zulässiger Kontingentierung, LKV 2012, S. 163 ff. (166).

Nutzungen. Bei einer Ausweisung von 50 % und weniger der an sich geeigneten Flächen habe der Plangeber dies im Einzelnen jedoch zu begründen. Dabei mache es wenig Sinn, zwischen „harten" und „weichen" Tabuzonen zu differenzieren, da die Übergänge hierbei fließend seien.[486]

Dieser Argumentation ist zugutezuhalten, dass sie versucht, eine Auslegung am Maßstab des Gesetzes vorzunehmen. Allerdings ist ihr entgegenzuhalten, dass sich der gewünschte Ansatz nicht im Gesetz findet – zum einen findet sich dort das Wort „überwiegen" nicht, zum anderen ist fraglich, ob sich Wertungen der Zulässigkeit der Vorhaben im Einzelfall auf die generelle Planung nach § 35 Abs. 3 Satz 3 BauGB übertragen lassen. Sie vermag daher nicht zu überzeugen.

Das Bundesverwaltungsgericht hat sein oben zitiertes Urteil[487] aus dem Dezember 2012 zur Tabuzonenplanung zum Anlass genommen, in einem obiter dictum Stellung zu nehmen. Es führt wörtlich aus:

„Nicht entscheidungserheblich ist die Frage, nach welchem Vergleichsmaßstab zu beurteilen ist, ob das Planungsergebnis der Windenergie substanziell Raum verschafft [...]. Im Interesse der Rechtssicherheit und Berechenbarkeit der Rechtsprechung nimmt der Senat gleichwohl zu ihr Stellung. Entgegen der Ansicht des Oberverwaltungsgerichts lässt sie sich nicht ausschließlich nach dem Verhältnis zwischen der Größe der im Flächennutzungsplan dargestellten Konzentrationsfläche und der Größe derjenigen Potenzialflächen beantworten, die sich nach Abzug der harten Tabuzonen von der Gesamtheit der gemeindlichen Außenbereichsflächen ergibt. Der von der Vorinstanz entwickelte Maßstab für die Kontrolle des Abwägungsergebnisses kann keine ‚Exklusivität' für sich beanspruchen. Der Senat hat die Entscheidung, anhand welcher Kriterien sich beantworten lässt, ob eine Konzentrationsflächenplanung nach § 35 Abs. 3 Satz 3 BauGB für die Nutzung der Windenergie in substanzieller Weise Raum schafft, den Tatsachengerichten vorbehalten [...] und verschiedene Modelle gebilligt [...]. Daran hält er mit dem Zusatz fest, dass die von den Tatsachengerichten entwickelten Kriterien revisionsrechtlich hinzunehmen sind, wenn sie nicht von einem Rechtsirrtum infiziert sind, gegen Denkgesetze oder allgemeine Erfahrungssätze verstoßen oder ansonsten für die Beurteilung des Sachverhalts schlechthin ungeeignet sind [...]. Der Senat sieht keinen Anlass, den vom Oberverwaltungsgericht gewählten Ansatz zu beanstanden. [...] Er selbst

---

486 *Lau*, Substanzieller Raum für Windenergienutzung – Abgrenzung zwischen Verhinderungsplanung und zulässiger Kontingentierung, LKV 2012, S. 163 ff. (166).

487 BVerwG 4 CN 1.11 – Urt. v. 13.12.2012.

hat bereits im Urteil vom 17. Dezember 2002 […] einem, wenn auch anders gearteten, Flächenvergleich das Wort geredet. Nicht zulässig wäre allerdings die Festlegung eines bestimmten (prozentualen) Anteils, den die Konzentrationsflächen im Vergleich zu den Potenzialflächen erreichen müssen, damit die Rechtsfolge des § 35 Abs. 3 Satz 3 BauGB eintritt."

Sprachlich schwer verständlich formuliert das Bundesverwaltungsgericht insbesondere: „Dagegen darf dem Verhältnis dieser Flächen zueinander Indizwirkung beigemessen werden und ist nichts gegen einen Rechtssatz des Inhalts zu erinnern, dass, je geringer der Anteil der ausgewiesenen Konzentrationsflächen ist, desto gewichtiger die gegen eine weitere Ausweisung von Vorranggebieten sprechenden Gesichtspunkte sein müssen, damit es sich nicht um eine unzulässige ‚Feigenblattplanung' handelt […]."

Mithin nimmt das Bundesverwaltungsgericht zwar Stellung zur Frage des Vorliegens substanziellen Raumes, lässt aber dies im Einzelfall die Tatsacheninstanzen unterschiedlich bewerten. Es sieht in einem geringen Anteil ausgewiesener Konzentrationsflächen aber eine Indizwirkung.

Es bleibt somit bei der unzufriedenstellenden Tatsache, dass wohl jeweils im Einzelfall zu prüfen ist, ob der Windenergie in substanzieller Weise Raum gegeben wird. Dies liegt in der Natur der sich ein Stück weit widersprechenden Regelungen – nach § 31 Abs. 1 Nr. 5 BauGB ist die Windenergie privilegiert und daher grundsätzlich im Außenbereich zulässig – nach § 35 Abs. 3 Satz 3 BauGB kann die Kommune sie aber beschränken und nur auf bestimmten Flächen für zulässig erklären. Ohne nähere gesetzlich getroffene Regelung wird immer die Planung im Einzelfall bewertet werden müssen, eine generalisierende Vorgabe wird sich auch wegen der Unterschiedlichkeit der Planungsräume kaum machen lassen.

Zusammenfassende Stellungnahme

I. Für den Klimaschutz existiert kein spezieller Kompetenztitel im Grundgesetz. Ihn allein unter Art. 74 Abs. 1 Nr. 24 GG oder Art. 74 Abs. 1 Nr. 11 GG zu fassen, ist abzulehnen. Bei der Frage, welcher Kompetenztitel bei klimaschützenden Regelungen einschlägig ist, kommt es darauf an, in welchen Bereich die klimaschützende Regelung fällt. Handelt es sich um eine Regelung, die den Straßenverkehr betrifft, so kann die Kompetenz beispielsweise aus Art. 74 Abs. 1 Nr. 22 GG folgen; handelt es sich dagegen um eine Regelung, die das Wirtschaftsleben unmittelbar betrifft, kann die Regelung auf Art. 74 Abs. 1 Nr. 11 GG gestützt werden. Es erfolgt also eine Betrachtung jeder einzelnen Regelung. Für die Bundesländer bedeutet dies, dass sie nach allgemeinen Grundsätzen tätig werden können, grundsätzlich also nach Art. 70 Abs. 1 GG gesetzgebungsbefugt sind, aber wiederum eingeschränkt sind, wenn der Bund im Rahmen der konkurrierenden Gesetzgebung tätig geworden ist. Für ihr eigenes Handeln bzw. das Handeln ihrer Verwaltungsbehörden können sie Regelungen erlassen, deren Organisation unterliegt naturgemäß der Kompetenz der Länder selbst.

II. Die Kommunen sind auf Grund des Föderalismus und ihrer Rolle in den Bundesländern Hauptakteur des Verwaltungsrechts und haben somit auch eine besonders verantwortliche Rolle für den Klimaschutz.

III. Ob und inwieweit Kommunen zu Gunsten des Klimaschutzes tätig werden können, bedarf einer differenzierten Betrachtung. Dabei stellt sich die Frage, inwieweit in die Rechte von Bürgern eingegriffen wird. Für Grundrechtsbeschränkungen gilt allgemein der Parlamentsvorbehalt, so dass es für ein solches Handeln gesetzlicher Ermächtigungsgrundlagen bedarf. Die partnerschaftliche Zusammenarbeit von Städten und Gemeinden zu Zwecken des Klimaschutzes ist daher genauso zulässig wie Städtepartnerschaften im Allgemeinen. Will die Kommune im Rahmen einer Ermächtigungsgrundlage handeln, die den Klimaschutz nicht ausdrücklich benennt, ist besonders umstritten, ob dies wegen des Örtlichkeitsprinzips möglich ist. Unproblematisch dürfte es jedoch sein, wenn ein anderer örtlicher Zweck verfolgt wird bzw. ein von der Ermächtigungsgrundlage erwähnter Zweck und der Klimaschutz als „Nebenzweck" oder „Nebenziel" verfolgt werden. Insoweit empfiehlt sich für die Kommunen im Zweifel eine Mehrfachbegründung von Maßnahmen. Erwähnt die Ermächtigungsgrundlage den Klimaschutz, soll es auch noch eines örtlichen Bezuges bedürfen, der sich aber noch leichter begründen lässt, wenn es sich um eine Maßnahme mit örtlichen Auswirkungen handelt.

IV. Es gibt Landesbauordnungen mit Ermächtigungen zum Erlass von Satzungen, bestimmte Energieformen vorzuschreiben oder zu verbieten. Diese finden sich häufig im Rahmen der Regelung zur Ermächtigung für örtliche Bauvorschriften und gehen damit über die Musterbauordnung hinaus. Bundesweite Aufmerksamkeit im rechtswissenschaftlichen Diskurs haben die örtlichen Bauvorschriften durch die sog. „Marburger Solarsatzung" erlangt. Das hessische Landesbauordnungsrecht sah bzw. sieht in § 81 HBO die Möglichkeit örtlicher Bauvorschriften vor. Die weitegehende Ermächtigung wurde gestrichen. Die erste Marburger Solarsatzung wurde vom Regierungspräsidium Gießen als Rechtsaufsichtsbehörde aufgehoben, was das Verwaltungsgericht Gießen bestätigte. Die Satzung sah vor, dass bei Errichtung von Gebäuden, aber auch bei der an Bestandsbauten, die Bauherren verpflichtet waren, solarthermische Anlagen zu errichten und zu betreiben. Dem VG Gießen und der Literatur ist dahingehend zuzustimmen, dass mit dem Erneuerbaren-Energien-Wärmegesetz vom 7.8.2008 der Bundesgesetzgeber von der konkurrierenden Gesetzgebung auf dem Gebiet der Luftreinhaltung Gebrauch gemacht hat. Damit erweist sich das Erneuerbare-Energien-Wärmegesetz insoweit für Neubauten mit einer Nutzfläche von mehr als 50 m² als abschließend. Landesregelungen, insbesondere solche, die Kommunen zum Satzungserlass ermächtigen, sind insoweit nicht mehr möglich. Landesregelungen zum Satzungserlass für Bestandsgebäude kommen aber in Betracht. Wie die Rechtsprechung des VG Gießen zu erkennen gibt, bestehen aber selbst, wenn solche Regelungen erlassen werden, für die Kommunen erhebliche Unsicherheiten hinsichtlich der Satzungsgestaltung. Hierbei ist besonders auf eine verhältnismäßige Präzisierung der Inhalts- und Schrankenbestimmung des Art. 14 GG zu achten sowie bei der Regelung von Ausnahmen auf den Gleichheitsgrundsatz aus Art. 3 Abs. 1 GG.

V. Der Streit, ob auch bzw. inwieweit im Rahmen der Bauleitplanung für den Klimaschutz bzw. für klimaschützende Festsetzungen ein Örtlichkeitsbezug notwendig ist, dürfte sich mit der Klimaschutznovelle 2011 erledigt haben. Nach § 9 Abs. 1 BauGB können Festsetzungen im Bebauungsplan nur aus „städtebaulichen Gründen" getroffen werden. Durch den neuen § 1a Abs. 5 BauGB hat der Gesetzgeber allerdings nunmehr auch unmissverständlich zum Ausdruck gebracht, dass nun eben doch der „altruistische globale Klimaschutz" zulässig ist und Maßnahmen allein damit begründet werden könnten. Gleichwohl werden wohl in der Praxis Maßnahmen stets dualistisch begründet werden und es liegen somit auch häufig klassische städtebauliche Gründe vor. Regelungen über Festsetzungen im BauGB zu Gunsten des Klimaschutzes sind auch verfassungsgemäß. Meinungen, ihnen fehle der „Bodenbezug", der wegen des Kompetenztitels aus Art. 74 Abs. 1 Nr. 18 GG vorliegen müsse, sind abzulehnen. Festsetzungen im Rahmen der Bauleitplanung haben stets einen Bodenbezug, da sie sich auf bauliche Anlagen beziehen, und es sind eben diese baulichen Anlagen, die Emissionen verursachen. Zudem hat der Bund eine Gesetzgebungskompetenz für den Klimaschutz aus anderen Kompetenztiteln, z. B. aus Art. 74 Abs. 1 Nr. 24 GG.

VI. § 9 Abs. 1 Nr. 23a BauGB erlaubt die Festsetzung sog. Verbrennungsverbote. Dabei wird die Reichweite in der Literatur nicht klar ausgelegt. Einerseits wird betont, die Vorschrift diene speziell dem städtebaulichen Immissionsschutz auf örtlicher Ebene, nicht dem Umweltschutz allgemein. Sie könne daher nicht eingesetzt werden, um z. B. die mit den Emissionen von Großkraftwerken verbundenen Umweltbelastungen zu reduzieren. Andererseits wird pauschal auf Grund des neuen Planungsleitsatzes der nachhaltigen städtebaulichen Entwicklung ein von der Gemeinde für sinnvoll gehaltener „Ausstieg" aus dem Öl und eine Bevorzugung erneuerbarer Energieträger für zulässig gehalten. Auf Grund des Bestandsschutzes kommt die Festsetzung eines Verbrennungsverbotes ohnehin nur für neue Bebauungsgebiete in Betracht. In reinen Neubaugebieten dürfte es angesichts der zu erwartenden Preissteigerungen für fossile Brennquellen und neuerer Technik ohnehin so sein, dass neue Gebäude so geplant werden, dass sie ihre Erwärmung möglichst so regeln, dass dieses nicht mit einem hohen Schadstoffausstoß verbunden ist. Hinzu kommt, dass neue Standards und Regelungen nach dem EEWärmeG und der EnergieEinsparVerordnung greifen. Der praktische Anwendungsbereich und Nutzen der Norm für den Klimaschutz sinkt damit. Dennoch kann es für die Gemeinde zweckmäßig sein, Festsetzungen nach § 9 Abs. 1 Nr. 23a BauGB ergänzend zu treffen. Hierbei sollte eine Abwägung und Begründung im Einzelfall erfolgen und ein planerisches Konzept bestehen, das auch spürbare Verbesserungen der Lufthygiene mit sich bringt. Dann kann der Festsetzung nicht entgegengehalten werden, es fehle ihr an städtebaulichen Gründen. Insbesondere sollte die Kommune also beispielsweise begründen, dass das Verbrennungsverbot im Neubaugebiet z. B. dazu führt, dass Gebiete, die durch typische Windrichtungen sonst stärker belastet werden, geschont werden.

VII. Die Neufassung von § 9 Abs. 1 Nr. 23b BauGB stellt klar, dass Gebietsfestsetzungen getroffen werden können, in denen „bauliche und sonstige technische Maßnahmen" getroffen werden müssen. Die ehemalige Unklarheit über die Festsetzungsmöglichkeit technischer Maßnahmen hat sich somit erledigt. Das Verhältnis der Vorschrift zum EEWärmeG ist allerdings unklar. Ausgehend von der These, dass die Vorschrift neben dem EEWärmeG dennoch den Kommunen eigene Vorschriften erlaubt, bleiben aber Begründungsprobleme für die Festsetzung in der Praxis. Eine konkrete Festsetzung bedarf einer näheren Betrachtung in der Abwägung und der Verhältnismäßigkeit im Einzelfall.

VIII. Im Rahmen des § 9 Abs. 1 Nr. 24 BauGB können bauliche oder technische Vorkehrungen zur Vermeidung oder Minderung zum Schutz vor schädlichen Umwelteinwirkungen und sonstigen Gefahren festgesetzt werden. Eine weitgehende Auslegung der Vorschrift dahingehend, dass es möglich sein solle, hierauf basierend Festsetzungen für die Wärmedämmung von Gebäuden zu treffen, ist aber abzulehnen. Die Vorschrift soll ihrem Charakter nach Festsetzungen gegen unmittelbar spürbare Störungen ermöglichen, nach dem Wortlaut geht es um schädliche Umwelteinwirkungen. § 9 Abs. 1 Nr. 24 BauGB ermöglicht aber insbesondere „mittelbare Festsetzungen" zu Gunsten des Klimaschutzes.

IX. Es kommen mehrere Festsetzungsmöglichkeiten in Betracht, um mittelbar den Klimaschutz zu unterstützen. Von größerer Bedeutung ist hierbei § 9 Abs. 1 Nr. 2 BauGB. Im Bebauungsplan können danach die Bauweise, die überbaubaren und die nicht überbaubaren Grundstücksflächen sowie die Stellung der baulichen Anlagen festgesetzt werden. Durch gezielte Festsetzungen können Verschattungen vermieden werden, die die Effizienz von Solaranlagen mindern. Auch durch die Begrenzung der Gebäudehöhen auf Grundlage von § 9 Abs. 1 Nr. 1 und § 18 BauNVO können natürliche Verschattungen vermieden werden. Dabei ist nach hier vertretener Auffassung in der Zukunft im Rahmen der Abwägung in besonderem Maße zu berücksichtigen, dass viele Eigentümer ein Interesse daran haben, dass Bebauungen nicht zu effizienzmindernden Verschattungen für solare Anlagen führen.

X. Umweltprüfung und Umweltbericht nach dem BauGB bieten eine Chance für die örtliche Auseinandersetzung mit dem Klimaschutz. § 2 Abs. 4 S. 1 BauGB schreibt das Verfahren der Umweltprüfung und den Umweltbericht vor, um die Belange des Umweltschutzes nach § 1 Abs. 6 Nr. 7 und § 1a BauGB sachgerecht zu ermitteln. Mithin kann und muss im Rahmen der Umweltprüfung eine Ermittlung stattfinden, wie sich die jetzige Bebauung auf das Klima auswirkt (vgl. Anlage 1 zum BauGB Nr. 2a – „Bestandsaufnahme der einschlägigen Aspekte des derzeitigen Umweltzustands"). Es ist dann auch eine Prognose zu treffen, wie sich die neue Planung auf das

Klima auswirkt. Die Kommune kann also Klimaschutz gut im bestehenden Bauplanungsrecht verankern. Sie kann mit dem Instrument des Monitorings nach § 4c BauGB regelmäßig überprüfen, ob die Bebauung der Planung gerecht wird. Die Kommune sollte bei der Umweltprüfung konkret errechnen lassen, wie viel Treibhausgasemissionen durch die aktuelle Bebauung entstehen, wie viele durch die künftige Bebauung entstehen können bzw. vermieden werden können. Im Rahmen des Monitorings können diese Annahmen dann überprüft werden.

XI. Der Gesetzgeber hat den Klimaschutz durch die Klimaschutznovelle 2011 erneut gestärkt. § 1a Abs. 5 Satz 1 BauGB erklärt nun in seinem Wortlaut, den Erfordernissen des Klimaschutzes solle sowohl durch Maßnahmen, die dem Klimawandel entgegenwirken, als auch durch solche, die der Anpassung an den Klimawandel dienen, Rechnung getragen werden. In § 1a Abs. 5 Satz 2 BauGB wird ausdrücklich auf die Abwägung Bezug genommen. Es heißt dort, der Grundsatz nach Satz 1 sei in der Abwägung nach § 1 Abs. 7 BauGB zu berücksichtigen. Durch die nunmehr ausdrückliche und klare Pflicht der Gemeinden, sich mit Maßnahmen zum Klimaschutz auseinanderzusetzen und diese in der Abwägung mit zu bedenken, ergeben sich mindestens erhöhte Aufmerksamkeitspflichten. Die Gemeinden sollten in den Abwägungsbegründungen zu erkennen geben, dass sie sich ernsthaft mit den Belangen des Klimaschutzes und der Klimawandelanpassung auseinandergesetzt haben. Andernfalls ist nach den allgemeinen Abwägungsgrundsätzen davon auszugehen, dass der Belang des Klimaschutzes nicht richtig ermittelt oder gewichtet worden ist mit der Folge eines rechtswidrigen Bauleitplanes. Klimaschutzkonzepte dürften dies erheblich erleichtern, sie können Daten liefern und v. a. können sie ein Gesamtkonzept zur Reduzierung klimaschädlicher Emissionen vorgeben, auf das Bezug genommen werden kann. In jedem Fall wird die Kommune im Rahmen einer Abwägung der Belange nicht allein pauschale Ausführungen zum Klimaschutz machen können, dies würde den Belang des Klimaschutzes nicht ausreichend würdigen. Es ist davon auszugehen, dass die Rechtsprechung bestimmte Anforderungen einfordern wird.

XII. Der Bürger kann ggf. im Wege einer Normenkontrolle nachträglich überprüfen lassen, inwieweit die Umweltprüfung mit Blick auf die Klimaschutzbelange gar nicht oder mangelhaft durchgeführt wurde, aber nur dann, wenn er die Möglichkeit der Beeinträchtigung privater Belange geltend macht. Allein die Rüge, dass Klimaschutzbelange nicht ausreichend gewürdigt seien, dürfte nicht ausreichen. In der Praxis dürften sich aber auch immer private Belange finden, die der Bürger zumindest für eine Antragsbefugnis vortragen kann. Auf Grund des Charakters der Normenkontrolle als objektivem Rechtsbeanstandungsverfahren erfolgt eine umfassende Überprüfung des Bauleitplanes. Denkbar wäre auch ein Verständniswandel, der aber derzeit nicht abzusehen ist, dahingehend, Klimaschutz auch als privaten Belang anzusehen. Dies würde dazu führen, dass eben auch Einzelne den Klimaschutz als Individualrecht geltend machen könnten, wenn sie abstrakt von Folgen des Klimawandels betroffen wären. Hierfür spricht die Grundannahme, dass Klimaschutz nicht geschieht, um dem Klima zu helfen, sondern um den Menschen vor den Folgen des Klimawandels zu verschonen.

XIII. Klimaschutz in der Kommune kann auch durch vertragliche Vereinbarungen geschehen. Vertragliche Gestaltungen dürfen aber nicht an die Stelle der Entwicklungs- und Ordnungsfunktion der Bauleitplanung treten, können diese jedoch ergänzen. Für solche städtebaulichen Verträge, die den Klimaschutz zum Inhalt haben, dürften die Bedenken bezüglich eines Vorrangs der Bauleitplanung gering sein. Sie können regelmäßig neben einer Bauleitplanung stehen und beeinträchtigen den Grundsatz des Planvorrangs daher nicht. Vielmehr ist die Kritik explizit auf Verträge i. S. v. § 11 Abs. 1 Satz 2 Nr. 2 BauGB, also auf Planverwirklichungsverträge, zu beziehen. Verträge, die den Klimaschutz zum Ziel haben, haben gerade nicht das Ziel, planerische Abwägungen zu unterlaufen, sondern ergänzen diese. Von einem Ausverkauf staatlicher Rechte kann auch nicht die Rede sein, denn der Staat drückt dem Bürger gerade vertragliche Pflichten auf. Der Gesetzgeber stellt in seiner Begründung der Neuregelung in der Klimaschutznovelle nochmalig klar, dass die Neuaufnahme von § 11 Abs. 1 Satz 2 Nr. 5 BauGB nur eine Betonung bereits vorher bestehender Möglichkeiten war. In Betracht kommen für vertragliche Vereinbarungen zu Gunsten des Klimaschutzes Anforderungen an die energetische Qualität eines Bauwerks, die über die gesetzlichen Vorgaben deutlich hinausgehen, und/oder Anforderungen an eine umweltfreundliche Energieerzeugung.

XIV. Klimaschutzziele und energiepolitische Ziele im Rahmen der Raumordnung gewinnen an Bedeutung für die Kommunen, die auf Grund von § 1 Abs. 4 BauGB ihre Bauleitpläne an die Ziele der Raumordnung anzupassen haben. Dies macht das Urteil des OVG Münster in Sachen „Steinkohlekraftwerk Datteln" deutlich. Das OVG hat die energiepolitischen Ziele übergeordneter Planung in begrüßenswerter Weise berücksichtigt im Rahmen der Auseinandersetzung mit den Zielen der Raumordnung und der Landesplanung. Eine Auseinandersetzung mit dem Klimaschutz erfolgt allerdings auch nur im Rahmen der Prüfung der Anpassungspflicht aus § 1 Abs. 4 BauGB. Dies ist zwar konsequent, aber dennoch unzureichend. Konsequent, weil Belange des Klimas und der Energie als Ziele der Raumordnung durch die Bauleitplanung umzusetzen sind. Unzureichend jedoch, weil ansonsten die Belange des Klimas, die im BauGB geregelt sind, nicht geprüft werden. Auf den Klimaschutz als Belang der Abwägung im Rahmen von § 1 Abs. 7 BauGB geht das OVG jedoch interessanterweise nicht ein. So wird auf die Klimaschutzklausel in § 1 Abs. 5 BauGB nicht eingegangen. Ebenso wird nicht darauf eingegangen, dass § 1 Abs. 6 Nr. 7f BauGB die sparsame und effiziente Nutzung von Energie als Belange des Umweltschutzes zum Gegenstand der Abwägung der Bauleitplanung macht. Indirekt kritisiert das OVG aber, dass die Begründung für den Verzicht auf Festsetzungen etwa nach § 9 Abs. 1 Nr. 23, 24 BauGB zu kurz erfolgt sei. Dass der Klimaschutz durch die Novellen 2004 und 2011 zweimal im BauGB gestärkt wurde, zeigt, dass der Gesetzgeber ihn als Belang gestärkt sehen will. Es muss also eine deutliche Auseinandersetzung in der Abwägung mit den Belangen des Klimaschutzes erkennbar sein, mindestens wenn es um die Realisierung von Projekten mit erheblichem Treibhausgasausstoß geht. Zwar ist das Klima ein Belang, der wie andere Belange auch weggewogen werden kann, und der Klimaschutz genießt hier keinen höheren Stellenwert als andere Belange, eine genauere Abwägung sollte aber von den Gerichten zunehmend eingefordert werden, sonst würden auch die Intentionen des Gesetzgebers missachtet. Mit Blick auf den Klimaschutz als Abwägungsbelang kann das Urteil des OVG Münster also positiv bewertet werden und als Vorbild für weitere gerichtliche Abwägungsüberprüfungen dienen. Wenn klimaschützende Ziele der Raumordnung festgelegt sind, besteht eigentlich eine Pflicht zur Prüfung. Ebenso ist der Klimaschutz als Abwägungsbelang im Rahmen von § 1 Abs. 7 BauGB zu prüfen. Die Gemeinden müssen daher für eine rechtssichere Bebauungsplanung eine ausreichende Auseinandersetzung in der Planbegründung vornehmen. Die Gerichte können das Urteil des OVG zum Anlass nehmen, stärker als bisher hinzuschauen und klare Klimaschutzkonzepte anhand örtlicher und überörtlicher Zielfestsetzungen erarbeiten und in ihrer Abwägung berücksichtigen.

XV. Die Länder können sich ehrgeizige Klimaschutzziele setzen und verbindliche Reduktionsziele für Treibhausgase in der Raumordung festsetzen. Dies zeigt das Beispiel des Klimaschutzgesetzes NRW. Solche Regelungen sind kompetenziell möglich. Sie stehen im Einklang mit dem Europäischen Emissionshandelsrecht und widersprechen auch nicht dem Recht des Bundes. Die rechtsstaatlichen Grundsätze einer Abwägung in der Raumordnung müssen jedoch beachtet werden, können aber auch beachtet werden. Klinger/Wegener ist zuzustimmen, dass Klimaschutzregelungen in der

Raumordnung dann zulässig sind, wenn konkrete Anforderungen an eine Raumnutzung gestellt werden. Solange nur abstrakt darüber diskutiert wird und noch keine überprüfbaren Pläne, etwa ein Landesentwicklungsplan auf der Grundlage des Gesetzesentwurfes zum Klimaschutzgesetz, vorliegen, bleibt die Diskussion darüber, welche Regelungen zu Gunsten des Klimas möglich sind und noch den „raumbezogenen" Ansatz" haben, allerdings theoretisch. Zulässig muss es jedenfalls sein, dass die Bundesländer sich verbindliche Klimaschutzziele setzen. Es passt nicht zu der großen Herausforderung, den Klimawandel zu bekämpfen, wenn allein darauf gesetzt würde, dass der Emissionshandel als System dies meistert. Dies ist auch europarechtskonform. Es ist der Argumentation in der Literatur zuzustimmen, dass Art. 193 AEUV es erlaubt, verstärkte Schutzmaßnahmen beizubehalten oder zu ergreifen, eben auch Vorschriften für die Treibhausgasemission. Zudem geht es bei den Regelungen, wie sie dem Gesetzesentwurf von NRW zum Klimaschutzgesetz zu Grunde liegen, eben nicht um konkrete anlagenbezogene Vorgaben. Bedenken hinsichtlich der Vereinbarkeit mit der notwendigen Abwägung im Rahmen der Erklärung zu Zielen der Raumordnung wurde spätestens durch den letzten Entwurf des Klimaschutzgesetzes Rechnung getragen. Auch zuvor im Entwurf der 15. Wahlperiode wurde in der Gesetzesbegründung deutlich, dass eine Abwägung beim Landesentwicklungsplan ausdrücklich geschehen soll und dass keineswegs Vorgaben 1:1 übernommen werden sollen. Zusammenfassend lässt sich daher sagen, dass ein Gesetz wie der nordrhein-westfälische Gesetzesentwurf möglich ist. Die Kommunen wären dann auf Grundlage von § 1 Abs. 4 BauGB an Vorgaben der Raumordnung im Rahmen ihrer Bauleitplanung gebunden. Viele Fragen dürften sich allerdings noch im Detail stellen. Am Beispiel von NRW dürfte sich z. B. auch die Frage stellen, ob im Rahmen der Gebietsentwicklungsplanung alle Regionen gleich betrachtet werden sollen bei dem Ziel von Einsparungen oder ob es Unterschiede, z. B. nach dem Ansiedlungsgrad der Industrie geben soll. Praktisch dürfte sich die Frage stellen, ob es zu einem Verdrängungswettbewerb der Planungen im „Kampf um Emissionen" kommt oder ob „nur" dargestellt wird, dass es ohnehin auf Grund einer Vielzahl von Maßnahmen zu der erwünschten Minderung von Treibhausgasen kommt.

XVI. Die Kommunen können ggf. mit der Motivation, dadurch Klimaschutz zu betreiben, einen Anschluss- und Benutzungszwang für Fernwärme regeln. Ihnen hilft dabei, soweit das Landesrecht den Klimaschutz nicht als Grund für einen Anschluss- und Benutzungszwang vorsieht, § 16 EEWärmeG. Dieser ist verfassungskonform, da dem Bund eine entsprechende Gesetzgebungskompetenz zusteht. Es trifft zu, dass § 16 EEWärmeG keine kommunalrechtliche Regelung ist, sondern eine Regelung zum Zwecke des Klimaschutzes, die der Bund auf Grund seiner Kompetenz für die Luftreinhaltung in Art. 74 Abs. 1 Nr. 24 GG erlassen kann. Zwar ist § 16 EEWärmeG keine ausdrückliche gesetzliche Ermächtigung für die Kommunen, sondern setzt eine solche im Landesrecht voraus, diese Regelungstechnik ist dem Bund jedoch möglich.

XVII. Die Kommunen haben erheblichen Gestaltungsspielraum in der Förderung bzw. Ansiedlungspolitik für Erneuerbare Energien. § 35 Abs. 3 BauGB gibt den Kommunen mit dem sog. „Planvorbehalt" die Möglichkeit, zu steuern. Öffentliche Belange stehen danach einem Vorhaben in der Regel auch dann entgegen, soweit hierfür durch Darstellungen im Flächennutzungsplan eine Ausweisung an anderer Stelle erfolgt ist. Den Kommunen wird also eine Planungsmöglichkeit gegeben, jedenfalls solange nicht die übergeordnete Raumordung Standorte als Ziele der Raumordnung ausweist, was § 35 Abs. 3 BauGB auch ausdrücklich erlaubt. Dabei müssen die Kommunen sorgfältig planen und in ihrem Konzept deutlich machen, wie sie ihre Flächenauswahl begründen. Der Windenergie ist auf Grund ihrer gesetzlichen Privilegierung jedenfalls substanziell Raum zu geben. Es dürfte entgegen einigen Stimmen aber nicht zwingend sein, dass die Gemeinde sog. harte und weiche Tabuzonen genau differenziert. Entscheidend dürfte nur sein, ob eine Gemeinde harte Tabuzonen richtig angenommen hat. Ob sie harte Tabuzonen in ihrem Plan fälschlich als weiche bezeichnet, dürfte für das Planergebnis irrelevant sein. Umgekehrt bestehen allerdings Bedenken, wenn eine Gemeinde irrig weiche Kriterien als harte Kriterien beurteilt. Es bleibt dabei bei der unzufriedenstellenden Tatsache, dass wohl im Einzelfall zu prüfen ist, ob der Windenergie in substanzieller Weise Raum gegeben wird. Dies liegt in der Natur der sich ein Stück weit widersprechenden Regelungen – nach § 35 Abs. 1 Nr. 5 BauGB ist die Windenergie privilegiert und daher grundsätzlich im Außenbereich zulässig – nach § 35 Abs. 3 BauGB kann die Kommune sie aber beschränken und nur auf bestimmten Flächen für zulässig erklären. Ohne nähere gesetzlich getroffene Regelung wird immer die Planung im Einzelfall bewertet werden müssen, eine generalisierende Vorgabe wird sich auch wegen der Unterschiedlichkeit der Planungsräume kaum machen lassen.

XVIII. Insgesamt ergibt sich daher für den kommunalen Klimaschutz, dass erhebliche Spielräume für die Kommunen bestehen. Sie können tätig werden und sie müssen auch tätig werden, wie es die Regelungen zum Klimaschutz in der bauleitplanerischen Abwägung zeigen. Wünschenswert er scheint es, dass der Gesetzgeber manche Regelungen hinsichtlich des Spielraums konkretisiert, damit die Kommunen hier nicht Rechtsexperimente begehen müssen. Schon jetzt zeichnet sich ab, dass die Belange des Klimaschutzes in der Abwägung und die Verhältnismäßigkeit von kommunalen Regelungen zu Gunsten des Klimaschutzes Praxis und Rechtsprechung noch stärker als bisher beschäftigen werden.

Literaturverzeichnis

Appel, Ivo; Singer, Jörg: Verfahrensvorschriften als subjektive Rechte, JuS 2007, S. 913 ff.

Attendorn, Thorsten: Die Belange des Klimaschutzes nach Fukushima und der Energiewende, NVwZ 2012, S. 1569 ff.

Baltsch, Barbara: Stockholm und Hamburg erste Umwelthauptstädte, EUROPA kommunal, 2/2009, S. 23 ff.

Battis, Ulrich: Probleme planungsbezogener städtebaulicher Verträge, ZfBR 1999, S. 240 ff.

Battis, Ulrich; Krautzberger, Michael; Löhr, Rolf-Peter: Baugesetzbuch, Kommentar, 11. Aufl., München 2009. (zitiert: Bearbeiter in Battis/Krautzberger/Löhr)

Battis, Ulrich; Krautzberger, Michael; Mitschang, Stephan; Reidt, Olaf; Stüer, Bernhard: Gesetz zur Förderung des Klimaschutzes bei der Entwicklung in den Städten und Gemeinden in Kraft getreten, NVwZ 2011, S. 897 ff.

Beckmann, Martin: Klimaschutz durch Landesplanung – Anmerkungen zum Entwurf eines Klimaschutzgesetzes NRW, NWVBl. 2011, S. 249 ff.

Beckmann, Klaus: Windenergieanlagen (WEA) – eine kritische Gesamtschau dieses erneuerbaren Energiesegments, KommJur 2012, S. 170 ff.

Behrens, Alexander; Louis, Hans Walter: Die Zuständigkeit des Bundesgesetzgebers zur vollständigen Umsetzung der Umwelthaftungsrichtlinie, insbesondere zur Regelung des Biodiversitätsschadens, NuR2005, S. 682 ff.

Bennemann, Gerhard: Praxis der Kommunalverwaltung, Landesausgabe Hessen, Hessische Gemeindeordnung, Kommentar, (Losebl.), Wiesbaden, Stand 2011.

Bethge, Herbert: Parlamentsvorbehalt und Rechtssatzvorbehalt für die Kommunalverwaltung, NVwZ 1983, S. 577 ff.

Böhm, Monika: Umweltschutz durch Baurecht – kommunale Solarsatzungen auf dem Prüfstand, in: Jahrbuch für Umwelt- und Technikrecht 2009, S. 237 ff.

Böhm, Monika; El-Shabassy, Tarik: Kommunale Solarsatzungen, LKRZ 2009, S. 157 ff.

Bunzel, Arno: Das Planspiel zur BauGB-Novelle 2011 – Neuerungen für eine klimagerechte Stadtentwicklung, ZfBR 2012, S. 114 ff.

Burgi, Martin: Kommunalrecht, 4. Aufl., München 2012.

Brügelmann, Hermann (Begründer): Baugesetzbuch, Kommentar, (Losebl.), Stand: 84. Lieferung 2012. (zitiert: Bearbeiter in Brügelmann)

Calliess, Christian: Feinstaub im Rechtsschutz deutscher Verwaltungsgerichte, Europarechtliche Vorgaben für die Klagebefugnis vor deutschen Gerichten und ihre dogmatische Verarbeitung, NVwZ 2006, S. 1 ff.

Danner, Wolfgang; Theobald, Christian: Energierecht, Kommentar, München, (Losebl.), Stand: 74. Lieferung 2012 (zitiert: Bearbeiter in Danner/Theobald)

Degenhart, Christoph: Staatsrecht I. Staatsorganisationsrecht, 28. Aufl., Heidelberg 2012.

Denny, Petra; Spangenberger, Volker: Rechtliche Umsetzung energiebezogener Planungsinhalte, UPR 1999, S. 331 ff.

ECOFYS GmbH: Energieeffizienz und Solarenergienutzung in der Bauleitplanung – Rechts- und Fachgutachten unter besonderer Berücksichtigung der Baugesetzbuch-Novelle 2004, Nürnberg, 2006.

Eisele, Michaela: Subjektive öffentliche Rechte auf Normerlaß, Berlin, 1999.

Ekardt, Felix;Schmitz, Bernhard; Schmidtke, Patrick Kim: Kommunaler Klimaschutz durch Baurecht: Rechtsprobleme der Solarenergie und der Kraft-Wärme-Kopplung, ZNER 2008, S. 334 ff.

Ekardt, Felix; Heitmann, Christian: Probleme des EEWärmeG bei Neubauten, ZNER 2009, S. 346 ff.

Ekardt, Felix: Zur Vereinbarkeit eines Landesklimaschutzrechts mit dem Bundes-, Verfassungs- und Europarecht, UPR 2011, S. 371 ff.

Ennuschat, Jörg; Volino, Angela: § 16 EEWärmeG und der kommunalrechtliche Anschluss- und Benutzungszwang für Fernwärme, CuR 2009, S. 90 ff.

Epping, Volker; Hillgruber, Christian (Hrsg.): Beck´scher Online-Kommentar Grundgesetz, Stand 1.10.2012 (zitiert: Bearbeiter in: BeckOK GG)

Ernst, Werner; Zinkahn, Willy; Bielenberg, Walter; Krautzberger, Michael (Hrsg.): Baugesetzbuch, Kommentar, München, (Losebl.) Stand: 106. Lieferung, 2012 (zitiert: Bearbeiter in Ernst/Zinkahn/Bielenberg/Krautzberger)

Europäische Kommission: Bekämpfung des Klimawandels, Europa in der Vorreiterrolle, Brüssel 2008.

Fassbender, Kurt: Kommunale Steuerungsmöglichkeiten zur Nutzung erneuerbarer Energien, NuR 2009, S. 618 ff.

Fassbender, Kurt: Neues zum Anspruch des Bürgers auf Einhaltung des europäischen Umweltrechts, EuR 2009, S. 400 ff.

Fonk, Christian: Das subjektiv-öffentliche Recht auf ordnungsgemäße Luftreinhalteplanung, NVwZ 2009, S. 69 ff.

Frenz, Walter: Umwelt- und Klimaschutz in der Wirtschaftskrise, WIVerw 2010, S. 74 ff.

Gatz, Stephan: Windenergieanlagen in der Gerichts- und Verwaltungspraxis, 1. Aufl. Bonn 2009.

Gern, Alfons: Zu den Grenzen der kommunalen Verbandskompetenz, NVwZ 1991, S. 1147 ff.

Goppel, Konrad: Anmerkung zu OVG NRW, Urteil vom 3. 9. 2009 -10 D 121/07.NE – Bebauungsplan.E.ON Kraftwerk der Stadt Datteln ist unwirksam = DVBl Heft 21/2009, DVBl 2009, S. 1592 ff.

Groß, Thomas: Klimaschutzgesetze im europäischen Vergleich, ZUR 2011, S. 171 ff.

Groß, Thomas: Welche Klimaschutzpflichten ergeben sich aus Art. 20a GG?, ZUR 2009 S. 364 ff.

Groth, Klaus-Martin; Schöneich, Michael: Auswirkungen der neuen Klimaschutzvorschriften auf Bauleit- und Gebäudeplanung, Vhw Forum, 2008, S. 141 ff.

Gusy, Christoph: Zulässigkeit gemeindlicher Verpflichtungen zum Erlaß oder zum Nichterlaß eines Bebauungsplans?, BauR 1981, S. 164 ff.

Heberlein, Horst: Die Rechtsprechung des BVerfG und des BVerwG zur "kommunalen Außenpolitik", NVwZ. 1992. S. 543 ff.

Hellriegel, Mathias; Schmitt, Thomas: Bitte Abstand halten! Sicherheitsabstände im Planungs- und Störfallrecht, NuR 2010, S. 98 ff.

Henneke, Hans-Günter; Ritgen, Klaus: Kommunales Energierecht, 1. Aufl., Wiesbaden 2010.

Hornmann, Gerhard: Windkraft – Rechtsgrundlagen und Rechtsprechung, NVwZ 2006, S. 969 ff.

Ingold, Albert; Schwarz, Tim: Klimaschutzelemente der Bauleitplanung, NuR 2010, S. 153 ff.

Jäde, Henning; Dirnberger, Franz; Weiss, Josef: BauGB BauNVO Kommentar, 6. Aufl., Stuttgart 2010. (zitiert: Bearbeiter in: Jäde/Dirnberger/Weiß)

Jarass, Hans: Bundes-Immissionsschutzgesetz, Kommentar, 9. Aufl. München 2012.

Jarass, Hans; Schnittker, Daniel; Milstein, Alexander: Schwerpunktbereich – Einführung in das Raumordnungs- und Landesplanungsrecht, JuS 2011, S. 215 ff.

Kahl, Wolfgang: Klimaschutz durch die Kommunen – Möglichkeiten und Grenzen, ZUR 2010, S. 395 ff.

Kahl, Wolfgang: Alte und neue Kompetenzprobleme im EG-Umweltrecht – Die geplante Richtlinie zur Förderung Erneuerbarer Energien, NVwZ 2009, S. 266 ff. Zur Rechtmäßigkeit der Marburger Solarsatzung – zugleich eine Anmerkung zu VG Gießen, Urt. v. 12. 5. 2010, ZUR 2010, Seite 375 ff., ZUR 2010, S. 371 ff.

Kahl, Wolfgang: Zur Rechtmäßigkeit der Marburger Solarsatzung – zugleich eine Anmerkung zu VG Gießen, Urt. v. 12. 5. 2010, ZUR 2010, Seite 375 ff., ZUR 2010, S. 371 ff.

Kahl, Wolfgang: Kommunale Solarsatzungen – Möglichkeiten und Grenzen, EurUP 2010, S. 114 ff.

Kahl, Wolfgang: Kommunaler Anschluss- und Benutzungszwang an Fernwärmenetze aus Klimaschutzgründen – Die Auswirkungen von § 16 EEWärmeG auf das Landesrecht insbesondere in Baden-Württemberg, VBlBW 2011, S. 53 ff.

Klinger, Remo: Anmerkung zur »Datteln«-Entscheidung des OVG Münster vom 3. 9. 2009 – Kühe statt Kühltürme?, ZUR 2009, S. 603 ff.

Klinger, Remo; Wegener, Henrike: Klimaschutzziele in der Raumordnung – Zugleich ein Beitrag zum Entwurf des Klimaschutzgesetzes Nordrhein-Westfalen, NVwZ 2011, S. 905 ff.

Klinski, Stefan; Longo, Fabian: Kommunale Strategien für den Ausbau erneuerbarer Energien im Rahmen des öffentlichen Baurechts, ZNER 2007, S. 41 ff.

Koch, Hans-Joachim; Constanze Mengel: Gemeindliche Kompetenzen für Maßnahmen des Klimaschutzes, DVBL 2000, S. 953 ff.

Koch, Hans-Joachim: Umweltrecht, 3. Aufl., München 2010.

Koch, Hans-Joachim: Die Verbandsklage im Umweltrecht, NVwZ 2007, S. 369 ff.

Koch, Hans-Joachim; Krohn, Susanne: Umwelt in schlechter Verfassung?, NuR 2006, S. 673 ff.

Kotulla, Michael: Fortgeltung von Rechtsverordnungen nach Wegfall ihrer gesetzlichen Grundlage?, NVwZ 2000, S. 1263 ff.

Krautzberger, Michael: Städtebauliche Verträge zur Umsetzung klimaschützender und energieeinsparender Zielsetzungen, DVBL 2008, S. 737 ff.

Krautzberger, Michael; Stüer, Bernhard: Städtebaurecht 2004: Umweltprüfung und Abwägung, DVBl 2004, S. 914 ff.

Krautzberger, Michael Stüer, Bernhard: Neues Städtebaurecht des Bundes aus Gründen des Klimaschutzes, BauR 2011, S. 1416 ff.

Kusche, Hans Christian: Gesetzgebungs- und Verwaltungskompetenzen der Bundesländer für die Umsetzung einer klimaschutzorientierten Energiepolitik, Heidelberg, 1998.

Latif, Mojib: Klima, Frankfurt 2004.

Lau, Marcus: Substanzieller Raum für Windenergienutzung – Abgrenzung zwischen Verhinderungsplanung und zulässiger Kontingentierung, LKV 2012, S. 163 ff.

Lehnert, Wieland; Vollprecht, Jens: Neue Impulse von Europa: Die Erneuerbare-Energien-Richtlinie der EU, ZUR 2009, S. 301 ff.

Longo, Fabio: Neue örtliche Energieversorgung als kommunale Aufgabe, Baden-Baden 2010.

Looman, Gundula: Ausverkauf von Hoheitsrechten in Verträgen zwischen Bauherren und Gebietskörperschaften, NJW 1996, S. 1439 ff.

Maunz, Theodor; Dürig, Günter (Begründer): Grundgesetz, Kommentar, (Losebl.), Stand: 66. Lieferung 2012 (zitiert: Bearbeiter in Maunz/Dürig)

Maurer, Hartmut: Allgemeines Verwaltungsrecht, 17. Aufl., München 2009.

Mayer, Otto: Zur Lehre vom Öffentlichrechtlichen Vertrage, AöR 1888 Band 3, S. 3 ff.

Mitschang, Stephan: Die Belange von Klima und Energie in der Bauleitplanung, NuR 2008, S. 601 ff.

Mitschang, Stephan: Die Belange von Klima und Energie in der Raumordnung, DVBl 2008, S. 745 ff.

Mitschang, Stephan: Die Auswirkungen der Klimaschutz-Novelle auf die kommunale Bauleitplanung, DVBL 2012, S. 134 ff.

Moench, Christoph; Henning, Jan: Störfallschutz in Bauleitplanung und Baugenehmigungsverfahren – Verhindert Seveso II die Nachverdichtung in Ballungsräumen?, DVBL 2009, S. 807 ff.

Moser, Corinna: Klimaschutz durch die Energieeinsparverordnung, Baden-Baden 2011.

Muckel, Stefan: Die fehlgeschlagene Einschränkung der Antragsbefugnis bei der Normenkontrolle von Bebauungsplänen, NVwZ 1999, S. 963 ff.

Müller, Thorsten; Oschmann, Volker; Wustlich, Guido: Erneuerbare-Energien-Wärmegesetz, Kommentar, München 2010. (zitiert: Bearbeiter in: Müller/Oschmann/Wustlich)

Müller, Ruben: Das neue Wärmegesetz als Instrument deutscher Klimaschutzpolitik, ZNER 2008, S. 132 ff.

Niedzwicki, Matthias: Kommunalrecht in Nordrhein-Westfalen, 2. Aufl. Aachen 2008.

Otting, Olaf: Klimaschutz durch Baurecht – Ein Überblick über die BauGB-Novelle 2011, REE 2011, S. 125 ff.

Peine, Franz-Joseph: Landwirtschaft und Klimaschutz, NuR 2012, S. 611 ff.

Pollmann, Holger; Reimer, Franz; Walter, Jana: Obligatorische Verwendung erneuerbarer Energien zur Wärmeerzeugung am Beispiel der Marburger Solarsatzung, LKRZ 2008, S. 251 ff.

Portz, Norbert: Die BauGB-Klimaschutznovelle 2011: Eine Darstellung der Schwerpunkte, Die Gemeinde 2011, S. 226 ff.

Rahmstorf, Stefan; Schellnhuber, Hans Joachim: Der Klimawandel, 6. Aufl. München 2006.

Reidt, Olaf: Klimaschutz, erneuerbare Energien und städtebauliche Gründe, BauR 2010, S. 2025 ff.

Reidt, Olaf: Regelungsmöglichkeiten und -grenzen in Raumordnungsplänen – dargestellt am Beispiel des Klimaschutzes, DVBl 2011, S. 789 ff.

Ringel, Christina; Bitsch, Christian: Die Neuordnung des Rechts der Erneuerbaren Energien in Europa, NVwZ 2009, S. 807 ff.

Rodi, Michael: Kommunale Handlungsmöglichkeiten in der Energie- und Klimaschutzpolitik – Status Quo und Reformansätze.

Sailer, Frank: Klimaschutzrecht und Umweltenergierecht – Zur Systematisierung beider Rechtsgebiete, NVwZ 2011, S. 718 ff.

Schink, Alexander: Regelungsmöglichkeiten der Bundesländer im Klimaschutz, UPR 2011, S. 91 ff.

Schmidt, Reiner; Kahl, Wolfgang: Umweltrecht, 8. Aufl. München, 2010.

Schmidt, Alexander: Klimaschutz in der Bauleitplanung nach dem BauGB 2004, NVwZ 2006, S. 1354 ff.

Schoch, Friedrich; Schmidt Aßmann, Eberhard; Pietzner, Rainer (Begründer); Schoch, Friedrich; Schneider, Jens-Peter; Bier, Wolfgang (Hrsg.): Verwaltungsgerichtsordnung, Kommentar (Losebl.), Wiesbaden, 24. Aufl. 2012. (zitiert: Bearbeiter in: Schoch/Schmidt-Aßmann/Pietzner)

Schoch, Friedrich: Individualrechtsschutz im deutschen Umweltrecht unter dem Einfluß des Gemeinschaftsrechts, NvwZ 1999, S. 457 ff.

Schroder, Meinhard: Verbesserung des Klimaschutzes durch Einführung einer City-Maut, NVwZ 2012, S. 1438 ff.

von Seht, Hauko: Eine neue Raumordnung: erforderlich für den Klimaschutz, RaumPlanung 153 (2010), S. 277 ff. (277).

Söfker, Wilhelm: Bebauungsplan, Energieeinsparverordnung und Erneuerbare-Energien-Wärmegesetz, UPR 2009, S. 81 ff.

Söfker, Wilhelm: Das Gesetz zur Förderung des Klimaschutzes bei der Entwicklung in den Städten und Gemeinden, ZfBR 2011, S. 541 ff.

Spannowsky, Willy; Uechtritz, Michael (Hrsg.): Beck'scher Online-Kommentar Öffentliches Baurecht, Stand: 1.12.2012 (zitiert: Bearbeiter in BeckOK BauGB).

Spannowsky, Willy; Runkel, Peter; Goppel, Konrad: Raumordnungsgesetz Kommentar, 1. Aufl. München 2010.

Sponer, Wolf-Uwe: Praxis der Kommunalverwaltung Gemeindeordnung für den Freistaat Sachsen, Kommentar, Wiesbaden 2008.

Stelkens, Paul; Bonk, Heinz Joachim; Sachs, Michael: Verwaltungsverfahrensgesetz, Kommentar, 7. Aufl. München, 2008.

Stern, Klaus: Die Schutzpflichtenfunktion der Grundrechte: Eine juristische Entdeckung, DÖV 2010, S. 241 ff.

Stüer, Bernhard: Handbuch des Bau- und Fachplanungsrechts, 4. Aufl. München 2009.

Stüer, Bernhard; Stüer, Eva-Maria: Die BauGB-Klimanovelle und das Energiefach- und – finanzierungsrecht 2011, DVBl 2011, S. 1117 ff.

Sydow, Gernot: Neues zur planungsrechtlichen Steuerung von Windenergiestandorten, NVwZ 2010, S. 1534 ff.

Umweltbundesamt (Hrsg.): Und sie erwärmt sich doch – Was steckt hinter der Debatte um den Klimawandel, Dessau-Roßlau, 1. Aufl. 2013.

Verheyen, Roda: Die Bedeutung des Klimaschutzes bei der Genehmigung von Kohlekraftwerken und bei der Zulassung des Kohleabbaus, ZUR 2010, S. 403 ff.

Versteyl, Andreas: Anmerkung zum Urteil des OVG Münster vom 3. 9. 2009 – 10 D 121/07.NE – zum geplanten E.ON-Kraftwerk Datteln, NuR 2009, S. 819 f.

Vosskuhle, Andreas; Kaiser, Bettina: Grundwissen – Öffentliches Recht. Das subjektiv-öffentliche Recht, JuS 2009, S. 16 ff.

Wickel, Martin: Klimaschutz und Städtebau – Das Gesetz zur Förderung des Klimaschutzes bei der Entwicklung in den Städten und Gemeinden, UPR 2011, S. 416 ff.

Wilke, Reinhard: Die "Klimaschutznovelle" als erste Stufe zur Reform des Bauplanungsrechts", BauR 2011, S. 1744 ff.

Winkler, Martin: Klimaschutzrecht, Münster 2005.

Wissenschaftlicher Beirat der Bundesregierung Globale Umweltveränderungen (WBGU, Hrsg.): Welt im Wandel, Gesellschaftsvertrag für eine Große Transformation, Berlin 2011.

Winter, Gerd: Individualrechtsschutz im deutschen Umweltrecht unter dem Einfluß des Gemeinschaftsrechts, NvwZ 1999, S. 467 ff.

Würtenberger, Thomas D.: Der Klimawandel in den Umweltprüfungen, ZuR 2009, S. 171 ff.

Wüstemann, Nadja Sue: Die Vorgaben der Europäischen Union im Bereich der Energieeffizienz, 1. Aufl. Baden-Baden 2011.

Wustlich, Guido: Das Erneuerbare-Energien-Wärmegesetz – Ziel, Inhalt und praktische Auswirkungen, NVwZ 2008, S. 1041 ff.

WWF: Studie „Ein Klimaschutzgesetz für Deutschland", Frankfurt, 2009.

Ziehm, Cornelia: Vollzugsdefizite im Bereich des Klimaschutzrechts, ZUR 2010 S. 411 ff.